# MUITO ALÉM
# DAS
# MONTANHAS

TRACY KIDDER

# MUITO ALÉM DAS MONTANHAS

SEXTANTE

Título original: *Mountains Beyond Mountains*


tradução
Antonio Moura

preparo de originais
Cláudia Pessoa e Tereza da Rocha

revisão
Luis Américo Costa e Rachel Agavino

projeto gráfico e diagramação
Trio Studio

capa
Victor Burton

impressão e acabamento
Bartira Gráfica e Editora S/A

CIP-BRASIL. CATALOGAÇÃO-NA-FONTE
SINDICATO NACIONAL DOS EDITORES DE LIVROS, RJ

K57m Kidder, Tracy
Muito além das montanhas / Tracy Kidder [tradução de Antonio E. de Moura Filho]. Rio de Janeiro: Sextante, 2010.

Tradução de: Mountains beyond mountains
ISBN 978-85-7542-569-5

1. Farmer, Paul, 1959-. 2. Médicos - Biografia. 3. Médicos missionários - Biografia. 4. Pobreza - Cuidados médicos. 5. Direito à saúde. 6. Direitos humanos. I. Título.

CDD: 926.1
10-2098 CDU: 929:61


Rua Voluntários da Pátria, 45 – Gr. 1.404 – Botafogo
22270-000 – Rio de Janeiro – RJ
Tel.: (21) 2538-4100 – Fax: (21) 2286-9244
E-mail: atendimento@esextante.com.br
www.sextante.com.br

*Dèyè mòn gen mòn.*
Além das montanhas encontram-se montanhas.
PROVÉRBIO HAITIANO

"... E a justa ação será
Livrar-se do passado e do futuro.
Para a maioria de nós, esse é o alvo
Que aqui jamais se alcançará;
Nós, que imbatíveis só somos
Porque em tentar perseveramos..."

T. S. ELIOT, "QUATRO QUARTETOS"

PARA HENRY E TIM KIDDER

# SUMÁRIO

# PARTE I

# *DOKTÈ* PAUL

# CAPÍTULO 1

Seis anos depois de nosso primeiro encontro, o Dr. Paul Edward lembrou:

– Por incrível que pareça, nós nos conhecemos por causa de uma decapitação.

Era 1994 e faltavam duas semanas para o Natal. Estávamos em uma cidade no planalto central do Haiti, um lugarejo asfaltado chamado Mirebalais. Próximo ao centro da cidade havia um posto do Exército haitiano – um muro de concreto cercando uma praça coberta de mato, uma prisão e um quartel cor de mostarda. Eu estava sentado na sacada do segundo andar do prédio, acompanhado de Jon Carroll, capitão da Força Especial Norte-Americana. A noite se aproximava, trazendo o momento mais agradável daquele local: o ar quente tornava-se uma brisa leve, a música que tocava nos rádios dos bares e as buzinas das caminhonetes que cruzavam a cidade ficavam mais altas, a sujeira e a pobreza eram disfarçadas pela escuridão, o mesmo acontecendo com os esgotos abertos, as roupas esfarrapadas, o olhar das crianças desnutridas e as mãos esticadas dos velhinhos pedintes que diziam "*Grangou*" – "faminto", em crioulo.

Eu estava no Haiti para fazer uma matéria sobre os soldados americanos. Vinte mil deles haviam sido enviados para reintegrar o governo eleito democraticamente e derrubar a junta militar que o depusera e que, fazia três anos, vinha governando de forma extremamente cruel. O capitão Carroll e seus meros oito homens estavam temporariamente encarregados de manter a paz entre 150 mil haitianos espalhados por cerca de 2,5 mil quilômetros quadrados de área rural. Embora parecesse uma tarefa impossível, no planalto central a violência política estava praticamente terminada. No último mês, só ocorrera um assassinato, hediondo, como sempre. Algumas semanas antes, os homens do capitão Carroll encontraram no rio Artibonite o corpo do vice-prefeito, sem cabeça. Ele era um dos eleitos que reassumiriam o poder. O principal suspeito era um funcionário da junta militar, um delegado rural chamado Nerva Juste, figura temida pelos habitantes da região. O capitão Carroll e seus homens haviam interrogado Juste, mas, como não encontraram nenhuma prova concreta ou qualquer testemunha, tiveram que libertá-lo.

O capitão, batista praticante, tinha 29 anos e era do Alabama. Gostei dele. Pelo que vi, ele e seus homens vinham dando duro para melhorar as coisas naquela região do Haiti, mas não receberam praticamente nenhuma ferramenta de Washington, que decretara que a missão não incluiria a reconstrução do país. Certa vez, o capitão foi criticado pelos comandantes ao solicitar um avião para transportar uma haitiana grávida que passava mal. Ali na sacada, ele desabafava essa sua última frustração quando foi avisado de que havia um americano no portão querendo falar com ele.

Havia cinco visitantes, na verdade, quatro deles haitianos. Eles ficaram na frente do quartel, parados na sombra, enquanto o amigo americano avançou. Ele se apresentou ao capitão Carroll como Paul Farmer, disse que era médico e que trabalhava num hospital alguns quilômetros ao norte de Mirebalais.

Lembro-me de ter achado que os dois – o Dr. Farmer e o capitão Carroll – não tinham nada a ver um com o outro e que, quando comparados, Farmer ficava em desvantagem. O capitão tinha 1,90m de altura, era musculoso e bronzeado. Como de costume, um chumaço de rapé dilatava seu lábio inferior. Volta e meia ele virava a cabeça para cuspir. Farmer era mais ou menos da sua idade, porém tinha traços mais delicados. Cabelo preto, curto, cintura fina, braços longos e delgados, nariz pontudo. Perto do militar, ele parecia um palito branquelo e por isso me deu a impressão de ser ousado e bastante arrogante.

Paul Farmer perguntou ao capitão se sua equipe precisava de cuidados médicos. O capitão disse que havia alguns prisioneiros doentes, os quais o hospital recusara-se a tratar.

– Acabei tendo de comprar os remédios.

Farmer sorriu.

– Você vai passar menos tempo no purgatório. Quem decapitou o vice-prefeito? – perguntou em seguida.

– Não sei ao certo.

– É muito difícil morar no Haiti e não saber quem decapitou alguém – contestou Farmer.

Os dois, então, travaram uma discussão sem pé nem cabeça. Farmer deixou claro que discordava do plano americano de intervir na economia haitiana. Um plano que, segundo ele, era muito mais voltado a atender interesses econômicos do que a solucionar os problemas que o povo da região enfrentava. Ele estava convencido de que os Estados Unidos haviam favorecido o golpe de Estado, por um motivo: terem treinado um alto funcionário da junta na Escola das Américas. Farmer disse que o Haiti estava claramente dividido em dois: de um lado, as forças de repressão e do outro, os haitianos pobres, maioria esmagadora. Farmer estava do lado dos pobres; entretanto, disse ao capitão:

– Ainda não está muito claro de que lado os soldados americanos se encontram.

O que gerava a dúvida era, em parte, o fato de o capitão ter libertado o odiado Nerva Juste.

Percebi que Farmer conhecia o Haiti muito mais que o capitão e procurava lhe passar algumas informações importantes. Ele parecia querer dizer que o povo da região estava perdendo a confiança no capitão, o que obviamente representava um problema sério para um grupo de nove militares que tentavam governar 150 mil pessoas.

O aviso, entretanto, não ficou muito claro, e o capitão se irritou com a crítica de Farmer à Escola das Américas. Quanto a Nerva Juste, ele disse:

– Escute aqui, aquele sujeito não vale nada. Assim que eu tiver provas, ele vai se ferrar comigo. – O capitão golpeou a palma da mão com o punho cerrado. – Só que não vou me rebaixar ao nível desses caras, saindo por aí dando voz de prisão preventiva.

Farmer disse, então, que era um absurdo o capitão aplicar princípios de lei constitucional em um país onde o sistema jurídico encontrava-se inativo. Juste era uma ameaça e devia ser preso.

E assim chegaram a um estranho impasse: o capitão, que se dizia um "caipira", defendia a aplicação devida da lei; e Farmer, que claramente se achava o campeão dos direitos humanos, era a favor da prisão preventiva.

– Você cairia para trás se soubesse quantas vezes Washington decide o que posso e o que não posso fazer aqui – disse o capitão.

– Sei que você está de mãos atadas. Não leve a mal minhas críticas – ponderou Farmer.

Já estava escuro. Os dois conversavam sob um facho de luz que vinha da porta do quartel. Apertaram-se as mãos. À medida que o jovem médico desaparecia nas sombras, eu o ouvia falar em crioulo com os amigos haitianos.

Passei várias semanas com os soldados. Não simpatizei muito com Farmer. Apesar das palavras com que tinha encerrado a conversa, achei que ele não havia compreendido os problemas do capitão ou ao menos se preocupado em compartilhá-los.

Por acaso tornei a encontrá-lo no avião para Miami quando eu voltava para casa. Farmer estava na primeira classe. Ele me explicou que os comissários de bordo o colocavam lá porque viajava com frequência naquele voo e, de vez em quando, atendia pessoas que passavam mal no trajeto. Permitiram que me sentasse ao lado dele por um tempo. Eu tinha várias dúvidas em relação ao Haiti, incluindo o assassinato do vice-prefeito. Os soldados achavam que a crença no vodu tornava as decapitações ainda mais assustadoras.

– Por quê? A decapitação tem alguma base na história do vodu? – perguntei.

– Na história do vodu, especificamente, não, mas na história da brutalidade.

Farmer franziu a testa e tocou no meu braço, como se dissesse que todo mundo fazia perguntas idiotas de vez em quando.

Acabei conhecendo-o um pouco mais. Ele não tinha nada contra os soldados.

– Cresci num acampamento de trailers e conheço bem a classe de pessoas que se alista no Exército americano – disse, referindo-se ao capitão Carroll. – Quando olhamos de perto esses soldados de 29 anos, pensamos: "Coitados, não são eles que criam essas políticas ordinárias."

Ele confirmou minha impressão de que fora ver o capitão para deixá-lo de sobreaviso. Muitos de seus pacientes e amigos haitianos haviam se queixado da libertação de Nerva Juste, alegando que isso provava que os americanos não tinham ido para lá com a intenção de ajudá-los. Farmer contou que cruzava Mirebalais com uns amigos haitianos que não paravam de implicar com ele, afirmando que não se atreveria a parar e conversar com os soldados americanos sobre o assassinato, quando, de repente, o pneu da caminhonete furou, bem na porta do quartel. Ele então brincou com os amigos:

– Vocês precisam escutar as mensagens dos anjos!

Consegui extrair de Farmer mais alguns detalhes sobre sua vida. Ele tinha 35 anos. Estudara medicina em Harvard, onde também fizera doutorado em antropologia. Trabalhava quatro meses em Boston, onde morava em uma casa paroquial num bairro pobre, e passava o resto do ano no Haiti, basicamente prestando de graça atendimento médico a camponeses que perderam suas terras para uma usina hidrelétrica. Ele havia sido expulso do Haiti durante o golpe militar, mas conseguira voltar para seu hospital sorrateiramente, segundo ele, após pagar "uma propina ridiculamente pequena".

Fui atrás dele depois que o avião aterrissou. Sentamos num café, conversamos mais um pouco e quase perdi meu voo de conexão. Algumas semanas depois, eu o levei para jantar em Boston, na esperança de que me ajudasse a dar mais sentido àquilo que eu estava escrevendo sobre o Haiti – o que ele pareceu feliz em fazer. Esclareceu alguns aspectos da história do país, mas me deixou intrigado a seu respeito. Ele havia descrito a si mesmo como "um médico dos pobres"; porém não se encaixava de modo algum no modelo de "médico dos pobres" preconcebido em minha cabeça. Era evidente que gostara do restaurante chique, dos guardanapos de linho e do vinho de qualidade. O que me chamou a atenção foi como ele parecia feliz com a vida que levava. Obviamente, um jovem médico em suas condições poderia muito bem estar exercendo a profissão transitando entre Boston e um bairro elegante, não entre um quarto de uma casa paroquial provavelmente imunda e o centro devastado do Haiti. Pelo modo como se expressava, parecia que gostava de viver entre os camponeses haitianos. Num determinado momento em que falava sobre a medicina, ele disse:

– Não entendo como podem não se empolgar com ela. – Em seguida deu um sorriso radiante, que iluminou todo o seu rosto e me emocionou profundamente. Foi como se me acolhesse calorosamente, sem que eu o merecesse.

Depois do nosso jantar, porém, divergi dele; basicamente – percebo agora – porque ele também me incomodou. Ao escrever meu artigo sobre o Haiti, acabei compartilhando o pessimismo dos soldados com os quais convivera.

– Acho que devíamos deixar o Haiti para lá – dissera-me um dos homens do capitão Carroll. – Não importa quem esteja no poder. Sempre haverá esta divisão entre ricos e pobres e ninguém no meio. Não sei aonde queremos chegar. Sempre haverá uma montoeira de haitianos se metendo num barco, querendo ir para os Estados Unidos. Acho melhor nem tentar entender.

Os soldados chegaram ao Haiti, fizeram o maior terror, restauraram o governo, foram embora e o país continuava tão pobre e decadente quanto antes de eles chegarem. Fizeram o melhor que puderam, pensei. Eram frios e durões. Não se sensibilizariam com nada que estivesse fora de seu controle.

Eu tinha a sensação de que Farmer havia me apresentado uma nova forma de pensar sobre um lugar como o Haiti; mas seria difícil compartilhá-la, pois ela implicava uma definição muito extrema da expressão "fazer o melhor que se pode".

O mundo está cheio de lugares em condições lastimáveis. Uma maneira de se viver bem é não se pensar neles ou, ao pensar, mandar alguma colaboração em dinheiro. Nos cinco anos seguintes, enviei pequenas doações para a entidade beneficente que apoiava o hospital de Farmer no Haiti. Sempre que eu colaborava, recebia seus agradecimentos escritos à mão. Certa vez, um amigo de um amigo me disse que ele estava ganhando destaque internacional, realizando algo relacionado à tuberculose. No entanto não procurei saber detalhes, e só voltei a vê-lo no final de 1999. Fui eu que marquei o encontro. Ele indicou o local.

# CAPÍTULO 2

Nas cercanias do Hospital Brigham and Women's, em Boston, encontramos o que se pode chamar de relativo sossego urbano. Trata-se de uma espécie de Wall Street da área médica, que reúne o campus da Faculdade de Medicina de Harvard, a Biblioteca de Medicina Countway, o Hospital Infantil, o Instituto de Oncologia Dana-Farber e o Brigham. Os prédios formam um conjunto imponente e ainda mais aterrador quando se imagina o que acontece lá dentro – cirurgias cardíacas, transplantes, exames de imagem molecular, sondas moleculares de DNA: equipamentos e mãos protegidas com luvas a examinar corpos rotineiramente, diagnosticando aqui, curando ali. De um lado, a fragilidade humana; de outro, a coragem e a ousadia. Qualquer um silencia diante desse empreendimento. Até os motoristas de Boston, famosos pela insanidade, evitam buzinar na redondeza.

O Hospital Brigham ocupa um lado da rua Francis e, como uma cidade ao redor de uma ruína romana, cerca o reformado saguão vitoriano do antigo Peter Bent Brigham, uma relíquia da história da medicina de Boston. A entrada moderna, um átrio imponente com piso de mármore, fica a cerca de 400 metros, no final de um corredor lustroso repleto de elevadores e departamentos clínicos dos dois lados, setores de internação nos andares superiores, salas de cirurgia embaixo (40, sem contar com as do setor de obstetrícia), dezenas de laboratórios em todas as direções e dramas mortais por todos os lados. É praticamente um shopping center medicinal: um hospital universitário que oferece todos os tipos de tratamentos em todas as especialidades imagináveis, para o qual outros hospitais encaminham os casos mais complicados. Milhares de pessoas transitam de um lado a outro do corredor, umas com uniformes brancos, outras com roupas comuns, algumas com flores nas mãos, todas formando um burburinho com suas conversas.

Quatro andares abaixo, na radiologia, o Dr. Farmer e sua equipe discutiam o último caso do dia numa sala vazia, sem janelas, reservada para as reuniões dos médicos. Farmer havia acabado de completar 40 anos. Talvez tivesse menos cabelo no alto da testa que desde a última vez que eu o vira, cinco anos antes. Parecia ter emagrecido um pouco, também, e se vestia de modo mais formal. Usava óculos redondos de armação fina e um terno preto com uma gravata bem apertada. Ainda passava a maior parte do tempo no Haiti, mas agora era um medalhão em Boston, onde ensinava medicina e antropologia médica em Harvard e participava, como especialista, da equipe sênior do Hospital Brigham. Ao vê-lo ali sentado com dois de seus alunos de jaleco branco, imaginei uma daquelas fotos bem antigas, do século XIX – o professor de medicina, austero e majestoso, com camisa de gola engomada e colete. A impressão não durou muito.

Ele e os jovens médicos discutiam sobre um paciente que havia acabado de passar por um tratamento para eliminar um parasita no cérebro. O homem ficara hidrocéfalo, e os neurocirurgiões colocaram um dreno para escoar o fluido. Não havia sinal de infecção, mas a questão era: seria correto, só por precaução, submetê-lo a um tratamento contra possíveis infecções?

– O que vocês acham? – perguntou Farmer. Embora ele estivesse claramente no comando, limitava-se a escutar, atento à discussão dos alunos.

Depois de alguns minutos, a equipe concordou: deveriam tratar o paciente. Então o telefone tocou. Farmer atendeu:

– Central de HIV, pois não?

Era uma antiga colega de Farmer, especialista em parasitas, querendo opinar sobre o caso do paciente hidrocéfalo.

– Dona Parasitóloga! Tudo bem, princesa? Ah, *eu* estou bem. Escute, pode parecer um absurdo, mas não concordamos. Queremos tratar o camarada. O DI manda tratar. Assinado: DI.

As duas últimas frases eram sua marca registrada. Ele já as havia pronunciado no começo do dia, e eu acabei descobrindo o que significavam. DI era a abreviação de Doenças Infecciosas, sua especialidade. Farmer anunciava a ordem como se lesse uma carta, e geralmente isso indicava que ele queria tratar o paciente de imediato, sem esperar pelo resultado de mais exames. Era evidente que ele gostava da sonoridade daquelas palavras. Parecia divertir-se muito e, pelas reações dos alunos – sorrisos amarelos e gestos com a cabeça que eles nem tentavam disfarçar –, concluí que suas frases, piadas e empolgação não eram novidade alguma.

Aquele dia – em meados de dezembro de 1999 – até então havia sido normal, pelo menos para os padrões do Brigham. Farmer e sua equipe tinham cuidado de seis casos, cada um mais complicado que o outro, com exceção do penúltimo, que parecia bastante simples. Uma jovem residente da equipe apresentou os fatos a Farmer, lendo suas anotações:

> Homem de 35 anos (*vou chamá-lo de Joe*), soropositivo. Fumava um maço de cigarros por dia. Normalmente bebia meia garrafa de vodca. Além disso, injetava e cheirava cocaína. Fazia pouco tempo que havia tomado uma overdose de heroína. Apresentava uma tosse crônica que aumentara nos últimos cinco dias, seguida de muco verde amarelado, sem sangue, que provocava fortes dores no peito. Perdera 13 quilos nos últimos meses. O raio X do tórax revelara uma possível infiltração no lóbulo inferior direito – provavelmente tuberculose, segundo os radiologistas.

As ferramentas para a detecção da tuberculose pertencem a uma antiga era da medicina, e o diagnóstico pode ser complicado, sobretudo tratando-se de um portador de HIV. Certamente, Joe era um alvo fácil para a tuberculose. De todas as infecções que podem atacar um portador desse vírus, a tuberculose era a mais comum no mundo inteiro. A doença era rara em Boston – na verdade, em todo o território norte-americano, exceto lugares como aqueles em que Joe vivia: abrigos para sem-teto, prisões, ruas embaixo de viadutos. Entretanto, apesar da infecção pelo HIV, o sistema imunológico de Joe ainda se encontrava praticamente intacto e ele não apresentava os sintomas clássicos da tuberculose, como febre, calafrios e suores noturnos.

– Os dentes dele são um horror – disse a residente. – Ele é um cara bacana – acrescentou ela.

Farmer disse:

– Vamos ver o raio X?

Foram para outra sala e colocaram a radiografia de Joe sobre uma tela iluminada. Farmer olhou atentamente, por menos de um minuto, o ponto onde os radiologistas pensaram ter visto uma infiltração.

– É isso? – perguntou. – Nada de mais.

Subiram então para ver Joe.

Farmer andava a passos largos pelo Brigham, parando para receber um abraço de uma enfermeira assistente, para trocar algumas ideias em crioulo com um faxineiro. O bipe tocava e, respondendo ao chamado, ele cumprimentava a telefonista do hospital – não importava qual das 12 estivesse na linha – e imediatamente perguntava como estava a pressão dela, ou como estava o coração do marido ou o diabetes da mãe. Depois parava em alguma enfermaria para responder a um e-mail sobre um paciente e, em seguida, respondia à pergunta de um cardiologista. Finalmente, com o estetoscópio no pescoço e cantando em um alemão fajuto *"We are the World. We are das Welt"*, Farmer levou a equipe de doenças infecciosas até a porta do quarto de Joe. Então tudo se acalmou.

O paciente estava deitado, de calça jeans e camiseta. Era um homem pequeno, de braços franzinos, cheios de cicatrizes, e clavícula saliente. Barba malfeita, cabelos desgrenhados. Quando sorriu, tenso, para os médicos que entravam no quarto, vi que ele ainda tinha a maioria dos dentes, mas provavelmente por pouco tempo. Farmer se identificou e apresentou os membros da equipe. Então sentou-se na cabeceira da cama, na beira do colchão, inclinando-se sobre Joe de maneira tão ágil que parecia um gafanhoto. Fixou em Joe seus olhos azul-claros atrás das lentes redondas. Por um momento, pensei que Farmer fosse se deitar na cama com ele; em vez disso, porém, colocou a mão em seu ombro e o acariciou.

– Seu raio X está bom. Acho que é pneumonia. Apenas uma leve pneumonia. Me diga uma coisa: como está seu estômago? Tem tido gastrite ultimamente?

– Tô comendo feito um porco. Como tudo que vejo pela frente.

Farmer sorriu.

– Precisa engordar um pouco, amigão. Você perdeu peso.

– Não comi muito quando estava fora. Não comi muito. Só umas besteiras aqui, outras ali.

– Vamos conversar um pouco. Somos da equipe de Doenças Infecciosas e não achamos que seja tuberculose. Antes de eu afirmar isso, porém, me responda: você teve contato com algum tuberculoso?

Joe acreditava que não.

– Acho que devemos prosseguir e recomendar que você não seja isolado – disse Farmer. – Somos do DI, certo? O DI o cumprimenta. Acho que você não precisa ficar em um quarto sem corrente de ar e coisa e tal.

– Não. Tenho um amigo que está nessa, sabe? O pessoal vem com máscaras e lava a mão o tempo todo.

– Pois é – disse Farmer –, mas é bom lavar as mãos.

Esse foi o primeiro dia em que o vi no trabalho e, àquela altura dos acontecimentos, achei que ele já tinha cumprido sua parte no caso. Normalmente um especialista é chamado para responder a uma pergunta que, pelo menos para ele, parece muito simples. Ele responde, bate um papo rápido com o paciente e vai embora. Porém, Farmer continuava sentado na cama de Joe e, pelo jeito, estava gostando.

Os dois conversaram por um bom tempo. A residente já havia feito as mesmas perguntas de Farmer, pelo que constava em seu relatório; mas agora Joe respondia mais aberta e sinceramente. Eles falaram de tudo um pouco: Joe citou o médico que o tratava e disse que gostava dele; conversaram sobre a falta de disciplina de Joe ao tomar os medicamentos antirretrovirais contra o HIV e Farmer explicou que era provável que ele tivesse desenvolvido uma resistência a alguns deles e que só deveria experimentar outros quando estivesse disposto a tomá-los com regularidade. Falaram de drogas e bebidas; Farmer o advertiu contra a heroína.

– Mas as piores são realmente o álcool e a cocaína. Durante as rondas lá embaixo, brincamos, dizendo: "É melhor aconselhá-lo a fumar mais maconha, que não prejudica tanto."

– Se eu fumar maconha, vou criar um incidente internacional.

– Não no hospital, Joe.

Os dois se olharam e caíram na gargalhada.

Falaram sobre o HIV.

– Seu sistema imunológico está muito bom, funcionando hiperbem. É por isso que estou preocupado com sua perda de peso, entende? Posso apostar que não tem nada a ver com o vírus. Você anda emagrecendo porque não come. Certo?

– Sim, está certo.

– Pois é – sussurrou Farmer.

Ele olhava fixamente para Joe de modo que parecia não haver mais ninguém no mundo e, ao mesmo tempo, que ele estava focando outro lugar. Dava a impressão de que, em seu pensamento, ele observava do alto de uma janela Joe praticando aquilo que em serviço social chamam de *atividades cotidianas*, as quais em seu caso envolviam adquirir narcóticos em uma esquina e depois correr para debaixo de um viaduto de sua preferência e preparar um acampamento.

Naquele instante, outra pessoa entrou no quarto; era uma aluna de medicina que Farmer havia convidado para acompanhá-lo nas rondas. Farmer apresentou-a. Assim como fizera com todos os outros médicos, Joe perguntou, com seu sotaque de Boston:

– Você também estuda em Harvard?

– Se eu estudo em Harvard? Sim.

– Minha nossa! – exclamou Joe, voltando-se para Farmer. – Só tem gente importante cuidando de mim, né?

– Essa aí é fera – respondeu Farmer, que logo retomou a conversa. – Mas diga-nos uma coisa, Joe: o que podemos fazer para ajudá-lo? Sabemos como as coisas funcionam por aqui. Você vem, gosta da gente, a gente gosta de você, você é muito bacana com a gente, a gente é bacana com você, e acho que você nota que o pessoal aqui o trata muito bem.

– Eu me sinto meio sozinho aqui neste quarto!

– É verdade. Vamos recomendar que o tirem daqui – disse Farmer. – Agora prepare-se para uma pergunta bem séria; séria, mas legal.

– Vai perguntar o que vocês podem fazer por mim.

– Acertou em cheio!

– Não vai acreditar no que vou dizer. Você não está preparado para o que vai ouvir.

– Meu amigo, eu já ouvi de tudo – respondeu Farmer.

– Eu queria ir para um local específico para portadores do HIV...

Farmer tornou a olhar bem para ele.

– Sei.

– Onde eu pudesse dormir, comer, ver televisão, assistir aos jogos. Queria muito ir para um lugar onde eu pudesse tomar umas cervejas.

– Entendo.

– Queria ir para um lugar onde eu não me metesse em confusão. Onde, mesmo que bebesse algumas cervejas a mais, eu seguisse os conselhos dos caras e chegasse em casa na hora certa e não fizesse nenhuma besteira, sabe?

– Sei.

– E onde ninguém ficasse doido por minha causa, correndo porta afora, entende? Um lugar onde eu talvez até pudesse beber uma garrafa de vinho no jantar, ou sei lá o quê.

– Sei. Entendo. – Farmer franziu os lábios. – Então é o seguinte: vou dar uma olhada nisso. Você vai ficar aqui provavelmente por uns dois dias e, se quer saber, não vi nada de louco na sua ideia. Ora bolas, o que é melhor? Ficar do lado de fora, na rua...

– Morrendo de frio.

– Exato. Ou acolhido em um lugar, bebendo meia dúzia de cervejas ou um vinhozinho no jantar? Sei muito bem o que eu escolheria. E outra coisa: se você tivesse um lugar para ficar, daria para tomar os remédios, caso estivesse disposto a tomá-los.

– É – respondeu Joe, sem muita firmeza.

...

Alguns dias depois, apareceu uma mensagem misteriosa escrita à mão no quadro de avisos do lado de fora da porta do Departamento de Assistência Social do Brigham. Era mais ou menos assim:

**JOE**

| **FORA** | **DENTRO** |
|---|---|
| frio | aquecido |
| drogas do mal | drogas do bem |
| ½ garrafa de vodca | ½ dúzia de cervejas |

Logo abaixo, alguém rabiscara: "Por que tenho tanta certeza de que foi Paul Farmer quem escreveu isso?!"

Os amigos de Farmer encontraram um abrigo para Joe, mas, obviamente, os assistentes sociais lembraram a Farmer que não era permitido beber nos abrigos, e por um bom motivo. Paul ainda se esforçou e tentou argumentar, apenas para cumprir sua promessa, suponho eu, não por acreditar que pudesse convencê-los.

Farmer ficou a serviço do Brigham no Natal. Passou parte do dia visitando pacientes fora do hospital. Comprou presentes para todos, inclusive para Joe, que ganhou seis latinhas de cerveja disfarçadas com papel de presente.

Joe ficou feliz com a visita e com o presente.

– Esse cara é um santo – comentou Joe com outro residente assim que Farmer se virou para ir embora. Pelo tom do comentário, Farmer desconfiou de que o outro falara alto de propósito, para que pudesse ouvir.

Não era a primeira vez que Farmer escutava alguém chamá-lo de santo. Quando perguntei qual fora sua reação, ele disse que se sentiu como o ladrão no romance de Hawthorne *O fauno de mármore*, que rouba algo de uma igreja católica e, antes de fugir, mergulha a mão na água benta.

– Não me importa quantas vezes me digam "Você é um santo". Não por me incomodar, mas por não ser verdade.

Achei aquela atitude de resistir ao status de santo muito digna; porém, ele disse em seguida:

– As pessoas me chamam de santo e daí penso: "Tenho que me esforçar mais, pois isso seria uma coisa maravilhosa."

Aquilo me incomodou um pouco. Não pela falta de modéstia. Senti como se estivesse na presença de uma pessoa diferente daquela com quem minutos antes eu conversava; alguém cujas ambições eu ainda nem sequer havia começado a entender.

...

Farmer encerrou seu serviço no Brigham e foi para o Haiti no dia 1º de janeiro de 2000. Trocamos alguns e-mails. Ele me enviara uma cópia de seu último livro, *Infections and Inequalities* (Infecções e desigualdades) – uma extraordinária dissertação repleta de notas de rodapé, com estudos de casos de pacientes para ilustrar seus temas centrais: as relações entre pobreza e doença, a má distribuição de tecnologia médica no mundo e "as hipóteses imodestas de casualidade" que os intelectuais e burocratas da saúde ofereciam para esses fenômenos. Em alguns momentos, o autor parecia que mal conseguia controlar sua raiva. Ao descrever a administração de antibióticos a uma paciente pobre que tinha tuberculose, ele comentou: "Quando ela recebeu os antibióticos, logo começou a reagir – *quase como se tivesse uma doença infecciosa tratável.*"

O Paul Farmer que havia escrito o livro não se parecia muito com o Paul Farmer que trabalhava no Brigham. O primeiro gritava em todas as páginas. Escrevi para agradecer-lhe pelo livro e disse que queria ler os dois anteriores. "Estou lendo sua obra-prima", escrevi. Ele respondeu por e-mail: "Ah, mas essa não é minha obra-prima. Para ver minha obra-prima você tem que vir ao Haiti."

## CAPÍTULO 3

Farmer enviou uma caminhonete robusta para me buscar no aeroporto de Porto Príncipe, de onde parti rumo ao norte saindo da capital, passando por uma estrada pavimentada de duas pistas. Do outro lado do planalto Cul-de-Sac, porém, no sopé de uma cadeia de montanhas, a estrada parecia um leito de rio seco, e a caminhonete começou a chacoalhar ao subir o penhasco. Olhando para baixo, dava para ver um cemitério de caminhonetes. Nesse momento, o pessoal parou de conversar, inclusive os simpáticos e tagarelas haitianos no banco da frente.

Nos mapas do Haiti, a estrada pela qual passamos, a Rodovia Nacional 3, parece uma via pública principal e, de fato, trata-se da *gwo wout la*, a única estrada que cruza o planalto central. De perto, entretanto, a coisa muda de figura: é apenas uma trilha estreita de terra cheia de pedregulhos, erodida, com rachaduras em algumas partes que devem virar um atoleiro na temporada de chuvas e sulcos que pareciam projetados para torturar os pneus dos carros, além de marcas de patas de cavalos e de pés. A estrada passava por montanhas áridas e aldeias de casebres de madeira, cruzando diversos riachos. Caminhonetes pesadas de vários tamanhos, lotadas de passageiros, oscilavam em enormes crateras, levantando nuvens de poeira, com os motores rangendo em primeira marcha. O número de veículos era superado pelo número de pessoas que se deslocavam com muita dificuldade, algumas sobre burricos visivelmente famintos, outras a pé. Em pontos do acostamento, pedintes alisavam as barrigas côncavas com uma das mãos e com a outra exibiam um chapéu de palha virado. Em diversos trechos, garotos com enxadas aplainavam a estrada, mostrando que estavam dando um duro danado, e, em seguida, erguiam as mãos na esperança de serem recompensados. Havia ausências visíveis: um carro de boi, sem animal, puxado por um homem; árvores secas, sem folhas, sobretudo depois de Mirebalais; nenhum poste de eletricidade depois da cidade de Péligre.

A viagem, de apenas 56 quilômetros, durou três horas e pareceu muito mais longa. Estava escuro quando, no topo de outro declive íngreme e rochoso, na aldeia de Cange, os faróis da caminhonete iluminaram um muro de concreto bem alto e, logo depois, um portão com uma placa ao lado, onde estava escrito "ZANMI LASANTE" – "Parceiros na Saúde", em crioulo. Na placa havia ainda o desenho de quatro mãos abertas convergindo a partir dos pontos cardeais, com todos os dedos se tocando. A caminhonete cruzou o portão e imediatamente sentimos o alívio do pavimento macio. Foi dessa forma que senti a obra-prima de Farmer, antes mesmo de vê-la.

Sob a luz do dia, em meio à paisagem árida e marrom, a Zanmi Lasante destaca-se de maneira drástica, como uma fortaleza ao lado de sua montanha, um enorme complexo de prédios de concreto, parcialmente cobertos por folhagens tropicais. Do outro lado da muralha, a paisagem torna-se verde, cheia de folhas. Árvores altas contornam pátios, alamedas, muros, construções inteligentes de concreto e pedra que seguem pela encosta arborizada passando por um ambulatório e uma clínica para mulheres, um hospital, uma grande igreja anglicana, uma escola, uma cozinha que prepara refeições para cerca de 2 mil pessoas diariamente e, próximo ao topo, um prédio novo em folha para o tratamento da tuberculose. O complexo médico dispõe de dois laboratórios, água corrente e é possível escutar o chiado de um grande gerador elétrico. Os prédios possuem piso ladrilhado, paredes e teto brancos e são decorados com quadros de artistas haitianos que nos transmitem calma por meio de seu colorido vivo e sua semelhança com o paraíso tropical descrito nos diários de Cristóvão Colombo.

Na manhã seguinte à minha chegada, acompanhei Farmer em suas rondas por lá, pela primeira de muitas vezes. A rotina geral era sempre a mesma. Farmer começava o dia de madrugada, no pátio inferior ao lado do ambulatório. À noite, sob o luar, eu via os vultos de umas 100 pessoas dormindo no chão. Pela manhã, o número parecia haver duplicado. Havia gente de todas as idades, mulheres usando vestido e lenço na cabeça, velhos de chapéu de palha e muita gente com sapatos se despedaçando, todos à espera de um médico ou uma enfermeira.

Quando Farmer cruzou o portão, vestindo roupas haitianas – calça jeans preta e camiseta –, uma parte da multidão avançou em sua direção: um velho que precisava de dinheiro para comida; uma mulher com uma carta para ele levar aos Estados Unidos; um jovem que havia sido atendido por outro médico de lá, mas gostaria de ser examinado por Farmer – "Quero discutir várias coisas com o senhor, *Doktè* Paul".

Na multidão, Farmer procurava basicamente identificar aqueles que precisavam de atendimento emergencial. Uma enfermeira já havia encontrado um caso: uma jovem com a mão enfaixada numa toalha. A enfermeira gritou chamando Farmer. Ele se aproximou, retirou a toalha e examinou a mão.

– É gangrena – disse-me ele. – Sinta só o cheiro.

Farmer orientou a enfermeira a limpar o ferimento. Quando ela levou a jovem, a expressão no rosto dele era de tristeza.

– Faz 15 dias que ela machucou a mão. Será que essa moça sabe o que vai acontecer? Como se esse povo já não tivesse problemas suficientes. Não conseguem cuidar nem de seus menores ferimentos.

Normalmente, Farmer levava uma hora para percorrer todo o pátio. Ele já estava quase do outro lado quando um velhinho franzino se aproximou, tirou o chapéu de palha e disse em crioulo:

– Estou procurando o *Doktè* Paul.

Farmer sorriu.

– O senhor conhece o *Doktè* Paul?

– Não, mas me disseram para procurá-lo.

Uma funcionária pegou o homem pelo braço.

– Vamos tentar encontrar o *Doktè* Paul.

Enquanto ela o conduzia para outro médico, Farmer finalmente escapou e lá se foi aquela figura magricela andando a passos largos pelo caminho de concreto em direção à cozinha e à pequena sala acima, onde todas as manhãs, antes de ver os pacientes, enviava e recebia e-mails por um telefone via satélite.

...

Devo dizer que no momento em que vi a Zanmi Lasante naquela pequena aldeia de Cange, num lugar que me pareceu ser o fim do mundo, que era, na verdade, uma das partes mais miseráveis do país mais pobre do hemisfério ocidental, tive a sensação de ter me deparado com um milagre. Eu sabia que a renda per capita no Haiti chegava a pouco mais que um dólar americano por dia – e era ainda menor no planalto central. O país havia perdido a maioria de suas florestas e grande parte do seu solo. Exibia as piores estatísticas de saúde do mundo ocidental. E ali, numa das regiões mais empobrecidas, adoecidas, erodidas e famintas do Haiti, estava aquele incrível refúgio: a Zanmi Lasante. Se alguém me dissesse que essa fortaleza havia sido trazida por uma nave espacial, eu não duvidaria nem um pouco.

Na minha primeira semana em Cange conheci um camponês que trouxera uma criança doente para o hospital, de burro, numa jornada de 19 quilômetros pela Rodovia Nacional 3. Perguntei se ele se sentira aliviado ao chegar ao complexo médico em Cange. Nem sei por que perguntei aquilo. Ele ficou surpreso com a pergunta e simplesmente disse:

– *Wi!*

Havia diversas outras clínicas e hospitais na região, mas nenhum deles contava com equipamentos decentes e alguns chegavam a ser totalmente insalubres; além disso, todos cobravam pelos medicamentos – até pelas luvas utilizadas para exame –, e poucas pessoas no planalto central tinham condições de pagar qualquer coisa. Na Zanmi Lasante, os pacientes supostamente também teriam de pagar uma taxa equivalente a oito centavos de dólar por consulta. Os colegas haitianos de Farmer haviam insistido na ideia. Embora fosse o diretor médico, Farmer não discutira. Em vez disso, como costumava fazer – conforme descobri depois –, ele simplesmente subvertera a política. Todos os pacientes tinham de pagar os oito centavos, exceto mulheres e crianças, miseráveis e qualquer doente em estado grave – ou seja, todos tinham de pagar, com exceção de quase todos. Além disso, ninguém – regra de Farmer – ficava sem atendimento.

Talvez 1 milhão de camponeses contassem com a Zanmi Lasante. Naquele momento, cerca de 100 mil viviam na área de captação, a qual era atendida por 70 agentes de saúde da comunidade local. Alguns pacientes atravessavam distâncias incríveis – considerando-se que eram percorridas por estradas arruinadas, passando por aldeias que contavam apenas com trilhas para pedestres – falando espanhol, vindos de Porto Príncipe, da península sul do Haiti e das cidades ao longo da fronteira da República Dominicana. A maioria vinha do planalto central, nos caminhões velhos e superlotados que passavam pela Rodovia Nacional 3. Muitos vinham a pé ou em lombo de burro. De vez em quando aparecia na estrada uma cama movendo-se vagarosamente em direção ao portão principal, carregada por quatro pessoas, uma em cada canto, trazendo um paciente.

De tempos em tempos a farmácia da Zanmi Lasante confundia as receitas ou ficava sem remédios. Volta e meia os técnicos de laboratório perdiam uma amostra. Sete médicos trabalhavam no complexo; nem todos eram competentes. A equipe era composta exclusivamente por profissionais locais e no Haiti a formação em medicina é, na melhor das hipóteses, medíocre. A Zanmi Lasante havia, no entanto, construído escolas, casas e sistemas hídricos e de saneamento em toda a área de captação. Todas as crianças haviam sido vacinadas e as taxas de mortalidade infantil e de desnutrição haviam diminuído. A Zanmi lançara programas de alfabetização de mulheres e de prevenção contra a aids e, em sua área de captação, reduzira a taxa de contaminação pelo HIV das mães para os bebês para 4% – cerca de metade da taxa atual nos Estados Unidos. Alguns anos antes, durante um surto de febre tifoide resistente aos medicamentos normalmente utilizados no tratamento, a Zanmi Lasante importara um antibiótico eficaz porém caro, tratara a água que abastecia as famílias locais e contivera o surto por todo o planalto central. No Haiti, a tuberculose ainda matava mais adultos do que qualquer outra doença, mas desde 1988 ninguém na área de captação da Zanmi Lasante morria desse mal.

A Zanmi Lasante mantinha-se com os fundos arrecadados por uma pequena instituição de caridade criada por Farmer – Parceiros na Saúde (Partners In Health) –, cuja matriz ficava em Boston. As contas eram baixas para os padrões americanos. Farmer e sua equipe tratavam a maioria dos pacientes com tuberculose em seus próprios casebres e gastavam entre 150 e 200 dólares para curar um caso de menor gravidade. O mesmo tratamento nos Estados Unidos, onde a maioria dos pacientes com tuberculose era hospitalizada, custava entre 15 e 20 mil dólares. Meu hospital local em Massachusetts tratava em torno de 175 mil pacientes por ano e tinha um orçamento operacional de 60 milhões de dólares anuais. Em 1999, a Zanmi Lasante tratara praticamente o mesmo número de pessoas, no complexo médico e nas comunidades, e gastara cerca de 1,5 milhão de dólares, sendo metade desse valor na forma de medicamentos doados. Parte do dinheiro era de fundos federais, mas a maioria vinha de doações privadas, sobretudo de um corretor imobiliário de Boston chamado Tom White, que doara milhões ao longo dos anos. Farmer contribuía também, embora ele próprio não soubesse exatamente com que montante.

Tomei conhecimento dos fatos logísticos da vida de Farmer de forma gradual; assim, eles só me pareceram insólitos depois que os uni. Em 1993 a Fundação MacArthur o premiara com o famoso auxílio para gênios – em seu caso, cerca de 220 mil dólares. Ele doara o prêmio para a Parceiros na Saúde, com o objetivo de criar um departamento de pesquisa na organização, o qual chamou de Instituto de Saúde e Justiça Social. A remuneração anual de seu trabalho em Harvard e no Brigham devia somar cerca de 125 mil dólares, mas ele nunca via a cor desse dinheiro, nem dos honorários ou dos royalties – ambos quantias insignificantes – que recebia pelas palestras e pelos artigos que escrevia. A contadora da matriz da Parceiros na Saúde sacava os cheques e pagava as contas, além da hipoteca da mãe dele, e deixava o restante na tesouraria. Um dia, em 1999, Farmer tentou usar seu cartão de crédito e foi informado de que excedera o limite. Ele então ligou para a contadora e ela disse:

– Querido, nunca vi alguém trabalhar tanto e ficar tão duro como você.

Quando ainda era universitário, ele ficava no porão da sede da Parceiros na Saúde durante suas rápidas estadas em Boston. Quatro anos atrás, ele se casou com uma haitiana, Didi Bertrand. Farmer não achava necessário mudar de residência em Boston, mas quando a filha nasceu, em 1998, a mulher insistiu para que se mudassem e eles adquiriram então um apartamento em Eliot House, em Harvard, onde ficavam quando iam a Boston. Mas não iam com muita frequência. Na época, Didi e sua filhinha de 2 anos passavam o ano letivo em Paris, onde Didi estava prestes a se formar em antropologia. Vários amigos disseram a Farmer que ele deveria ficar mais tempo com elas.

– Mas eu não tenho nenhum paciente em Paris – dizia ele.

Obviamente Farmer sentia saudade da família. Durante minha estada no Haiti, eu o via ligar para elas pelo menos uma vez ao dia, da sala onde ficava o telefone via satélite. Teoricamente, ele passava quatro meses em Boston e o resto do ano em Cange. Na prática, esses períodos eram interrompidos por viagens a lugares onde ele tinha pacientes. Anos atrás a American Airlines enviou-lhe uma carta informando que passara a fazer parte do clube de 1 milhão de milhas. Até aquele momento ele já havia viajado o equivalente a pelo menos 2 milhões de milhas.

Farmer tinha uma pequena casa – que representava o mais próximo de um lar em sua vida – em Cange, no alto de um penhasco do lado oposto ao complexo médico. Era uma *ti kay* adaptada, uma réplica da melhor espécie de casa de camponês, com telhado de zinco e piso de concreto e, por incrível que pareça, um banheiro, embora sem água quente. Muitas vezes, quando olhei para o interior de sua casa, a cama dele parecia intacta. Farmer me disse que dormia mais ou menos quatro horas por noite, porém dias depois confessou:

– Não consigo dormir. Há sempre alguém que não recebeu tratamento. Não aguento uma coisa dessas.

Não dormia, não tinha reserva financeira, estava longe da família e sem água quente. Uma noite, poucos dias depois de chegar a Cange, perguntei-me em voz alta que recompensa ele recebia por tantas privações. Farmer respondeu:

– Ao fazermos sacrifícios, a não ser que estejamos automaticamente seguindo algum regulamento, tentamos aliviar alguns desconfortos psíquicos. Assim, no meu caso, por exemplo, o fato de eu ter conduzido minha carreira médica para atender aqueles que não têm plano de saúde pode ser encarado como um sacrifício, mas também pode ser visto como uma maneira de lidar com a ambivalência.

Ele continuou e sua voz mudou um pouco. Não foi agressivo, mas seu tom era insinuante:

– Eu me sinto ambivalente vendendo meus serviços em um mundo onde tantos não podem comprá-los. É possível se *sentir* ambivalente nesse sentido, porque *devemos* nos sentir assim. *Vírgula*.

Essa foi uma das primeiras vezes que vi Farmer dizer *vírgula* depois de uma frase. Era seu modo de deixar subentendida a palavra que viria logo após a vírgula: *imbecil*. Entendi que ele não estava me chamando de imbecil – ele nunca faria isso; Farmer era quase invariavelmente cortês. A *vírgula* era sempre direcionada a terceiros, àqueles que se sentiam à vontade e não se incomodavam com a atual distribuição de renda e de medicamentos no mundo. E estava implícito, é claro, que a pessoa a quem se referia não era um deles. Ou era?

...

De manhã, eu acompanhava Farmer do pátio até a sala de e-mail e depois até seu escritório, no andar térreo do prédio mais novo, o Centro de Tuberculose Thomas J. White. Havia diplomas pendurados na parede, junto a uma foto do primeiro presidente eleito do Haiti, Jean-Bertrand Aristide – seu amigo de longa data –, posando com um garoto que Farmer curara de tuberculose. Havia uma cama para exames, um expositor de raio X, uma mesa e uma cadeira nova, presente de Natal dos funcionários, ainda com vestígios da embalagem.

Farmer sentou-se à sua mesa.

– O objetivo agora é? – Ele olhou para mim. Encolhi os ombros. – Ficar aqui quietinho. Porque o pessoal está lá fora à espreita.

Um grupo de 30, talvez – houve um momento em que cheguei a contar 40 –, aguardava no corredor, alguns sentados em bancos, outros andando de um lado para outro. Uma enfermeira toda de branco entrou dizendo a Farmer, indignada:

– Eu sempre aviso aos pacientes que devem esperar sentados, mas eles não dão ouvidos.

Farmer sorriu e bateu as mãos como fazem os haitianos – as costas de uma na palma da outra.

– Essa é a cruz que devemos carregar – disse.

A enfermeira se retirou, insatisfeita. Ele virou para mim e disse:

– Não dá para tomar as dores do pessoal da equipe, senão a gente acaba não tomando as dores dos pacientes.

De fato, eles é que são os pobres, os mutilados, os mancos e os cegos. Havia um senhor idoso, parecido com Ray Charles, se tratando de uma tuberculose. Era cego, mas usava óculos – ele pedira e Farmer arranjou-lhe uns. Havia um rapaz mais jovem, a quem Farmer se referia como Lázaro, que chegara em uma cama carregada por parentes, fazia alguns meses, pesando 45 quilos por conta da aids e da tuberculose e que agora estava com cerca de 75 quilos, curado da tuberculose e com a aids sob controle, graças aos medicamentos. Havia uma jovem de aparência saudável cujo pai, apenas um mês antes, estava juntando dinheiro para comprar-lhe um caixão. Por outro lado, havia uma linda jovem se tratando de uma tuberculose resistente às drogas, agora no meio de uma crise de anemia e gemendo de dor.

– O.k., *doudou*. O.k., *cherie* – sussurrou-lhe Farmer. E mandou aplicar-lhe morfina.

Havia um homem com gastrite, já no fim da meia-idade. Farmer me disse que no Haiti pode-se considerar assim alguém na faixa dos 30, uma vez que 25% dos haitianos morrem antes de completar 40 anos.

– É porque há praticamente ausência de comida aqui – disse, examinando-o. – O homem é musculoso. Talvez com o avanço da idade ele não esteja mais conseguindo lutar por comida, ou talvez esteja tentando alimentar alguém.

Farmer solicitou suplementos alimentares.

Em seguida, atendeu um garoto de 16 anos, fraco demais para andar, pesando apenas 30 quilos. Farmer diagnosticou uma úlcera.

– O organismo dele se acostumou à fome. Vamos dar um jeito nisso. – Farmer ergueu uma lata do suplemento alimentar Ensure. – Isso aqui é coisa boa. Administraremos três latas por dia. Daremos a ele 200 dólares de Ensure e terei o maior prazer de violar o princípio de custo-benefício.

Havia uma senhora franzina, bem velhinha, com o corpo arqueado na altura da cintura, formando um ângulo reto perfeito.

Muito antes de Farmer conhecê-la, uma tuberculose espinhal devorara pedaços de sua coluna vertebral – era um problema de postura, facilmente curável, mas que, sem tratamento, acabou se agravando. Nada mais podia ser feito. Ela vinha em busca de dinheiro, comida e companhia.

Farmer se levantou quando a senhora entrou e a cumprimentou como *mami mwen* (minha mãe). Ele se inclinou, praticamente se ajoelhando; a senhora deu-lhe dois beijinhos no rosto e disse:

– Um filho sempre cuida da mãe.

Farmer pegou uma cadeira e a mulher se apoiou nela, mantendo-se de pé e repousando o queixo no assento, enquanto o observava atender os inúmeros pacientes.

Como fazia no Brigham, Farmer tentava se aproximar ao máximo dos pacientes. Ele os sentava numa cadeira próxima à dele para poder, acho eu, tocá-los com suas mãos finas, brancas, de dedos longos. Chamava as mulheres mais velhas de "mãe" e os homens mais velhos de "pai". Muitos lhe traziam presentes – leite em uma garrafa verde com rolha de sabugo de milho.

– *Oh, cheri! Mesi anpil, anpil!* Obrigado! – agradecia Farmer.

Ele sorriu e, olhando para a garrafa em sua mesa, disse em inglês:

– Leite de vaca não pasteurizado numa garrafa suja. Estou louco para beber um pouco. – Em seguida, virou-se para mim. – É tão ruim que você nem faz ideia.

Olhei para cima. Uma grávida tentava passar pela enfermeira para chegar à porta do consultório. Era portadora do vírus HIV e veio receber isoniazida, pois também fora exposta à tuberculose. Além disso, precisava de dinheiro para comida; o marido morrera. Ela levantou a voz e começou a gritar, toda animada:

– Vocês são todos meus maridos!

Um jovem entrou em seguida.

– *Doktè* Paul? Eu vim aqui e estava doente. Agora estou muito melhor. Quero tirar uma foto.

Na parede ao lado da mesa dele, Farmer grudou, com fita adesiva, três folhas de papel contendo várias tarefas a serem cumpridas e desenhou ao lado de cada uma delas um quadradinho em branco. Observei que sempre que completava uma atividade que se esquecera de pôr na lista ele a anotava, desenhava um quadradinho ao lado e então marcava com um X. Farmer parecia sentir um prazer enorme ao fazer isso, e devo admitir que eu mesmo senti um pouco – sem nenhuma justificativa – quando ele disse:

– Estamos fazendo muita coisa.

A lista na parede continha cerca de 60 imperativos: preparar os slides para os próximos discursos, arranjar uma bíblia e um cortador de unhas para Lázaro, entregar a um paciente o relógio que comprara no aeroporto de Miami, colher amostras de saliva de alguns dos pacientes com tuberculose multirresistente e levá-las para os laboratórios em Boston. A lista parecia falar do que, em Boston, seria considerado uma prática interessante. Sem dúvida alguma, era bem variada. Um dos itens era "consulta sobre feitiçaria".

Em um de seus livros, Farmer escrevera que na zona rural haitiana havia uma distinção entre a crença na bruxaria e "as teorias e práticas do vodu". Ou seja, nem todos os camponeses adotavam a religião nativa chamada vodu, mas quase todos, inclusive os católicos e protestantes, acreditavam na *maji*, ou feitiçaria. Para muitos em Cange, os feitiços enviados por inimigos eram a principal causa de diversas doenças, e inúmeras pessoas afirmavam que Farmer, como todo bom sacerdote vodu, sabia como combater a *maji*.

Um camponês da região me disse, falando de Farmer:

– Deus dá um dom a todos, e o dele é a cura.

Certa vez, numa cerimônia pública, um ex-paciente dele levantou-se e declarou:

– Acredito que ele seja um deus.

Pelos cantos de Cange, o povo também dizia, geralmente aos sussurros: "*Doktè* Paul trabalha com as duas mãos" – ou seja, tanto com a ciência quanto com a magia necessária para desfazer os feitiços. A maioria dos elogios parecia deixar Farmer sem graça e feliz ao mesmo tempo. Esse, porém, explicou ele, tinha um lado doloroso.

– Os haitianos acreditam em bruxaria porque vêm de uma cultura que evoluiu na ausência da medicina eficaz. Então é claro que eles acreditam em mandingas, em doenças enviadas por terceiros. Por qual outro motivo se entraria em coma? E quando alguém está muito doente e eles estão acostumados a ver gente morrer com os mesmos sintomas e você chega, dá remédios e a pessoa se recupera rapidamente, o povo questiona. E aí começa o falatório.

Farmer sabia, por experiência, que os haitianos abraçavam avidamente a medicina eficaz. Entre seus pacientes encontravam-se vários sacerdotes do vodu, alguns dos quais serviam como agentes de saúde, trazendo-lhe praticantes doentes.

A feitiçaria é, no fundo, o jeito de os haitianos explicarem o sofrimento, embora as justificativas possam, por si mesmas, causar sofrimento.

Uma senhora idosa chegou ao consultório de Farmer. Era a ela que se referia a tal "consulta sobre feitiçaria" da lista de tarefas dele. Num outro dia, no pátio, Farmer vira o filho dela andando desanimado e perguntou-lhe o que havia de errado.

– É que minha mãe me odeia – respondeu ele.

Na verdade, a mãe acreditava que o filho tinha "enviado" a doença que matou o outro filho. Quando ela se sentou ao lado de Farmer e ele, em vez de afirmar que a feitiçaria não existia, disse apenas que não havia nenhuma feitiçaria envolvendo esse caso especificamente, a senhora levantou o queixo e desviou os olhos. Aos poucos, ela amoleceu. Era provável, porém, que ainda levasse meses até conseguir se reconciliar totalmente com o filho que sobrevivera. Quando ela saiu, Farmer disse que havia achado aquilo "86% divertido". Suponho que isso significasse 14% triste.

A mulher estava convencida de que o filho havia "vendido" o irmão, e disse isso usando a palavra em crioulo que era aplicada aos escravos. (A crença em bruxaria no Haiti talvez venha do medo dos próprios donos de escravos, em consequência da culpa. "Muitas práticas da magia haitiana originaram-se na Normandia, em Berry, na Picardia ou em Limousin", escreve o antropólogo Alfred Métraux.) Além disso, parece que acusações como as dessa senhora sempre provêm do ciúme, não muito raro em contextos de pobreza extrema. O filho acusado mora em um *ti kay* melhor que o dela. Na verdade, ela dizia que o filho não ligava para a própria mãe, de forma que só podia ter sido ele quem mandara o feitiço para matar o irmão. Justificativas e acusações desse tipo, que surgem das desigualdades econômicas, são comuns, diz Farmer. Elas podem destruir famílias e amizades.

– Quando eu me dei conta disso, pensei: "Meu Deus! Como se já não bastasse tanta miséria, os haitianos ainda têm uma incrível propensão a trocar mágoas entre si por meio das palavras."

Depois de alguns dias em Cange com Farmer, passei a achar estranho quando ele não falava nada sobre o Haiti. Ele dizia que gostava de "narrar sobre o Haiti". Não que ele passasse o tempo todo fazendo isso. Ele realmente era capaz de manter um silêncio sociável – o qual, às vezes, parecia agradar-lhe mais que a própria conversa –, mas costumava falar de amenidades pelo menos com a mesma frequência com que fazia seus discursos doutrinadores. Além disso, eu tentava entender melhor sua cosmologia – então eu o instigava, às vezes até o perturbava, insistindo para que narrasse sobre o Haiti. No entanto, quando ele começava, tudo à nossa volta era usado para traçar a moral do sofrimento dos pobres haitianos, o que sempre servia de lição sobre os pobres do mundo. Às vezes ele parava, à espera de alguma reação.

– Você está entendendo?

Eu tinha dificuldade em extrair uma reação adequada de dentro de mim. Sentia muito por tantas crianças haitianas ainda morrerem de sarampo – embora isso não acontecesse na área de captação da Zanmi Lasante –, mas percebia que meus sentimentos nunca estariam à altura da expectativa de Farmer. Eu iria acabar me aborrecendo com ele, como acontece conosco quando ofendemos alguém profundamente.

...

Passaram-se dias e noites. Farmer gostava de dizer aos seus alunos de Harvard que um bom médico nunca deve deixar que um paciente perceba que ele também tem problemas, ou que está com pressa.

– E essas pequenas coisas garantem recompensas enormes!

Não era à toa que alguns pacientes esperavam quase um dia inteiro para vê-lo e que ele raramente saía do consultório antes de anoitecer.

Pelas venezianas atrás de sua mesa eu via estrelas piscando na noite quente. Um jovem tristonho calçando tênis esfarrapados, rachados nos calcanhares, sentou-se ao lado de Farmer e abaixou a cabeça, olhando para os próprios pés. Chamava-se Ti Ofa e tinha aids. Quando estava de plantão no Brigham, Farmer era encarregado de atender os casos da síndrome e vinha cuidando de Ti Ofa da mesma forma como teria cuidado em Boston, tratando várias infecções oportunistas com antibactericidas até que se tornassem crônicas. A Zanmi Lasante não tinha condições de medir cargas virais nem os índices de CD4, mas, por experiência, Farmer sabia que o vírus estava prestes a dar um xeque-mate ao rapaz, entrando num estágio assustador. Ti Ofa disse:

– Estou envergonhado.

– Qualquer um pode pegar essa doença. Eu já lhe disse isso – insistiu Farmer.

Ele abriu uma gaveta na mesa e tirou um frasco plástico grande contendo indinavir, um dos novos inibidores de protéase usados no tratamento da aids.

Ninguém tratava os pobres haitianos com as novas drogas antirretrovirais. Na verdade, quase ninguém em qualquer país pobre sequer tratava os pobres com essa doença. Até alguns dos amigos de Farmer na sociedade médica haitiana chamaram-no de louco por tratar casos de aids em Cange dessa forma e, com certeza, muitos especialistas internacionais concordariam. Deixando de lado todas as outras objeções, as novas drogas contra aids poderiam custar para a Zanmi Lasante cerca de 5 mil dólares anuais por paciente. Mesmo assim, Farmer colocara alguns pacientes em terapia tripla.

Poucos meses antes, Farmer dera uma palestra para um grupo em Massachusetts, chamado Cambridge Cares About Aids (Cambridge cuida da aids).

– Cambridge cuida da aids – dissera. – Mas não o suficiente.

Ele se perguntou se havia exagerado, mas depois, seguindo a sua sugestão, profissionais da saúde que assistiram à palestra e portadores da doença coletaram uma porção de drogas não usadas e ele acabou obtendo o bastante para tratar alguns outros pacientes seus em Cange. Farmer disse que pretendia aumentar esses números. Ele estava desenvolvendo, junto com seus colegas em Massachusetts, algumas propostas de auxílio para obter uma oferta maior e mais sólida. Farmer assegurava que conseguiriam o dinheiro.

– É *claro* que conseguiremos o dinheiro.

Farmer ergueu o frasco precioso para mostrar a Ti Ofa. Ele o balançou e os comprimidos chacoalharam. Disse a Ti Ofa que começaria a tratá-lo com essa e mais outras duas drogas. Elas não eliminariam o HIV de seu corpo – explicou-lhe –, mas acabariam com os sintomas e, com sorte, permitiriam que vivesse por muitos anos, como se jamais tivesse contraído o vírus. Ele só teria de prometer que jamais se esqueceria de tomar nenhuma dose.

Ti Ofa prometeu não se esquecer, mas continuou olhando para baixo. Farmer se aproximou dele e se inclinou.

– Não quero que você desanime.

Ti Ofa levantou a cabeça.

– Já me sinto melhor só de conversar com o senhor. Agora sei que vou dormir à noite.

Ele queria conversar e acho que sabia que tinha espaço para isso.

– Minha situação é muito ruim. Tô sempre machucando a cabeça porque moro numa casa cheia de gente. A única cama que temos é para as crianças; durmo embaixo dela. Mas eu esqueço isso e, sempre que me levanto, bato com a cabeça. Não esqueço o que o senhor fez por mim, *Doktè* Paul. Quando fiquei doente e ninguém tocava em mim, o senhor se sentava na minha cama e colocava a mão na minha cabeça. Tinham que prender os cachorros na aldeia porque o senhor passava tarde da noite pra ver os doentes. Eu gostaria de lhe dar uma galinha ou um porco.

Normalmente o rosto de Farmer é pálido, com algumas sardas ensaiando aparecer. Dessa vez ele ficou vermelho na hora, da base do pescoço até a testa.

– Pare com isso! Você já me deu muita coisa.

Ti Ofa sorriu.

– Esta noite eu vou dormir bem.

– O.k., *neg pa* (meu homem) – disse Farmer.

Então chegou a hora das rondas. Começávamos iluminando com uma lanterna o caminho até o hospital, passando por uma ala de iluminação bem fraca onde as camas eram ocupadas por adultos, e depois, com o coração na mão, subíamos para o Pavilhão Infantil, onde havia sempre um bebê magro feito um graveto, a barriguinha inchada e o cabelo avermelhado por causa da *kwashiorkor*, um tipo de desnutrição grave. Apenas uma semana antes, na sua primeira manhã de volta a Cange, Farmer havia perdido um bebê, que morrera de meningite em sua forma mais terrível: *purpura fulminans* – as pequenas veias rompem no interior da pele do neném, causando uma erupção de manchas roxas – poucos dias depois, outro bebê, fora da área de captação da Zanmi Lasante, morreu de tétano.

Farmer permaneceu ao lado do berço de uma garotinha com os bracinhos moles e o torso inchado por conta de uma efusão pleural, causada pela tuberculose extrapulmonar. Ela estava deitadinha de lado. Ele colocou a mão dentro do berço e acariciou seu ombro, sussurrando, quase cantando, em inglês:

– Michela quer entregar os pontos, mas a gente não vai deixar, não é? Não, a gente não vai deixar.

Então ele subiu a encosta de volta ao hospital de tuberculose, deixando essa visita por último, explicou, pois agora todos lá em cima estavam melhorando. A maioria dos pacientes havia se reunido em um quarto e estavam sentados nas camas, assistindo a uma partida de futebol em uma TV cheia de chuvisco.

– Vejam só essa cambada de burgueses vendo TV! – disse Farmer.

Os pacientes acharam graça. Um dos jovens olhou para ele:

– Que burgueses, que nada, *Doktè* Paul. Se a gente fosse burguês, teria uma antena.

– Fico até animado – disse Farmer ao sair. – Nem tudo vai mal. Falhamos em 71 níveis, mas acertamos em um ou dois.

Depois descemos o morro, saímos pelo portão e cruzamos a Rodovia Nacional 3 até a casa dele.

A noite era longa no planalto central, onde praticamente não havia eletricidade. Os galos cantavam – lá eles cantam o tempo todo – e um vento morno agitava as folhas das árvores ao redor do pátio de Farmer, iluminado a bateria. Parecia até a cabine de um pequeno barco no mar, um canto aconchegante onde Farmer começou a se dedicar às palestras e às propostas de auxílio, com a ajuda de um jovem membro da Parceiros na Saúde, um "PNSista", na linguagem de Farmer, enviado de Boston para isso.

Ele estava com uma pilha enorme de estudos médicos no colo. Passado um tempo, colocou-os de lado.

– Não estou com cabeça, pessoal.

Ele me convidou a dar uma volta no terreno. Tive a nítida sensação de que era de bom-tom que um hóspede não recusasse o convite.

– Isto se chama "hortitortura" – falou.

E recitou os nomes das árvores, trepadeiras, arbustos e flores que plantara ao longo dos anos. Contei mais ou menos 40 espécies diferentes. Finalmente, sob a luz fraca do pátio, ele analisou uma nova samambaia que acabara de brotar.

– Ela está radiante, feliz e saudável, do jeito que os pacientes devem ficar.

A palavra "paciente" serviu como um despertador. Ele voltou a trabalhar na pilha de estudos clínicos. Minutos depois, Ti Jean, o faz-tudo da Zanmi Lasante, surgiu do escuro, solicitando sua presença do outro lado da Rodovia Nacional 3.

...

Numa cama próxima à porta do hospital encontrava-se, gemendo, uma garota de 13 anos que acabara de chegar, trazida por um jumento. Dois jovens médicos haitianos – um era estagiário – estavam ao lado da cama, cabisbaixos, mordendo os lábios, quando Farmer deu o tapinha de mão haitiano, dizendo:

– *Doktè-m yo, doktè-m yo, as k'ap pase-n?* (Doutores, doutores, o que está acontecendo com vocês?)

Sua voz pareceu queixosa, não irritada, ao dizer:

– Não se administra um antibiótico a uma pessoa com meningite antes de se fazer uma punção espinhal, identificar o tipo de meningite e então saber que medicamento servirá.

Daí ele mesmo pôs a mão na massa enquanto os jovens médicos o observavam e seguravam a menina.

– Sou muito bom em punções espinhais – disse Farmer.

E foi o que pareceu. Além disso, ele era canhoto e sempre achei os canhotos muito hábeis no trabalho. As veias se dilatavam em seu pescoço fino à medida que ele enfiava a agulha. A menina começou a gritar feito louca.

– *Li fé-m mal, mwen grangou!*

Farmer olhou para cima e, por um momento, voltou a discursar sobre o Haiti.

– Ela está gritando: "Tá doendo. Eu tô com fome." Dá para acreditar numa coisa dessas? Só no Haiti uma criança grita que está com fome durante uma punção espinhal.

# CAPÍTULO 4

Assim que cheguei para visitá-lo em Cange, Farmer disse que seria meu Virgílio lá. Acho que, quando se tratava do Haiti, ele enxergava qualquer pessoa como potencial alvo de aprendizagem. Nenhum outro país no mundo havia sido submetido a tantos "comentários idiotas", ele dizia, e não dava nem para discordar, ao levar-se em conta, por exemplo, que o nome da religião local do Haiti tornara-se – havia muito tempo – sinônimo de ideias malucas e fatos macabros.

Farmer gostava de contar, a respeito de sua própria aprendizagem no Haiti, uma história sobre a relação entre a medicina e a crença em feitiçaria. Em 1998, uma mulher da área de captação da Zanmi Lasante morrera de tuberculose, enquanto ele estava em Boston se recuperando de uma fratura na perna. Quando voltou a Cange, ouviu de vários funcionários que a mulher não teria morrido se ele estivesse lá. Não tinham a intenção de criticar, mas de elogiar. No entanto, o comentário fez com que Farmer se autorrecriminasse ainda mais. Ele desejava um sistema médico que funcionasse em sua ausência. Empregou toda a família da mulher na Zanmi Lasante e fez várias reuniões para descobrir o que havia de errado com a forma como tratavam da tuberculose.

Os funcionários travaram uma discussão entusiástica. Os agentes de saúde comunitária da Zanmi Lasante, que viviam entre os camponeses e até pouco tempo também haviam sido camponeses, em sua maioria, falaram sobre os entraves econômicos ao tratamento, chamando atenção para o fato de que os pacientes mais pobres eram em geral os que pior se recuperavam, em parte certamente por causa da desnutrição. Um agente recitou um dito haitiano: "Dar ao povo remédios para tuberculose sem dar comida é como lavar as mãos e enxugá-las na terra." A maioria dos profissionais haitianos na equipe – médicos, enfermeiras e técnicos –, porém, apresentou explicações que colocavam a culpa na mentalidade dos pacientes; as típicas explicações geralmente encontradas em jornais acadêmicos. Quando começavam a se sentir melhor, mas muito antes de estarem curados, os pacientes deixavam de tomar os comprimidos – diziam os profissionais –, um pouco por acreditarem que a tuberculose não era causada por micróbios, mas enviada pelos inimigos, via feitiçaria.

Farmer se sentiu intelectualmente dilacerado. Aquela teoria da equipe de saúde equivalia a uma descrição do tipo de organização socioeconômica a qual ele chamava de "violência estrutural". Mas Farmer era, ao mesmo tempo, um antropólogo em treinamento, grande conhecedor da importância dos tipos de crenças sociais que os profissionais citaram, e portanto levantou um estudo. Ele ainda era aluno em Harvard. O estudo foi como uma aula que elaborara e, depois, assistira como aluno.

Ele escolheu dois grupos de pacientes com tuberculose. Durante o estudo, cada grupo recebeu tratamento gratuito, o mesmo que teriam recebido no Brigham. Um dos grupos, porém, recebeu outros serviços, inclusive visitas regulares de agentes de saúde comunitários e pequenos soldos mensais para comida e cuidados com as crianças, além de transporte para Cange. Farmer passava pelas diversas aldeias dos pacientes, visitando-os em seus casebres. Isso levou duas semanas.

– Cem haitianos tagarelas – disse ele. – Não tente fazer isso em casa.

Paul fez várias perguntas a eles, dentre as quais se acreditavam que a tuberculose vinha de feitiçaria; a maioria em ambos os grupos disse que sim. Mesmo assim, quando saíram os resultados, as taxas de cura nos dois grupos eram drasticamente diferentes. Dos pacientes que receberam somente os medicamentos gratuitos, apenas 48% se curaram. Por outro lado, todos do grupo que recebeu soldo e outros serviços se recuperaram por completo. Pelo jeito, não fizera muita diferença se os pacientes acreditavam que a doença vinha de germes ou de mandinga.

Farmer ficou confuso.

– Eu apostava na ideia de que o pensamento das pessoas afeta o comportamento delas e os resultados.

Ele não sabia como explicar aquilo, até que voltou a entrevistar os pacientes e chamou um de seus preferidos: uma senhora muito amável. Na primeira entrevista, cerca de um ano antes, as perguntas sobre feitiçaria a ofenderam um pouco. Ela fora uma das poucas pessoas que negaram a crença.

– Polo, *cheri*! Não sou nenhuma idiota. Sei que a gente pega tuberculose com a tosse dos outros, cheia de germes.

Ela tomara todos os remédios e se recuperara.

Entretanto, um ano depois, quando Farmer lhe perguntou novamente sobre feitiçaria, ela disse que sim, que obviamente acreditava.

– Eu sei quem mandou a doença para mim e isso não vai ficar sem troco.

– Mas, se a senhora acredita nisso – gritou ele –, por que tomou os remédios?

Ela olhou para Farmer. Ele se lembrou de um sorriso compassivo. O sorriso, ele pensou, de uma pessoa mais velha explicando algo a uma criança – de fato, ele tinha apenas 29 anos.

– *Cheri* – disse a senhora –, *eske-w pa ka konprann bagay ki pa senp*?

Em crioulo, *pa senp* significa "não simples", e refere-se a algo cheio de complexidades, geralmente de natureza mágica. Assim, numa tradução mais livre, o que ela disse a Farmer, basicamente, foi: "Querido, você é incapaz de compreender complexidades?"

E então, é claro, Farmer se deu conta de que conhecia vários americanos – inclusive ele mesmo – que mantinham crenças aparentemente contraditórias, como a fé na medicina e na oração. Ele disse que se sentiu como se flutuasse no ar diante de sua paciente, "suspenso por sua compaixão e resignação".

O estudo funcionou para ele como uma advertência de que deveria se preocupar mais com as condições materiais dos pacientes do que com suas crenças. Dali em diante, todos os pacientes de tuberculose na área de captação receberam o pacote completo de serviços. Cada um continuou a receber o que chamamos de terapia diretamente observada: um agente comunitário à disposição para garantir que o paciente tomasse os remédios na hora certa e que todos recebessem o soldo mensal – equivalente a mais ou menos 5 dólares americanos – para comprar comida extra, cuidar dos filhos pequenos e pagar o transporte até Zanmi Lasante para a consulta mensal. O programa deu certo. Na verdade, melhor seria impossível. Havia 12 anos não perdiam um paciente sequer, e não passava pela cabeça de Farmer mudar qualquer regra.

Recentemente, um paciente de uma aldeia chamada Morne Michel não aparecera para a consulta mensal. Então – essa era uma das regras – alguém teria que ir até ele. Os anais da saúde internacional contêm muitas histórias de projetos adequadamente financiados que não deram certo porque os pacientes "insubordinados" não tomaram todos os remédios.

Farmer disse:

– Os únicos insubordinados são os médicos. Se o paciente não melhora, a culpa é nossa. Temos que dar um jeito.

A história preferida de *Doktè* Paul, na aldeia de Kay Epin, era a de uma ocasião, havia muitos anos, em que ele perseguira um sujeito num canavial, chamando-o aos berros, bem aborrecido, mandando-o aparecer para receber tratamento. De vez em quando ele ainda saía à caça dos pacientes. Para dar o exemplo à equipe, dizia ele, e para tirar uma folga do consultório. Assim, ele mesmo iria a Morne Michel e me levaria junto.

"Além das montanhas encontram-se montanhas." O provérbio parecia descrever a localização de Morne Michel, a mais distante de todas as colônias na área de captação da Zanmi Lasante.

Durante o café da manhã no dia de nossa partida, Farmer contou suas intenções às mulheres na cozinha.

– Ooooooh! – espantaram-se.

Uma delas disse:

– Morne Michel? Polo, você quer matar seu *blan*?

É claro que ela se referia a mim. Não estava sendo grosseira. Até mesmo Farmer era chamado de *blan* por elas – geralmente, de *ti blan mwen*, ou seja, "meu branquelinho". Porém *blan* não significa necessariamente "de pele branca"; pode-se dizer que todo *blan* se torna branco em virtude de ser um *blan*. Algumas pessoas na Zanmi Lasante ficaram na dúvida, por exemplo, se o aluno de medicina africano que Farmer trouxera alguns meses antes era irmão de Farmer; depois houve gente que confundiu um outro aluno de Farmer – um americano negro – com o primeiro. Quando Farmer caçoou deles por isso, alguém da equipe dissera (Farmer jurava ser verdade):

– Vocês, *blan*, são todos parecidos.

...

Farmer pegou a caminhonete e percorreu o primeiro trecho descendo a Rodovia Nacional 3 na direção sul, passando por barracos de dois quartos, com telhado de zinco e pequenos celeiros construídos sobre pilastras compridas para – explicou ele – proteger dos animais os alimentos (embora as ratazanas ainda comessem cerca de um terço das colheitas), por cabras e porcos desnutridos, cães pálidos e magrelos. Sorrindo por um momento, ele contou que os camponeses haitianos tinham uma porção de dizeres: que eles eram os únicos fazendeiros a quebrar as pernas nos milharais, tão íngremes eram suas terras; que seus cães eram tão magrinhos que precisavam se escorar nas árvores para conseguir latir e assim por diante. Não demorou muito até avistarmos uma represa, um lago ao longe, abaixo da estrada. O cenário era bonito: águas azuis por entre encostas áridas e íngremes. Se a pessoa olhasse aquilo com os olhos de um camponês, dissera Farmer, o cenário se tornava violento e feio: um lago inundara a terra produtiva e arruinara a região.

Ele estacionou ao lado da ruína de uma pequena fábrica de cimento. O mato tomava conta do local, crescendo desordenadamente pela estrutura enferrujada. A 90 metros dali encontrava-se um dique. Naquele tempo, quando não estava no Haiti, Farmer dava muitas palestras, às vezes várias no mesmo dia, e em todas a que compareci ele falou sobre o tal dique. O dique aparecia em todos os livros que ele publicara até 2000, nos livros que ele ajudara a escrever e editar e também em muitos de seus artigos – 42 até então. Como estudioso e escritor, Farmer esforçara-se ao máximo para defender as relações entre as partes pobres e ricas do mundo, e o dique era seu estudo de caso preferido.

O dique represa o maior rio do Haiti, o Artibonite. Chama-se Represa Hidrelétrica de Péligre e as águas represadas atrás dele formam o Lac de Péligre. Foi projetado pelo corpo de engenheiros do Exército americano. A Brown & Root, do Texas, entre outras, construiu a estrutura em meados dos anos 1950, durante o domínio de um dos ditadores apoiados pelos americanos, com dinheiro do U.S. Export-Import Bank. Foi anunciado como um "projeto de desenvolvimento" e, sem dúvida, algumas das pessoas por trás de sua criação acreditavam que fosse um presente para o Haiti. Entretanto, parece que ninguém pensou nos camponeses que moravam no vale acima do rio.

O objetivo do projeto era melhorar a irrigação e gerar eletricidade. Não que os camponeses do planalto central não desejassem ou precisassem de tecnologia moderna, dissera Farmer; mas, como eles mesmos sempre observavam, eletricidade e água nem sequer chegaram a suas terras. A maioria também não recebeu dinheiro. Na verdade, a finalidade da represa era beneficiar a agroindústria rio abaixo, área, na época, quase toda de propriedade norte-americana, e também fornecer eletricidade a Porto Príncipe, especialmente às casas dos pouquíssimos haitianos abastados e às fábricas estrangeiras. Desde a inundação do vale, muitas crianças camponesas de Cange, filhas dos "refugiados da água", como Farmer os chamava, saíram de casa à procura de trabalho na capital, onde cozinhavam, limpavam e costuravam bonecos e bolas do Mickey Mouse. Várias delas voltavam para casa com aids.

Quando Farmer descobriu esse pedaço do Haiti e começou a fuçar sua história, os mais antigos passaram horas contando-lhe sobre o tempo antes de a água subir, em que as famílias viviam em fazendas ao lado do rio, todos tinham o suficiente para comer e ainda sobrava algo para vender. Alguns lembravam-se de ter sido avisados de que suas terras seriam inundadas. O rio, porém, sempre passara por ali, e eles examinaram a represa em progresso e não acreditaram que um simples muro de concreto pudesse bloquear suas águas. Um dos idosos de Cange lembrou-se do momento em que viu a água subir e deu-se conta, de repente, de que sua casa e suas cabras ficariam submersas em questão de horas.

– Peguei uma criança, uma cabra e comecei a subir a encosta.

Famílias saíram correndo, carregando o que puderam salvar, virando-se de vez em quando para ver a água inundar seus jardins e suspender os troncos de suas mangueiras. Para a maioria, a única saída foi assentar-se pelos morros íngremes das redondezas, onde agricultura era sinônimo de erosão e desnutrição alastrada, aproximando-se a cada ano de um estágio de fome total. Durante muito tempo, os velhos vizinhos discutiram, brigaram e se atracaram por causa dos títulos das terras que restaram.

As coisas pioraram. Mesmo depois da represa, a maioria dos camponeses ainda criava seus porcos pretos, com as barrigas se arrastando pelo chão, usados como moeda para pagar várias coisas, como, por exemplo, escola. Porém, no início dos anos 1980, não lhes restaram nem os porcos. Com um surto repentino de febre suína africana na República Dominicana, os Estados Unidos, temendo uma ameaça à sua indústria suína, fizeram uma campanha para destruir todos os porcos crioulos no Haiti. A ideia era substituí-los por porcos comprados de criadores de Iowa. Esses, entretanto, eram muito mais frágeis, mais caros para criar e não sobreviveram. Muitos camponeses acabaram sem porco algum. Na volta às aulas, no ano seguinte ao massacre, o número de crianças matriculadas nas escolas despencou drasticamente em todo o país e nos arredores de Cange.

Atravessamos o cume da represa. As cercas estavam enferrujadas e o concreto se esfarelava. À direita, as águas agitadas do Artibonite passavam e, à esquerda, algumas canoas navegavam pelas águas azuis e tranquilas. Parecia até um refúgio tropical. Farmer andava apressadamente. Um jovem o acompanhou por um tempo. Um pessoal da região, que ia para o outro lado, sorriu ao vê-lo e cumprimentou:

– *Bonjou, Doc mwen* (Bom dia, meu doutor).

O sol aparecia e sumia por entre as nuvens escuras e corria uma brisa suave. Eu me sentia radiante e vigoroso diante da popularidade indireta.

Do outro lado da represa, uma trilha – de terra fofa e pedras – conduzia para cima. Após 18 anos cruzando a Rodovia Nacional 3, Farmer acabou desenvolvendo uma hérnia de disco. Sua perna esquerda arqueava-se levemente para fora, feito um descanso de bicicleta – conforme descrevera um de seus irmãos –, por causa de um atropelamento ocorrido em 1988. Farmer tinha pressão alta congênita e uma leve asma, que apareceu depois que se recuperou de um possível caso de tuberculose. Mas quando cheguei ao topo do primeiro morro, suando e bufando, ele estava sentado numa pedra, escrevendo uma carta para um velho amigo, um colaborador da Parceiros na Saúde cuja esposa morrera havia pouco tempo. Aquele era o primeiro de muitos morros.

Passamos por crianças sorridentes que subiam ladeiras íngremes, cheias de pedra, as quais tive de escalar de quatro. Elas carregavam água em baldes e garrafões plásticos, anteriormente usados para armazenar tinta, óleo e anticongelante. Cheio, um contêiner daqueles devia ter a metade do peso de cada uma das crianças e elas subiam descalças. Passamos por muitos aglomerados de painço, matéria-prima nacional que não crescia do solo, mas das pedras, algumas bananeiras e, aqui e ali, outras espécies tropicais. Volta e meia Farmer parava e dizia os nomes populares e seus correspondentes em latim: mamoeiro, pé de graviola, mangueira – uma ladainha melancólica, pois a quantidade de cada variedade era muito menor do que deveria.

Em várias das árvores que restavam por aqueles morros, e também em pedras, vi algumas pichações de natureza política, geralmente em tinta vermelha: "Titid" e o número "2001". A primeira era o apelido do ex-presidente Aristide e a segunda, o ano em que – pelo que vi em todas as pichações e nos pôsteres espalhados em Cange – ele seria reeleito. Concluí que a política era um dos meios pelos quais os camponeses mantinham suas esperanças. Muitos especialistas em auxílio, de lugares prósperos, gostavam de expressar desespero em nome dos haitianos, dizia Farmer. Naquele ponto de nosso trajeto, eu também me sentia culpado. As casas pelas quais passamos nas montanhas eram muito piores do que as de Cange. Tinham chão de terra e teto de folhas de bananeira, o qual, destacou Farmer, apresentava goteiras durante a estação chuvosa, transformando o piso em lamaçal.

Passamos por um grupo de mulheres que lavavam roupa no regato de um bueiro.

– É sábado – disse Farmer. – Dia de lavar roupa. Acho que não vieram consertar as máquinas de lavar.

Segundo ele, o povo haitiano é muito meticuloso.

– Sei disso – continuou. – Já estive em todos os lugares que você possa imaginar. Mas eles assoam o nariz na roupa porque não têm lenço de papel, fazem as necessidades, se limpam com folhas e pedem desculpa aos filhos por não terem o que comer.

– Que miséria – disse eu.

Mas isso não bastou. Ele estava com a corda toda.

– E não pense você que eles não sabem – continuou. – Os BLs dizem o seguinte: "Eles são pobres, porém felizes." Sem dúvida, eles sorriem e têm senso de humor, mas isso é totalmente diferente.

Como muitas de suas observações, essa me fez parar.

Quando se pensava ter compreendido sua visão de mundo, ele surpreendia. Farmer tinha bronca de grupos que por fora pareciam aliados, que às vezes eram de fato aliados, como, por exemplo, os "BLs" – Brancos Liberais –, cujos porta-vozes mais influentes eram, em parte, negros e prósperos.

– Adoro os BLs; morro de amores por todos eles. Os caras estão do nosso lado – dissera-me ele alguns dias antes, definindo o termo. – Só que os BLs acham que todos os problemas do mundo podem ser solucionados sem nenhum custo para eles. Nós não acreditamos nisso. Há muito o que dizer a respeito de sacrifício, remorso, até mesmo de piedade. É o que nos diferencia das baratas.

Continuamos nossa caminhada. Percebi, como em Cange, que muitas pessoas pelas quais passávamos vestiam roupas americanas, como tênis de marca que já haviam visto dias melhores, bonés de beisebol e camisetas com escudos de times profissionais e clubes. Objetos desse tipo eram chamados de *"Kennedys"*.

Segundo Farmer, nos anos 1960 o presidente Kennedy patrocinou um programa que enviou óleo lubrificante, entre outras coisas, ao Haiti. Os haitianos tentaram usar o óleo para outros fins, como para cozinhar, por exemplo, e concluíram que o presente ganho não valia nada. Desde então, o nome do presidente tornou-se sinônimo de produto vagabundo. Volta e meia viam-se alguns importados que serviam apenas para enfeite. Um jovem trabalhador na Zanmi Lasante usava um chapéu de palha haitiano novinho, no qual ele ou a esposa pregou um pedaço de tecido com a palavra NIKE.

Farmer indicava o caminho e nós prosseguíamos adentrando cada vez mais as montanhas. O papo continuava. Eu estava ensopado de suor. Não se via nem sinal de transpiração no pescoço dele – pescoço de lápis, como diziam os amigos. Muita gente acenava para Farmer com a mão erguida, parada, mexendo apenas os dedos, feito as patinhas de um inseto de barriga para cima.

– Está vendo como os haitianos acenam? Não é incrível? O que você acha? – perguntou-me ele, respondendo aos acenos da mesma forma.

A trilha dava voltas pela encosta árida e íngreme. Eu pensava que estava em forma, mas no alto de cada morro encontrava Farmer me esperando, sorrindo e inventando justificativas para mim, enquanto eu me desculpava: eu era 14 anos mais velho e não estava acostumado com o clima.

A ida até Morne Michel levava normalmente duas horas. Cerca de três horas depois de partirmos chegamos ao barraco do paciente insubordinado: outro casebre de madeira, com telhado de folhas de bananeira e um fogareiro do tipo que os haitianos chamam de "três pedras".

Farmer perguntou ao paciente se ele tinha alguma coisa contra os remédios para a tuberculose.

– Está brincando? – respondeu o jovem. – Se não fosse por eles eu não estaria aqui.

O que aconteceu foi que ele obtivera algumas orientações confusas em sua última consulta em Cange e não havia recebido o soldo-padrão. Entretanto, tomara rigorosamente todas as doses do remédio. Boa notícia para Farmer. Missão cumprida. Ele certificou-se de que a cura do paciente não havia sido interrompida. Então partimos de volta. Eu descia suando atrás de Farmer, derrapando pelas trilhas.

– Algumas pessoas diriam que isso não valia uma caminhada de cinco horas – comentou ele, virando-se para trás. – Mas qualquer investimento que se faça para garantir que as coisas deem certo será pouco.

– Com certeza – respondi. – Mas algumas pessoas perguntariam: "Como pode esperar que outros façam o que você está fazendo aqui?" Qual seria a sua resposta?

Ele se virou para trás, com um sorriso terno, e respondeu:

– Eu diria: "Vá pro inferno."

Então, com a voz grave, ele se corrigiu:

– Não. Eu diria: "O objetivo é instilar nos médicos e enfermeiras o espírito de dedicação aos pacientes e, sobretudo, adotar uma visão orientada para resultados relativos à tuberculose." – Ele sorria, com o rosto radiante. – Em outras palavras, "vá pro inferno".

Voltamos a caminhar. Farmer continuou:

– E se for preciso fazer uma viagem de cinco horas, dar leite, cortador de unhas, passas, rádios, relógios, o negócio é fazer. Podemos gastar 68 mil dólares por paciente com tuberculose em Nova York, mas, se começarmos a dar relógios ou rádios aos pacientes daqui, de repente a comunidade internacional de saúde cai em cima, dizendo que estamos criando projetos *insustentáveis*. Quando um paciente diz "Tô precisando muito de uma bíblia, de um cortador de unhas", ah, pelo amor de Deus!

Com muita dificuldade, eu descia mais um dos vários barrancos íngremes, quando ouvi um tumulto vindo de um bosque lá embaixo: uns gritos, uma pequena pausa e, em seguida, mais gritos. Não demorou muito para avistarmos um ringue de briga de galos, cercado por vários homens com chapéus de palha, tênis esfarrapados, chinelos e sapatos sociais sem cadarços. Na periferia havia dois vendedores de comida concorrentes e dois homens jogando Zo – um jogo de tabuleiro com um objeto que parecia um bule vitoriano, para mexer os dados. Havia também mulheres do lado de fora da multidão. Deram um lugarzinho a Farmer na cerca. Ele assistiu por um instante. Os galos andavam em círculos, um olhando para o outro. Então, um deles partiu para o ataque, batendo as asas, e Farmer se afastou.

Ele se aproximou das árvores, onde, do nada, apareceram duas cadeiras de metal com acentos rasgados de courino, uma vermelha, a outra azul. Isso sempre acontecia quando eu estava no campo com Farmer: apareciam duas cadeiras, uma para *Doktè* Paul, outra para seu *blan*. Nós nos sentamos. Em questão de segundos, fomos cercados. Mais de uma dúzia de mulheres – algumas já acabadas, outras jovens adoráveis usando vestidos leves com uma das alças arrebentada. Uma mulher de meia-idade, com um rosto lindo mas praticamente banguela, encostou-se numa árvore e falou baixinho com Farmer. As demais ficaram perto de outras árvores ou sentaram-se no chão de terra ali perto, de vez em quando falando com ele também. Uma delas dizia-lhe que precisavam de mais um agente de saúde por lá. No fundo, porém, estavam basicamente matando o tempo. Diz-se por aí que o povo rural fala pouco; mas por acaso existe alguma região rural em algum canto do mundo onde as pessoas realmente falam pouco?

Eu estava um caco, com as roupas totalmente encharcadas. Meus pensamentos davam voltas. Pensei nas cadeiras em que nos sentamos – descartadas, imaginei, durante a reforma de um escritório em Minneapolis ou Miami – e na longa viagem que fizeram até ali. Imaginei saber por que as mulheres estavam fazendo aquilo: ignorando o esporte nacional em um sábado para reunir-se com Farmer e bater aquele papo tão desconexo, falando baixo e sem pressa.

Alguns anos antes ele adicionara ao seu programa médico um projeto de saúde só para mulheres e, como não havia ginecologista na equipe, Farmer fizera um curso rápido na área e, por um tempo, colocara em prática seus conhecimentos ali na região. Ele provavelmente oferecera a várias mulheres seus primeiros exames pélvicos e lhes falara sobre controle da natalidade, fornecendo-lhes contraceptivos, caso desejassem.

Os gritos da briga de galos pareciam elevar-se cada vez mais, embora soassem bem ao longe. Achei que eu fosse adormecer, ou que já tivesse adormecido, rodeado de mulheres.

O resto do caminho de volta era basicamente uma descida, embora ainda tenhamos encontrado algumas ladeirinhas para subir. Escalei com muita dificuldade outro barranco e, como sempre, encontrei Farmer me esperando. Estava parado na beira de um penhasco, contemplando a paisagem. Aproximei-me dele. A vista ali era ampla. Uma garoa bem fina, acompanhada de nuvens rasgadas por raios de sol, encharcava as montanhas amarelas à nossa frente – montanhas atrás de montanhas, até o lago Péligre. Percebi que eu teria achado a cena pitoresca em outro momento, antes daquela experiência. Talvez eu tivesse aprendido alguma coisa. Não o bastante para agradar a Farmer, suspeitava. Ensinar os outros não era o que ele queria para sua vida. Ele buscava, isso sim, transformação.

Ofereci-lhe uma balinha meio úmida, que estava no meu bolso. Ele aceitou e disse:

– De abacaxi! Como você sabe, é meu sabor preferido.

Em seguida, voltou à sua contemplação.

Olhava fixamente para as águas represadas do Artibonite, que estendiam-se para o leste e sumiam entre as montanhas. Dali de cima, a quantidade de terra que a represa inundara parecia enorme. Farmer comentou:

– Para entender a Rússia, para compreender Cuba, a República Dominicana, Boston, ideologias políticas, Sri Lanka e balinhas de abacaxi, você tem que estar no alto deste penhasco.

A lista era obviamente irônica, assim como seu tom de voz. Mas tive a sensação de que ele tinha dito algo importante. Achei que eu havia compreendido, no geral. Aquela vista de campos férteis inundados, resultado de uma represa que fizera de seus pacientes os mais pobres dentre os pobres, era uma lente no mundo. A sua lente. Quem olhasse através dela começaria a ver os bilhões de indivíduos em extrema pobreza em todo o mundo e a enxergar as inúmeras causas relacionadas à miséria deles. De qualquer forma, Farmer parecia acreditar que eu sabia exatamente o que ele queria dizer e percebi, irritado, que eu não ousara falar nada até então, por temer desapontá-lo.

# PARTE II

# OS TELHADOS DE ZINCO DE CANGE

# CAPÍTULO 5

Era impossível passar um tempo perto de Farmer sem questionar como ele viera a escolher essa vida. Fiz uma pequena investigação sobre sua trajetória.

Seus pais eram do oeste de Massachusetts. Ele nasceu em 1959, em North Adams, um velho polo industrial. Era o segundo de seis filhos: três meninos e três meninas. Sua mãe, Ginny, era filha de um fazendeiro. Ela abandonou a faculdade ainda no começo para se casar. Farmer se parecia muito com a mãe. Ela era bem alta e magra. Os dois tinham o mesmo nariz e ficavam vermelhos com facilidade.

O pai de Farmer – Paul – era um homem grande, tinha mais ou menos 1,90m e pesava entre 105 e 115 quilos. Era um atleta arrojado e altamente competitivo, conhecido como *Elbows* (Cotovelos) entre os que jogavam basquetebol com ele. Mais tarde, suas filhas mais novas começaram a chamá-lo de *Warden* (Carcereiro), em função de sua rigidez – elas não podiam usar maquiagem, namorar nem ficar na rua até tarde. Ele era um sujeito inquieto. Tinha um emprego fixo como vendedor, em Massachusetts, mas um amigo lhe dissera que no Alabama o trabalho com vendas garantia um bom dinheiro.

– O Alabama é um gigante adormecido!

Assim, em 1966 Warden mudou-se para Birmingham, no Sul, com a família que não parava de crescer.

Ginny viveu anos felizes no Alabama. Eles não tinham muitos móveis, mas moravam em uma casa de verdade, e compraram uma máquina de lavar – a primeira de sua vida. Para baratear as férias da família, Warden conseguiu comprar um ônibus em um leilão público. Por mais estranho que parecesse, o ônibus havia sido usado como clínica ambulante para tuberculosos e, para acomodar um aparelho de raio X, uma pequena torre havia sido adaptada ao teto. O veículo era da marca Blue Bird. Os Farmer o chamavam de Blue Bird Inn. Enquanto isso, o pequeno Paul Jr. – P.J. ou Pel, para os íntimos – crescia e aparecia.

As irmãs lembram-se dele como um menino magrelo, intenso na raiva e no afeto.

– E tinha um cérebro incrível! – disseram.

A diretora da escola primária o colocou em uma classe de crianças superdotadas. Na quarta série, ele criou um clube de herpetologia. Convidou todos os colegas de turma para uma primeira reunião em sua casa e pediu à mãe que preparasse guloseimas. Nenhum dos colegas apareceu e ele permaneceu completamente calado por um tempo – sinal evidente de que estava chateado, segundo a irmã mais velha. A família, porém, compôs o clube, atendendo ao decreto de Warden. As reuniões eram na sala de estar. P.J. vestia um roupão de banho e, com uma varinha, apontava para os desenhos em carvão que ele fizera, de répteis e anfíbios – até os irmãos tinham de admitir que os desenhos eram bonitos. Ele falava sobre os hábitos alimentares, a expectativa de vida, as características interessantes e estranhas dos animais. Ele sempre anunciava cada espécie por seu nome em latim. Uma de suas irmãs lembra-se de ter pensado: "A gente deveria simplesmente dar uns tabefes nele e voltar lá pra fora pra brincar." Depois de um tempo, porém, ela e os outros se interessaram e passaram, inclusive, a lhe fazer perguntas.

Suas duas avós eram católicas devotas e a família ia à igreja com frequência. Ele fez primeira comunhão, foi crismado e chegou a ajudar nas missas como sacristão, mas não se sentiu engajado.

– Era um trabalho mecânico – lembrou-se –, embora eu gostasse e ainda goste da missa. Aquilo estava muito longe de me empolgar tanto quanto as coisas que eu lia.

Os pais de um colega de turma eram donos de uma livraria e, quando ele tinha cerca de 11 anos, lhe deram a trilogia *O senhor dos anéis*, de J.R.R. Tolkien. Farmer leu tudo em dois dias e imediatamente releu a obra inteira. Então levou os três volumes à biblioteca pública e disse à bibliotecária:

– Quero outros livros desse tipo.

Ela o encheu de romances de fantasia. Ele os devolveu e disse:

– Não, não é isso.

E tentaram por algum tempo, até que um dia, finalmente, a bibliotecária – obviamente cheia de dúvidas, pois o menino só tinha 11 anos – deu-lhe um exemplar de *Guerra e paz*.

– É isso! – disse ele à bibliotecária na semana seguinte. – É bem parecido com *O senhor dos anéis*!

Anos depois ele diria:

– O que poderia ser mais religioso do que *O senhor dos anéis* e *Guerra e paz*?

...

Decepcionado com o trabalho de vendas no Alabama, Warden passou a dar aulas. Mas o clima estava pesado em Birmingham no final dos anos 1960, o que fez com que ele e a esposa ficassem preocupados com a segurança dos filhos. Warden arranjou emprego em uma escola pública na Flórida; de modo que certo dia, em 1971, a família enfiou todos os pertences no Blue Bird Inn – todos os que couberam. Warden, Ginny e os filhos arrastaram a máquina de lavar até o ônibus, mas ela não passava pelas portas laterais. Uma das lembranças mais vívidas de Farmer era a do momento em que eles se afastaram da casa alugada em Birmingham. Ele viu a jovem mãe, linda, olhando, triste, pelas janelas traseiras do ônibus para a máquina de lavar, branquinha, entre os pedaços de carvão espalhados no quintal. Aquela seria sua última máquina de lavar por muitos anos. Eles partiram para Brooksville, uma cidadezinha ao norte de Tampa, próximo à costa do Golfo.

A irmã mais velha de Farmer lembrou-se de quando passou, dentro do Blue Bird Inn, pela rua chique da cidade, repleta de barbas-de-velho pendendo das árvores e por casas com pórticos no estilo pré-guerra civil, enquanto Warden, ao volante, dizia: "Vamos arranjar uma casa desse tipo." Naquele momento, porém, eles seguiram para Brentwood Lake, uma área de acampamento para trailers ao lado de um bosque de pinheiros. Warden devia estar preocupado. Ele conduziu o ônibus em direção à sede do acampamento e ou esqueceu-se da torre no teto, ou não viu os cabos de força adiante. O fato é que a torre saiu puxando os fios e arrebentou todos eles.

Depois de resolvida a confusão, Warden encontrou um bloco de concreto que serviria de degrau para a entrada e ali se estabeleceram. Ginny empregou-se como caixa no supermercado Winn-Dixie, onde sorria para os clientes e pisava no pedal que acionava a esteira. Ela era a caixa de supermercado que lia *Chora, terra bem-amada* para os filhos à noite e, anos depois, graduara-se na Smith College. Ninguém na família se lembrava de algum dia tê-la ouvido reclamar naquela época na Flórida.

– Minha mãe é como a Virgem Maria, sem a parte "virgem" – disse uma das irmãs de Farmer. – Carinhosa, gentil, não criticava ninguém e estava sempre calma.

Anos mais tarde Ginny diria que gostaria de ter enfrentado e desafiado o marido com mais frequência; mas estava na era das esposas obedientes, e, além disso, disse ela:

– Não se discutia com Paul Farmer; simplesmente não se discutia. – Pouco depois acrescentou: – Sabíamos que ele nos amava.

Na torre, Warden construíra para os meninos uma espécie de beliche com três andares. P.J. ficava no mais alto. Era onde ele se deitava, lia, fazia os deveres de casa, enquanto, logo embaixo, seu irmão Jeff treinava bateria e de vez em quando declarava: "E esta é a batida Krupa."

Apesar disso, P.J. se saía muito bem na escola. Ele dizia ter algumas vantagens. O pai que achava normal instalar a família em um ônibus era o mesmo que achava normal P.J. manter um viveiro enorme lá dentro. Farmer frisava que nunca havia passado necessidades na infância, embora admitisse que aquela vida "era muito esquisita". Ele se lembrava do dia em que voltara ao acampamento em um ônibus escolar e um colega afro-americano perguntara:

– É aqui que você mora?

Eles passaram cinco anos no acampamento, e usavam o ônibus para viajar.

Warden nunca entendeu o funcionamento da parte elétrica do veículo e, toda vez que paravam em um acampamento, havia 50% de chance de, qualquer um que ligasse a tomada em uma fonte, ligar errado, invertendo a polaridade e levando um forte choque. Os meninos reclamavam: "Ah, na última vez fui eu que liguei!"

Warden, pelo jeito, nunca pensou em colocar uma etiqueta indicadora na tomada, talvez porque ele mesmo nunca a tivesse ligado. Ele ficava ocupado demais com outras coisas, contou-me Ginny sorrindo. Certa vez, voltando de uma viagem a Massachusetts, durante uma tempestade em uma estrada interestadual, a geringonça que ele improvisou na traseira do ônibus para rebocar um carro não deu certo. O Blue Bird Inn deslizou para fora da rodovia, mergulhou em um aterro íngreme e, em seguida, capotou. A torre impediu que o ônibus saísse rolando. Por um milagre, ninguém saiu gravemente ferido. Warden, porém, passou alguns meses consertando a residência da família.

Quando Farmer me contou essa história, perguntei onde eles haviam ficado enquanto eram feitos os reparos.

– Ora, mas que pergunta! Em uma barraca, é claro!

Às vezes Warden dançava e cantava de um lado para outro dentro do ônibus. Outras vezes ele lia peças de Shakespeare e livros como *Fábulas de Esopo* para os filhos. Mas, pelo menos para a irmã mais velha de Farmer, Katy, até a leitura dele em voz alta poderia dar nos nervos. E havia *A família Robinson*. Depois que ele leu um pouco da fábula de uma família náufraga que encontra a felicidade levando uma vida rústica em uma ilha, Katy pensou: "Ai, ai!" Mais tarde, quando ele leu algumas páginas de *Robinson Crusoé*, ela disse a si mesma: "Não! Por favor!" Houvera outras ameaças. Warden nunca tinha navegado, mas, voltando ao Alabama, ele andara comprando revistas de barcos. A essa altura, ele já possuía uma pilha delas.

Na época em que P.J. começou a cursar o ensino médio, Warden comprou em um leilão público uma antiga lancha Liberty: um casco vazio de 15 metros de comprimento com um furo, o qual consertou. Então passou um ano afastado de tudo que lhe rendia dinheiro: ele dava aulas e trabalhava com adultos deficientes mentais, em Brooksville. Construiu um abrigo para o barco, com muito custo, aprendendo, no processo, toda a parte de carpintaria náutica. No meio de suas tarefas – a família inteira teve de participar com afinco – ele começou a ficar sem dinheiro e disse a P.J. e aos dois irmãos mais jovens:

– Vamos colher laranjas.

– Mas, pai, gente branca não colhe laranjas – contestou P.J.

– Ah é? Vamos ver quem é branco.

De fato, a maioria dos trabalhadores trepados nas escadas dos laranjais era negra. P.J. escutou-os conversar de uma árvore para outra, e perguntou ao pai que língua esquisita era aquela.

– Crioulo. São haitianos – explicou Warden.

Ele descreveu rapidamente ao jovem Paul a pobreza homérica do país daquele povo. Mas P.J. não havia conhecido nenhum haitiano até então. Os Farmer não trabalharam nos laranjais por muito tempo. Ganhavam uma mixaria. Depois de alguns dias, Warden deu um basta. Voltou a trabalhar no barco, que ele batizou de *Lady Gin*, em homenagem à esposa. Quando declarou encerradas as obras, comprou um gerador e um monte de equipamento de pesca, que eles não tinham condições de comprar, mas – insistira Warden – que logo trariam o retorno do investimento. De acordo com seu plano, o barco garantiria a independência da família. Serviria como casa e fonte de renda, por meio da pesca comercial.

A primeira viagem que fizeram começou em um dia calmo e ensolarado, com Warden no comando. Eles entraram no golfo do México, bem distante da costa. Ancoraram em águas rasas, almoçaram, nadaram e P.J. e os irmãos brincaram ao redor do barco. No entanto, não conseguiram pegar muitos peixes comestíveis e, à noite, enfrentaram uma tempestade. O vento uivava, o barco se agitava, e Ginny ficou apavorada. O medo deve tê-la deixado tão implacável quanto o marido, pois em algum momento, por insistência dela, ele amarrou uma corda ao gerador e o jogou ao mar como um segunda âncora. Enquanto isso, lá embaixo no ancoradouro, dentro da cabine que oscilava de um lado para outro, as crianças se divertiam como nunca.

– Maneiro! Uma tempestade!

Anos depois, Jeff, irmão de Farmer, disse que sempre soube que, em matéria de barcos, o pai era um incompetente. Mesmo ao partirem naquela manhã, ele percebeu que Warden não sabia nada de navegação.

– O estranho, era realmente estranho, era que nós tínhamos certeza de que ele não sabia o que estava fazendo, mas nos sentíamos seguros. Seguros de que ele nos tiraria de qualquer situação; de que absolutamente nada o abateria.

Ginny, que passou por todos os sustos com Warden, disse sobre o marido:

– Ele adorava correr riscos. E tudo sempre acabava bem. – Ela fez uma pausa. – Quer dizer, nunca ninguém ficou seriamente ferido.

No dia seguinte, voltando para terra, Warden se perdeu e arranhou o barco em uma pedra, mas eles conseguiram chegar ilesos ao porto. O *Lady Gin* ainda fez algumas viagens curtas e movimentadas. Em uma delas, Warden desconsiderou os marcadores do canal – ele parecia achar que as marcas representavam regras arbitrárias, as quais não era obrigado a seguir – e Jeff disse:

– Pai, o senhor não está no canal.

– Cale a boca. Você lá entende desse negócio? – retrucou ele.

E, logo em seguida, encalhou.

Mas na maior parte do tempo, depois de sua primeira e única viagem de pesca, o *Lady Gin* ficara ancorado em uma baía deserta na costa do golfo chamada Jenkins Creek.

Numa estante de sua pequena casa no alto dos morros haitianos, Farmer guardava uma foto do *Lady Gin*, com uma pintura branca gasta, flutuando preso a um tubo de metal na entrada da baía, cercado de algas e palmeiras ao fundo. Uma prancha de desembarque levava à terra firme. Uma antena de TV encontrava-se fixada no teto da cabine, e a cabine – uma superestrutura quadrada – mal se encaixava na proa arredondada onde se plantava. O Blue Bird Inn não aparecia na foto, mas encontrava-se por perto, pronto para as excursões familiares, estacionado numa estrada de terra ao lado do riacho.

Warden era feliz ali. Sua família estava onde ele parecia querer: em uma ilha, por assim dizer, longe de influências malignas. O jovem Paul adorava a baía, a solidão iluminada pelas estrelas, a águia pescadora que vivia em um ninho perto do arco de estibordo do *Lady Gin*, as lontras que passavam nadando, os jacarés que eles ouviam à noite. Ele guardava o dinheiro que ganhava em Brooksville – na farmácia Hogan's e no Biffburger – para comprar material de jardinagem e para manter um lago de peixes do outro lado da prancha de desembarque e, pelo jeito, não se deixou intimidar pelas marés altas que volta e meia acabavam com seu trabalho manual.

A vida na baía foi mais árdua para Ginny. Ela trabalhava o dia todo no Winn-Dixie e tinha que cuidar de seis filhos e um marido em um barco. Os dois irmãos de P.J. estavam ficando tão grandes quanto o pai. Tinham uma fome de leão e a geladeira no barco era tão pequena que ela precisava reabastecê-la diariamente. Quando chovia, eles colocavam panelas e potes sob as goteiras do telhado da cabine. À noite, as baratas batiam suas asas pelo fundo do casco feito um bando de mulheres impacientes batendo as unhas na mesa. Eles lavavam as roupas numa lavanderia na cidade. Tomavam banho e lavavam a louça na água salobra da baía. Pegavam água potável a alguns quilômetros dali, geralmente de uma torneira do lado de fora de uma loja de conveniência, enchendo clandestinamente os garrafões que se chocavam na traseira de algum dos carros comprados por Warden em leilões – a "Caminhonete Multicolor", ou o cedã verde-oliva do Exército, que chamavam de "Carro da Equipe", comprado por 288 dólares em um leilão.

Uma vez, vindo de Brooksville pela estrada deserta, o Carro da Equipe sofreu um superaquecimento. Eles estavam sem uma gota de água, então Warden mandou os meninos urinarem no radiador. P.J. e os irmãos morriam de vergonha dos carros, especialmente do Carro da Equipe. Certa manhã, quando iam para a escola, pediram a Warden que os deixasse um quarteirão mais adiante. Em vez disso, ele entrou na pista exclusiva para ônibus bem em frente à escola e buzinou enquanto parava.

– Isso é para vocês aprenderem – disse.

•••

Farmer disse o seguinte a respeito de sua infância:

– Na minha cabeça a história vem toda certinha. Eu queria poder dizer que quando era pequeno eu morava em um acampamento de trailers, colhia frutas com haitianos, me interessei por trabalhadores rurais imigrantes e fui para a América Latina. Tudo verídico, mas não exatamente *verdadeiro*. Existe a obrigação de se ter uma biografia coerente. Todo mundo cobra isso. O fato, porém, é que uma versão totalmente discrepante tem o mesmo final.

De fato, ter crescido sem água corrente em um ônibus e em um barco, com Warden no comando, não significa que todos se tornaram adultos com uma única personalidade ou um único destino. Todos os irmãos de Farmer, quando cresceram, foram morar em casas. Uma de suas irmãs tornou-se modelo, outra, gerente de relações comunitárias dos programas de saúde mental de um hospital e a outra virou palestrante motivacional. Um dos irmãos passou a trabalhar como eletricista e Jeff tornou-se lutador profissional (conhecido entre os fãs como *Super J* e na família como *O Gigante Gentil*).

Entretanto, não resta dúvida de que a infância de Farmer foi uma boa preparação para uma vida de viajante. Como todos os irmãos, ele emergiu das águas da baía com o que ele chamava de "personalidade de soldado obediente e flexível"; depois de tanto comer cachorro-quente e sopa de feijão no jantar, tornou-se um sujeito sem frescuras para comida; depois de anos vivendo em cômodos apertados, desenvolveu a capacidade de se concentrar em qualquer lugar. Ele conseguia dormir numa cadeira de dentista – como fizera praticamente todas as noites durante um verão inteiro numa clínica no Haiti – e considerava aquilo um paraíso, comparado a outros lugares onde dormira. Chego a desconfiar que sua paixão por bons hotéis e uma boa garrafa de vinho tenha uma única origem. Depois do Carro da Equipe, Farmer disse que ficou difícil sentir vergonha ou timidez na frente de qualquer pessoa. Ele admitia que a criação que tivera provavelmente o impedia de ter vínculos emocionais com qualquer lugar:

– Nunca tive a sensação de *cidade natal*. Era sempre: "Esse é meu acampamento." Daí cheguei ao quinto dos infernos e disse: "Ah, *esta* é minha *cidade natal*!" – declarou, referindo-se a Cange.

Era em parte para fugir das tarefas chatas impostas por Warden no barco que Farmer e os irmãos se jogavam em praticamente todas as atividades extracurriculares oferecida pela Escola Hernando, em Brooksville.

– Quer dizer, então, que essa família não tem ninguém que goste de ficar esparramado no sofá, sem fazer nada? – comentei uma vez com a mãe de Farmer.

– Que sofá? – respondeu ela.

Farmer era muito querido na escola, sobretudo pelas garotas. Segundo a mãe, a razão era simples:

– Ele parava para escutá-las.

No último ano, ele foi o representante da turma e ganhou uma bolsa integral para se graduar na Duke.

Para surpresa de Farmer, como recordava Ginny, no primeiro semestre da faculdade ele não tirou 10 em todas as matérias. Era tudo novo. Ele estava absorvendo o suprassumo da cultura. Passou a escrever críticas de teatro e de arte em um jornal de alunos. A primeira peça a que assistiu na vida já lhe rendeu um convite para escrever uma crítica. Ele também estava descobrindo a riqueza. Conheceu um calouro no alojamento, chamado Todd McCormack, que era filho de um agente de esporte muito famoso.

– Por que você coloca as camisas num plástico? – indagou Farmer, observando McCormack desfazer as malas.

Farmer era um garoto estudioso, de uma cidadezinha no sul da Flórida, para quem banho quente era uma grande novidade e que não tinha roupas apropriadas nem muito dinheiro. Na Duke ele tinha dois colegas que moravam em apartamentos comprados pelos pais, para não precisarem morar num alojamento. Por um tempo ele namorou uma garota que criava seu próprio cavalo perto do campus. Assim como cerca de 60% do corpo discente, ele entrou para uma irmandade – da qual tornou-se diretor social.

– Fiquei encantado com a riqueza – lembrou-se. – Quase me rendi a ela.

Houve uma época, durante seus primeiros dois anos na Duke, em que alguns parentes achavam que P.J. estava vivendo o típico rito de passagem americano e virando as costas para eles. Nas férias, ele chegou em casa vestindo uma camisa Lacoste e basicamente disse que não podia usar roupas que não fossem apropriadas a um jovem conservador.

– Ah, tá, falou – disse Warden. – Pel, o Conservador ainda pode limpar o porão.

Certa vez, uma de suas irmãs mais novas o visitou em Duke e, durante um café da manhã com ele e sua namorada sofisticada, contou, com riqueza de detalhes, como ela havia matado e retirado as vísceras de uma serpente d'água grávida, numa baía, e feito, com os restos, o que chamou de *chapéu medusa* para Paul. A história teve a repercussão que ela queria: a namorada afastou o prato de omelete antes de sequer tocar na comida e P.J. ficou vermelho feito um pimentão, tentando segurar o riso.

Farmer lembrou-se do dia em que chegou da faculdade e seu pai abriu a traseira de sua caminhonete abandonada, revelando um monte de madeira velha e inútil, além de duas vespas que saíram voando de dentro. Warden olhou para ele e disse, com seu sorriso irônico:

– Meu filho, um dia tudo isso será seu.

Nessa época Farmer já havia deixado a irmandade. Ele escreveu para o pessoal dizendo que não podia pertencer a uma organização onde só havia brancos.

– Recebi uma resposta bem fria – contou ele, num tom de quem ainda se sentia surpreso.

Farmer passou a admirar o pai por odiar se passar por quem não era; por seu carinho pelos menos favorecidos – os adultos retardados com os quais ele trabalhava e os vizinhos do acampamento, que um ano presentearam todos os filhos dos Farmer com cofrinhos de porquinho feitos com garrafas velhas de alvejante Clorox –; por sua tendência a dar dinheiro para os realmente pobres.

Durante os últimos anos na Duke, Farmer voltava cada vez menos para casa, mas isso não significava que ele ainda quisesse, se é que algum dia quis, trocar sua antiga vida por algo mais sofisticado.

– Ele tinha que se livrar do controle do pai – explicou Ginny. – Em casa, tudo voltaria a ser como antes.

Segundo Ginny, todos os filhos ansiavam pela aprovação paterna. E Warden não facilitava as coisas. Quando algum deles aparecia em casa com um 9,9, ele perguntava: "Alguém tirou 10?" Warden adorava esportes. Os irmãos de Farmer eram todos craques. P.J., um zero à esquerda. Mas ele tentava. A família gostava muito de contar que durante o ano em que ele jogou beisebol, a única coisa que acertou com o bastão foi a cabeça do filho do treinador, involuntariamente. No ensino médio, ele tentou uma vaga para jogar tênis e correr, e se esforçava tanto nas corridas que vomitava na linha de chegada.

– Quando penso nisso, dá vontade de chorar – disse Ginny. – Ele queria mostrar ao pai que era um atleta também... E o pai ficaria tão orgulhoso dele agora!

Na verdade, segundo Jeff, Warden estava sempre se gabando de P.J. – as notas das provas, a bolsa de estudos integral na Duke –, mas só quando P.J. não estava por perto.

– Ele tinha um orgulho danado de P.J., mas não demonstrava ao garoto porque não queria que ele ficasse metido.

O sonho de Warden era ver os filhos crescidos, casados e morando com ele e Ginny, compartilhando um terreno bem grande. Em vez disso, eles partiram, um por um. Depois, o proprietário do terreno ao lado de Jenkins Creek morreu, o governo comprou a propriedade e os Farmer tiveram que sair. Mudaram-se para um trailer em um terreno de 8 mil metros quadrados de terra árida, árvores escassas e vegetação rasteira, perto da Star Road, em Brooksville. Somente as duas filhas mais novas, Jennifer e Peggy, ainda continuavam por perto nessa época. Elas chamavam a nova casa de Prisão Estadual Star Road.

O *Lady Gin* teve de ser retirado de seu antigo ancoradouro. Warden decidiu levá-lo para um porto mais distante, ao sul. Apenas Jennifer, na época ainda adolescente, acompanhou-o até lá. Warden não melhorara em nada sua navegação. Ainda fazia pouco caso das marcações das baías e dos canais.

– O barco passou a noite encalhado num banco de areia e ele não conseguiu tirá-lo de lá – lembrou-se Jennifer.

Pela manhã, ele disse:

– Vamos tacar fogo nele aqui mesmo.

E inventou uma história de que queria dar ao barco um "funeral viking" no mar. Depois completou:

– Ninguém mais vai morar nele.

Então os dois saíram recolhendo tudo que achavam interessante no barco, principalmente livros e fotos, colocaram em um bote – o *Mini-Ginny* – e remaram até um pequeno ancoradouro. Enquanto compravam gasolina para o funeral viking, um homem nas docas ficou sabendo do plano maluco de Warden.

– Não faça isso. Vocês vão morrer. Além do mais, eu quero o motor.

O sujeito rebocou o *Lady Gin* do banco de areia e o trouxe até o porto. Mesmo assim, Warden queimou o barco, fazendo uma fogueira em terra.

Olhando para trás, Jennifer diria que o irmão Paul tinha algumas qualidades em comum com o pai. Acima de tudo, pensava ela, quando colocavam um objetivo na cabeça, ninguém o tirava. O pai achava que conseguiria dominar todas as coordenadas em alto mar. Nada nem ninguém o intimidava.

– A *única* vez que o vi baquear um pouco foi naquela manhã em que ele decidiu queimar o barco. Estava dando tudo errado. O barco encalhado, os filhos saindo de casa e ele não tinha mais bons ajudantes.

Warden faleceu alguns anos depois, em julho de 1984, enquanto jogava basquete. Estava com 49 anos e, a julgar pela aparência física, gozava de boa saúde. Talvez tenha sofrido um infarto.

O contato telefônico não revelava as melhores qualidades de Warden. Quando P.J. soube que havia sido aceito para a faculdade de medicina de Harvard, ligou do Haiti para contar aos pais e Warden disse:

– Ah, sim. Sabíamos que conseguiria.

A relação entre os dois, em alguns momentos pelo menos, havia sido difícil.

Quando Warden faleceu, Farmer estava namorando firme. Pouco depois do funeral, ele levou a namorada à Flórida. Ficaram na Prisão Estadual Star Road. O Blue Bird Inn estava estacionado lá, praticamente abandonado. Ele entrou no ônibus e encontrou alguns livros e cartas. A namorada havia saído para fazer alguma coisa rápida. Ela recordou:

– Quando voltei, P.J. estava sentado no banco do motorista, segurando uma carta que o pai lhe escrevera quando ele passou para a faculdade de medicina. Na carta, ele dizia mais ou menos assim: "Eu só queria que você soubesse como estou orgulhoso."

E P.J. chorava de soluçar.

# CAPÍTULO 6

Antigos colegas da faculdade o descrevem como um sujeito que tinha uma enorme facilidade de fazer amigos, tanto homens quanto mulheres. Contam que Farmer possuía uma "memória fotográfica" de fatos pessoais de cada um deles.

– O cara me perguntava sobre parentes que eu nem me lembrava de ter mencionado a ele.

Quando almoçávamos com Farmer no campus, levávamos meia hora até chegar à mesa, pois ele parava de segundo em segundo para falar com alguém. Ele não gostava de estudar sozinho, mas quem lhe fizesse companhia até tarde da noite logo concluiria que o estudo estava rendendo mais para ele do que para si. De repente, porém, ele começava a fazer guerra de comida, ou a tirar cópias xerox do próprio rosto, depois saía e atravessava o campus silencioso de volta, com quem estivesse com ele, cantando em voz alta uma música do filme *A noviça rebelde* – "Raindrops on roses and whiskers on kittens".

Depois do primeiro semestre, Farmer começou a tirar 10 direto. Passou um verão e um outono em Paris. Foi para lá com pouquíssimo dinheiro, sem emprego, e conheceu uma família franco-americana que procurava um *au pair*.

Toda semana, a mãe lhe enviava uma carta e uma nota de cinco dólares, que ele usava para assistir às peças. Nas folgas, participava de passeatas políticas.

– Hoje é sábado – dizia-lhe o dono da casa. – De que passeata você participou?

Farmer fez quatro cursos em Paris. O últimos deles foi ministrado pelo antropólogo Claude Levi-Strauss, tão doente na época que tinha de ser carregado até o tablado. Farmer voltou a Duke sabendo ler, escrever e falar francês fluentemente. Nos dois primeiros anos da faculdade estudou principalmente ciências e depois dedicou-se à antropologia médica. Além disso, ele também lia muito sobre outros assuntos extracurriculares.

Muitos professores gostavam dele e a recíproca era verdadeira. Em sua tese, escreveu sobre as "desigualdades sexuais e a depressão", sem dúvida porque, em parte, todos os antropólogos médicos que ele conhecia eram psiquiatras. Mas nunca elegeu nenhum deles como mentor. Esse mérito ficou com um polímato alemão, Rudolf Virchow, falecido havia quase um século.

Comparado a outras personalidades históricas como Pasteur, Schweitzer ou Florence Nightingale, Virchow é pouco conhecido. Só existe uma biografia dele. Entretanto, como escreve um comentarista, ele foi "o principal arquiteto responsável pelas bases da medicina científica", o primeiro a propor que as unidades básicas da vida biológica seriam células autorreprodutoras, e que o estudo das enfermidades deveria se concentrar nas mudanças celulares. Virchow contribuiu enormemente para as áreas de oncologia e parasitologia, criou pelo menos 50 termos médicos utilizados até hoje, definiu a patofisiologia de várias enfermidades, incluindo a triquinose, e conduziu uma campanha bem-sucedida a favor da obrigatoriedade da inspeção da carne na Alemanha. Projetou um sistema de esgotos que fez com que Berlim deixasse de ser um chiqueiro fedido e se tornasse a cidade mais saudável da Europa. Fundou hospitais e uma escola de enfermagem. Como antropólogo ativo, cumpriu um papel fundamental nas escavações de Troia, lideradas por Heinrich Schliemann. Ajudou a definir o campo da antropologia médica. Era médico, professor e político, e um opositor tão fervoroso às ambições imperiais da Alemanha que Bismarck certa vez o desafiou para um duelo.

Virchow publicou mais de 2 mil estudos e dezenas de livros. Na Duke, Farmer leu alguns de seus trabalhos traduzidos e vários artigos a seu respeito. A carreira de Virchow estimula a imaginação de qualquer jovem inteligente: uma aventura que combina façanhas e intelecto, iniciada em tenra idade. Aos 26 anos, Virchow foi enviado pelo governo alemão à Alta Silésia para estudar uma epidemia do que, na época, foi chamado de febre de fome, agora conhecida como febre recorrente. Virchow encontrou uma região empobrecida pela prática latifundiária, onde as pessoas, em sua maioria polonesas, comiam basicamente batata e bebiam vodca, e sofriam de malária endêmica e disenteria. Em seu relatório para o governo alemão, ele escreveu que condições sociais aterradoras – as quais o governo fomentara e nada fizera para aliviar – causaram a epidemia. Isso foi 40 anos antes de a medicina identificar todas as fontes biológicas da febre recorrente – seu agente etiológico é a *Borrelia recurrentis*, bactéria transmitida por piolhos –, porém descobertas subsequentes mostrariam que Virchow tinha razão. As epidemias da enfermidade geralmente ocorrem após revoluções sociais, nas decorrentes superpopulações, onde há condições precárias de higiene e desnutrição. Em seu relatório, Virchow expressou uma lei fundamental da epidemiologia: "Se a enfermidade é uma expressão de vida individual sob condições desfavoráveis, então as epidemias devem ser indicativas de distúrbios de vida em massa." Para curar a Alta Silésia, ele receitou "democracia total e irrestrita". Isso significava, entre outras coisas, estabelecer o polonês como idioma oficial, cobrar impostos dos ricos e não dos pobres, manter a Igreja afastada dos negócios do governo, construir estradas, reabrir orfanatos, investir na agricultura. O governo o demitiu. Virchow escreveu: "Minha política era de profilaxia, mas meus adversários preferiram paliativos."

Ele tinha um talento especial para aforismos: "A medicina é uma ciência social e a política não passa de medicina em grande escala"; "A maldição da humanidade é que ela aprende a tolerar até as situações mais terríveis por questão de hábito"; "A formação médica não existe para oferecer aos alunos um meio de ganhar a vida, mas para garantir a saúde da comunidade"; "Os médicos são os advogados naturais dos pobres e devem resolver grande parte dos problemas sociais". Este último era o preferido de Farmer.

Virchow concebia o mundo de uma forma que fazia sentido para Farmer.

– Virchow tinha uma visão abrangente – disse ele. – Patologia, medicina social, política, antropologia. Foi um modelo para mim.

...

Farmer adquirira – em parte, graças aos trabalhos de Virchow – uma compreensão moral da saúde pública. Em Duke, encontrara um outro campo de interesse.

Ele lia de tudo: antropologia, história, sociologia e ciência política. Interessava-se por fatos atuais, sobretudo pelos distúrbios violentos na América Latina. Em 1980, quando um esquadrão da morte de direita assassinou o arcebispo Oscar Romero em El Salvador, professores e alunos fizeram uma vigília de protesto na Capela Duke, da qual Farmer participou. Ele também leu algo sobre um ramo do catolicismo chamado Teologia da Libertação, a qual Romero pregava, o que fez com que fosse assassinado. Os teólogos latino-americanos desenvolveram a doutrina e, no final dos anos 1960, bispos católicos latino-americanos endossaram alguns de seus princípios. O bispo que havia crismado P.J. em Brooksville fizera um sermão sobre os riscos do sexo antes do casamento. Nos documentos da Igreja que Farmer lia então, bispos latino-americanos falavam sobre a opressão dos pobres, chamando-a de "pecado institucionalizado". Declararam que a Igreja tinha o dever de "providenciar uma opção preferencial pelos pobres". Farmer lembrava-se de ter pensado na época: "Caramba! Esse não é o catolicismo que conheço."

Entretanto, ele disse que não era motivado essencialmente pela política nem pela religião. O que sentia em relação ao mundo era mais curiosidade do que indignação. Sabia que pouquíssimos americanos conheciam a verdade sobre os acontecimentos em lugares como El Salvador. E foi com o mesmo espírito que ele se interessou pelos acampamentos de trabalhadores imigrantes perto de Duke.

– Lá estava eu, no meio de uma universidade muito rica, com várias ideias convenientes, quando de repente conheço uma freira belga, Julianna DeWolf, que trabalhava para o grupo Amigos dos Camponeses Unidos. Ela era uma criatura corajosa. Lembro-me de achá-la muito mais radical e comprometida do que qualquer outra pessoa que eu conhecia. Era arrogante e humilde ao mesmo tempo. Os camponeses haitianos a idolatravam.

Ele conheceu outras como a irmã Julianna, as quais chamava de carolas, e ficou impressionado não com a devoção delas, mas com o que estavam dispostas a fazer em nome dos trabalhadores imigrantes.

– Elas eram muito mais engajadas do que os Brancos Liberais e os acadêmicos. Enfrentavam os grandes fazendeiros de igual para igual. Ajudavam os trabalhadores, levando-os às clínicas, à Justiça, traduzindo para eles, comprando-lhes comida e conseguindo-lhes carteiras de habilitação.

Passando pelas plantações de fumo na Carolina do Norte em companhia da irmã Julianna, Farmer conheceu vários haitianos. As condições miseráveis em que viviam fizeram com que as circunstâncias de sua própria infância parecessem idílicas. Ele começou a ler tudo o que encontrava sobre o Haiti. Quando se formou, sabia o bastante para escrever um artigo de 6 mil palavras sobre os haitianos que trabalhavam nos campos perto de Duke. Intitulou o artigo "Haitianos sem lar". Tanto em seu país como no exterior, Farmer concluiu que os haitianos eram os oprimidos dos oprimidos, os "injustiçados dos injustiçados".

Farmer saiu de Duke – formou-se com louvor – interessado em todas as coisas do Haiti. Visitou o Centro de Detenção Krome, na Flórida, e participou de protestos contra o que lhe parecia a extrema injustiça de uma política de imigração norte-americana que acolhia praticamente todos os refugiados de Cuba e deportava todos os haitianos, mandando-os de volta à fome, à doença e à ditadura caribenha, que era provavelmente a mais cruel do mundo. Ele disse que, àquela altura, sua curiosidade já havia se transformado em indignação. Porém a curiosidade permaneceu.

A história do país parecia digna de um Homero, um Tolstói ou, especialmente para Farmer, um Tolkien. A chegada de Colombo à ilha que ele chamou de Hispaniola e o subsequente extermínio dos índios Arawak; a divisão da ilha entre a França e a Espanha, que deu aos franceses a posse da terça parte a oeste, onde se estabeleceu uma colônia de escravos bastante lucrativa e hedionda – um terço de cada nova remessa de escravos vindos do oeste da África morria em três anos –; a duradoura e sangrenta revolta dos escravos, que começou em 1791, a qual nem mesmo Napoleão e 40 mil soldados conseguiram deter; e, finalmente, em 1804, a criação do Haiti, a primeira nação independente da América Latina e a primeira república negra do mundo. Entretanto, a independência fora seguida por quase 200 anos de desordem, incentivada por forças estrangeiras, principalmente pela França e pelos Estados Unidos. (De 1915 a 1934, fuzileiros navais norte-americanos ocuparam e governaram o país.)

Para Farmer, a história do Haiti se parecia, de fato, com *O senhor dos anéis*, uma história de luta terrível, interminável, entre ricos e pobres, entre o bem e o mal. Ele ficou fascinado com o que leu sobre a cultura do país. O Haiti possuía música e literatura próprias. Museus europeus e norte-americanos exibiam quadros de pintores haitianos. O povo do Haiti criara sua própria religião complexa, o vodu – com uma divindade suprema bem distante e vários outros deuses, um panteão incluindo santos católicos. Era uma crença que parecia valer a pena estudar, sobretudo por ser tão mal compreendida e ridicularizada. E a língua haitiana, o crioulo, não era, como volta e meia se dizia, uma "gíria grosseira", mas em essência uma língua romana, derivada do francês e, em alguns de seus hábitos fonéticos e estruturas gramaticais, também claramente africana. Uma língua exclusiva dos haitianos, encantadora, expressiva, que nasceu de uma necessidade cruel – os senhores franceses separavam propositalmente os escravos que falavam a mesma língua, e os escravos criaram seu próprio idioma. Farmer começou a estudar crioulo antes de ir ao Haiti na primavera de 1983. Ele planejava passar mais ou menos um ano lá.

Farmer ganhara um prêmio de mil dólares na Duke pelo ensaio que escrevera sobre artistas haitianos e, pelos seus cálculos, o dinheiro duraria um bom tempo, pois havia lido que um haitiano médio vivia com muito menos. Trabalhara como voluntário no pronto-socorro do hospital da Universidade Duke e já estava tentando entrar em outras duas faculdades: Harvard e Case Western Reserve, onde era possível formar-se como médico-antropólogo. Resolveu experimentar as duas disciplinas no Haiti para ver se era isso mesmo que queria.

Em 1983, quando Farmer aterrissou em Porto Príncipe, o aeroporto ainda se chamava François Duvalier, em homenagem ao infame ditador Papa Doc, que instaurou um governo de terror no país de 1957 até sua morte, em 1971. Na época, quem garantia a continuidade de seu domínio era seu filho Baby Doc – um pouco menos astuto que o pai, mas com a mesma predisposição a matar os inimigos políticos, roubar e desviar verbas estrangeiras enviadas como ajuda. Logo ele se proclamou "presidente vitalício". Na verdade, as três décadas dos Duvalier no poder estavam praticamente no fim, mas ninguém sabia disso.

Farmer encontrou um Haiti que estava na lista de destinos exóticos para turistas, inclusive os que buscavam aventuras sexuais – o povo haitiano é gracioso, a maioria, pobre de dar dó. Um guia internacional para turistas gays publicou em 1983: "Os parceiros não saem de graça, mas os valores são simbólicos." Porto Príncipe era uma cidade cheia de favelas, mas com alguns bairros sofisticados, alguns hotéis e restaurantes de qualidade, e oferecia muita segurança ao turista – promovida, entre outros, pela Guarda Draconiana dos Duvalier: homens de óculos escuros, os *tontons macoutes*, que significa bichos-papões. Não incomodavam os turistas a menos que encontrassem em uma mala um exemplar de *Os comediantes*, o romance mordaz antiduvalierista sobre o Haiti escrito por Graham Greene. Mesmo nesse caso, só passavam um sermão. Farmer não levou seu exemplar do romance e não perambulou pela cidade logo de imediato. Durante um rápido curso de pós-graduação na Universidade de Pitsburgh ele conheceu um membro da família Mellon – família que havia usado parte da fortuna para construir um hospital no Haiti, o Hospital Albert Schweitzer – na cidade de Deschapelles, no vale inferior do Artibonite. Farmer partiu de Porto Príncipe praticamente assim que chegou. Tinha grandes expectativas e achou o hospital muito bonito; mas os médicos eram, em sua maioria, brancos expatriados. Ele imaginara outra coisa: um hospital ao menos imbuído em treinar os haitianos a cuidar dos haitianos. Além disso, o Schweitzer não tinha vaga para empregá-lo naquele momento, apesar de seu contato com um Mellon. Farmer voltou para a cidade, segundo ele, "de bola murcha".

Começou a procurar outra coisa nos arredores. Encontrou uma entidade filantrópica chamada Eye Care Haiti, sediada em Porto Príncipe. A organização conduzia "clínicas ambulantes", levando atendimento ao interior, e mantinha uma pequena casa que servia como base para essas operações, no planalto central, na cidade de Mirebalais. Farmer foi para lá.

# CAPÍTULO 7

Anos mais tarde, Paul Farmer recebeu a seguinte carta de uma mulher com quem ele queria se casar:

> Adorado Pel,
>
> Minha incapacidade de assumir uma vida ao seu lado, como sua esposa, não vem da falta de amor, ou da ausência de profundo, extremamente profundo comprometimento com você. Como deve saber, desde 1983 meu coração é todo seu e de mais ninguém. Minha decisão tem base, na verdade, no momento em que tentei imaginar nossa vida a dois e vi que, nesse sentido, não combinávamos (essa é a única incompatibilidade entre nós). Por muito tempo achei que eu pudesse viver e trabalhar no Haiti, junto a você, mas agora compreendo que não consigo. E isso simplesmente se choca com a sua vida – a vida que uma vez me disse que gostaria de ter levado até mesmo 10 anos atrás. Certa vez você me disse, no meio de uma discussão, que as qualidades que eu amo em sua pessoa – as que me atraíram em você – eram também responsáveis pela minha raiva: seu firme compromisso com os pobres, seus horários ilimitados e sua enorme compaixão pelos outros. Você tinha razão e, como sua esposa, minhas próprias necessidades emocionais atrapalhariam seus planos tão importantes, planos que causam um impacto indiscutivelmente enorme sobre os pobres (e todos nós)...
>
> Tive sorte de conhecê-lo quando eu era jovem, jovem o bastante para ter a sensação de que o conheço desde sempre e para desfrutar o privilégio de ter sido imensamente influenciada e amada por você. Por fim, espero que saiba que, como parte de minha histologia, você jamais poderá ser substituído.

Seu nome era Ophelia Dahl e ela era inglesa, de Buckinghamshire. Viajara para o Haiti em janeiro de 1983 para agradar ao pai e com a intenção, um tanto vaga, de realizar bons trabalhos. Tinha 18 anos – "levemente amadurecida", dissera ela – e trabalhava como voluntária para o Eye Care Haiti. Ia passar uma semana na sede do Eye Care em Mirebalais.

Naquela época, Mirebalais era o lugar da casa de campo de madame Max Adolphe, ex-diretora do Fort Dimanche, uma prisão para a qual os Duvalier enviavam os inimigos, que um historiador equiparou a Buchenwald. Madame Max era então a chefe dos *tontons macoutes*. Assim, Mirebalais tinha lá seu valor, ao contrário da maioria das cidadezinhas espalhadas pelos vales e montanhas mais para o norte, pois havia eletricidade e rádios tocando em grande parte do tempo, um pequeno trecho de estrada asfaltado no centro, quiosques caindo aos pedaços no acostamento e alguns lugares onde se podia tomar uma cerveja ou um copo do rum branco, muito forte, chamado *clairin*. Havia ainda o Teleco, um prédio próximo ao centro da cidade no qual era possível, com certa dificuldade, comunicar-se com Porto Príncipe, o Brooklyn ou até mesmo Buckinghamshire.

Ophelia queria ligar para casa com urgência. O pai tinha escrito contando que estavam enfrentando problemas, e ela se sentiu irracional e imensamente responsável. Foi ao Teleco, pensando no que ia dizer ao pai. Não conseguiu fazer a ligação.

Chovia quando ela saiu do prédio, tristonha. A chuva afastara todo mundo das ruas. Quando o tempo estava bom, as crianças ficavam em volta de Ophelia e, quando ela passava, o pessoal gritava: "*Blan! Blan!*" Ela percebeu que aquilo não era grosseria, mas servia apenas para anunciar a presença de algo diferente. Nas províncias do Haiti, ela se destacava, obviamente, por ser branca. Mas, com certeza, era uma jovem adorável. No calor do meio-dia haitiano, seu rosto ficava cheio de placas vermelhas, mas, em temperaturas amenas, sua pele era completamente alva.

Enquanto se arrastava, aborrecida, de volta à casa do Eye Care, sob a chuva tépida, Ophelia levantou a cabeça e, para sua surpresa, viu um jovem branco em pé na sacada do prédio. "Um sujeito pálido e bem magro", lembrou-se. Ela já estava vivendo entre os haitianos havia meses, comendo a comida local e começando a falar o idioma deles, e se orgulhava de não ser mais uma simples turista. Sentiu-se incomodada. Quem era aquele *blan* na sacada? O que fazia ali em sua área? Então fez o que qualquer inglesa bem-educada faria. Entrou e se apresentou.

A casa tinha um saguão com piso de cimento, algumas cadeiras de madeira e uma mesa. Ela e Paul sentaram-se cada qual em uma ponta e começaram a conversar. Em poucos minutos, lembrou-se, ela sentiu que pela primeira vez em meses não precisava se controlar, nem mesmo uma parte de si que ela julgava "levemente bruta", a parte que gostava de humor imoral e de palavrões. Não demorou muito para contar ao estranho sobre a ligação que não conseguira fazer e como ficara angustiada com aquilo – problemas em casa e ela tão longe.

– Quero escrever uma carta bacana para o meu pai – dissera-lhe.

Paul sorriu e sugeriu:

– Você deveria começar a carta dizendo: "Querido e, sem dúvida, único pai."

Ela achou graça.

– Me fale um pouco sobre sua família – pediu Farmer, a certa altura.

Muitos anos depois, um amigo dela lhe oferecera essa receita de sedução: "Saia para jantar e diga: 'Me fale um pouco sobre sua vida.'" Ophelia lembrou-se de Paul e de como, ao dizer aquelas palavras, ele fazia com que tantas pessoas sentissem que ele se importava somente com elas naquele momento. É claro que a pessoa sabia que às vezes seu interesse misturava-se com outros motivos, mas ele tinha esse poder, pois de alguma forma a pessoa também sentia, ao mesmo tempo, que seu interesse era sincero. Ela falou da mãe – a estrela de cinema Patricia Neal – e de todas as tragédias familiares – a ampla cobertura dada pela mídia à hemorragia cerebral e à lenta recuperação da estrela; seu divórcio do escritor Roald Dahl, pai de Ophelia. Foi ele quem a enviara ao Haiti, na verdade, dizendo que ela deveria fazer algo útil e emocionante. Roald Dahl se preocupava com a falta de ambição da filha. Durante os dois últimos anos da escola secundária, Ophelia estudara geografia, mas, antes de pegar o avião para Porto Príncipe, precisou de um atlas para ver onde ficava o Haiti.

Ela guardava consigo vários sentimentos e ideias, e agora tinha com quem os compartilhar. Talvez qualquer estranho que falasse inglês tivesse servido, mas aquele jovem parecia próximo do ideal. Ophelia desandou a contar toda a história da família, suas tristezas, suas preocupações naquele momento, e Paul escutou com toda a atenção, sem jamais dizer que ela não tinha que se sentir daquele jeito, mas oferecendo apenas, de vez em quando, novas perspectivas e possibilidades de encarar as coisas. Ela ficou maravilhada. Ali estava um americano de 23 anos, que parecia ainda estar saindo da adolescência, bonito mas muito pálido e alto, com uma aparência de novinho demais para ser chamado de atraente, e ela pensou: "Como ele sabe o que me dizer para me confortar?"

Gostou da forma como Paul reagiu à sua quase celebridade. Ela não sentiu que ele estivesse pensando: "Estou conversando com a filha de uma estrela do cinema!" Ele simplesmente parecia se divertir com as circunstâncias. Farmer falou um pouco da própria família. Contou algumas histórias de sua infância, das quais ela achou graça. Ophelia concluiu que ele havia ido a Mirebalais para ver se gostaria de trabalhar para a Eye Care. Então ela descreveu as diversas personalidades da equipe. Acabou gostando de Paul ainda mais quando ele lhe agradeceu com evidente sinceridade, de olhos bem abertos:

– Obrigado por me passar essas informações.

Conversaram até as três da manhã. Nos dias que se seguiram, ele saiu com a equipe no Land Rover. Disse a Ophelia que tinha ido ao Haiti principalmente para estudar antropologia. Ela não entendeu muito bem. Ele carregava consigo um gravador, uma câmera e um caderno, e, sentada ao seu lado, Ophelia olhava o modo como ele observava as coisas, de dentro da caminhonete. Enquanto cruzavam as estradas acidentadas e cheias de poeira, passando pelos miseráveis casebres dos camponeses, ela fez algumas perguntas. Por que havia tantos doentes? Por que as estradas se encontravam naquele estado? Ele respondia, mas com muita cautela no início, como se esperasse para ter certeza de quem ela era de fato. Mostrava-se muito entusiasmado, porém. Quando o pessoal na estrada gritava "*Blan! Blan!*", ele respondia "Olá!", sorrindo, e acenava, empolgado, sacudindo a mão com força. Somente turistas acenavam, pensou ela.

– Acenando para seus irmãos morenos? – perguntou ela.

– O que você está querendo dizer? – disse ele.

Paul tentou esboçar um sorriso. Olhando para o rosto dele, Ophelia pensou: "Ele não tem maldade."

Ele não era o tipo de pessoa que gostava de compartilhar todos os seus pensamentos, mas, caso compartilhasse e a pessoa zombasse dele, demoraria a voltar a se abrir novamente. Pela primeira vez em meses ela estava na companhia de alguém com quem conseguia se divertir e acabou metendo os pés pelas mãos.

– Desculpe, desculpe! Não foi minha intenção, Paul!

Ele sorriu e, quando outra pessoa na estrada gritou "*Blan*!", continuou a acenar como antes. Ela se sentiu perdoada. Paul fez outras coisas esquisitas como, por exemplo, dizer os nomes em latim de todas as árvores e arbustos. Paul não era nem um pouco tímido. Parecia capaz de conversar com qualquer pessoa, embora mostrasse maior interesse em trocar ideias com os camponeses, que eram – ele explicou – a maioria no Haiti, mesmo nas favelas urbanas. Ele tirou fotos. Tomou notas sobre os hospitais que visitaram. Fez várias perguntas aos camponeses. Onde conseguiam água potável? O que eles achavam que causava as doenças? Gravava as conversas e as transcrevia à noite, quando retornava à casa do Eye Care. Melhorava seu domínio do crioulo a uma velocidade invejável. Ela estava no Haiti havia meses e Paul, recém-chegado, em apenas uma semana já lhe passava à frente. Ele falava crioulo quase "feito um rato", como costumavam dizer os haitianos.

Ao fim daquela semana na zona rural, a equipe do Eye Care voltou para Porto Príncipe. Durante a longa jornada, Ophelia sentou no banco de trás com Paul. Àquela altura, ele já a chamava de Min, apelido dado pela família dela. Paul a divertiu, contando-lhe os vários apelidos de sua família, enquanto aproximavam-se da parte estreita e íngreme da Rodovia Nacional 3 que descia a Morne Kabrit – em direção à planície Cul-de-Sac. A caminhonete dobrou uma esquina ao lado do penhasco e, ao inclinar-se, jogou os dois para um lado só, deixando-os juntinhos. Mais adiante, avistaram uma porção de mangas espalhadas pela estrada. As crianças corriam, recolhendo as frutas. Um pouco à frente havia uma pequena caminhonete virada de lado. Com certeza o veículo ia em direção ao mercado, lotado de passageiros e frutas, e arruinara seus amortecedores e freios. Por todos os lados viam-se cestas e mangas espalhadas pelo chão. A caminhonete transportava vendedoras do mercado, todas com lenço na cabeça. Algumas encontravam-se sentadas na estrada, confusas; outras de pé, conversando, nervosas. Uma delas estava deitada perto da caminhonete, com o corpo cercado de mangas e parcialmente coberto por um pedaço de papelão. Havia um policial no local. Ele veio informar – todo animado, mostrando três dentes de ouro – que a mulher havia morrido. Nada poderia ser feito.

Ophelia jamais se esqueceria daquela cena, assim como do primeiro odor que sentiu no Haiti – o cheiro ácido de lixo que penetrou-lhe o nariz assim que chegou ao aeroporto François Duvalier.

Ela observou Paul enquanto prosseguiam em direção à cidade. Ele olhava fixamente para fora da janela. Paul ficou – recordou Ophelia – "muito, mas muito calado".

...

Eles não começaram a namorar naquela primavera, mas encontraram-se quase todos os dias no mês seguinte, às vezes nas expedições do Eye Care, mais frequentemente em Porto Príncipe. Quando estavam na cidade, ela ia à casa dele depois do trabalho. Paul morava em uma velha mansão caindo aos pedaços, cheia de sacadas e arabescos em madeira, localizada em um terreno coberto de lixo. O imóvel pertencia a um marchand. Segundo diziam, no período em que Baby Doc instituíra o toque de recolher na cidade, a esposa do dono anterior entrara em trabalho de parto durante a noite e o marido, ao sair para buscar ajuda, morrera na rua, com um tiro. A casa era enorme e vazia, exceto por Paul e outra inquilina, uma haitiana que de vez em quando cozinhava no pátio, espalhando um cheiro de carvão queimado que invadia as janelas de Paul. Seu quarto ficava no segundo andar. Havia muitas janelas com antigas e belas venezianas que se abriam para a sacada. Por elas via-se grande parte da cidade, o rio e, de um lado, as malocas e os casebres de papelão de uma favela chamada La Saline.

Ela sempre o encontrava no quarto escrevendo. Ele fizera um poema chamado "A Senhora das Mangas", com a dedicatória "A Ophelia". Paul o leu em voz alta. A terceira estrofe começava assim:

Com os olhos relutantes enxergávamos atrás,
por cima das cestas, a Senhora das Mangas,
estirada e rígida sobre a sua tumba de frutas tropicais.
Uma faixa de papelão cobria seu corpo,
como a bandeira de seu país ondulado.
Uma faixa inconsistente,
fina demais para esconder
qualquer ferida existente.

Sem dúvida, o fato de estarem distantes de casa facilitava a proximidade dos dois, de forma que aquilo nem parecia uma paquera. Quando saíam, era ela quem pagava, pois tinha dinheiro. Ele não tinha muito. Era lógico e natural que ela assim o fizesse. Paul, por sua vez, compartilhava seu conhecimento sobre o Haiti. Contou-lhe sobre madame Max, por exemplo, provocando-a, explicando que a casa do Eye Care situava-se no terreno de madame Max e que, portanto, Ophelia trabalhava para os *tontons macoutes*.

Certa vez ela lhe disse:

– Conheci um cara interessante no Oloffson. Ele disse que o personagem Petit Pierre do livro *Os comediantes*, de Graham Greene, foi inspirado nele.

Paul explicou-lhe que era verdade e que o baixinho caipira que ela conhecera era um informante duvalierista. Ela percebeu que Paul a instruía, embora não intencionalmente. Em geral ela fazia as perguntas. Às vezes era preciso um pouco de astúcia. Se ele fizesse um comentário misterioso ou genérico, era melhor não desafiá-lo, pois ele poderia ficar reticente. O melhor era dizer: "Fale mais sobre isso." Em seu quarto na casa mal-assombrada ela deu início a várias conversas às quais, anos mais tarde, ela se referiria como "nossas longas e prolixas discussões".

– O que é antropologia exatamente?

Ele lhe respondeu que, na verdade – vou usar as palavras que ele empregou em um artigo publicado cerca de um ano e meio depois –, a antropologia fazia mais referência a significados do que a mensurações. Para se dominar uma língua, era preciso aprender não apenas o significado literal das palavras, mas também suas conotações – e, para isso, era necessário compreender a política e a economia de um lugar. Só então era possível entender de fato um acontecimento como a morte da Senhora das Mangas.

No artigo que escreveu no ano seguinte, Farmer usou frases como "relações altamente intrincadas entre patologias, condições nutricionais, fatores socioeconômicos e crenças e práticas de saúde e doença". A princípio, ele não falou muito claramente de questões como a da Senhora das Mangas, mas Ophelia fez suas próprias interpretações. Acidentes acontecem. Com certeza. Mas nem todas as coisas ruins que acontecem são acidentes. Não havia nada de acidental no estado precário daquela estrada em Morne Kabrit, no veículo superlotado ou no desespero de uma camponesa que tinha de vender frutas no mercado para que a família não passasse fome. Todas essas circunstâncias tinham suas causas e as principais eram o péssimo governo dos Duvalier e o antigo hábito americano de fazer doações a ditadores como Baby Doc, que usava o dinheiro para manter a si mesmo e a elite haitiana no luxo e no poder, e não gastava quase nada em estradas, transporte e coisas do gênero.

Antes de conhecer Paul, Ophelia achava o Haiti meramente pitoresco – terrível e estranho. Um verme de 30 centímetros que ela vira saindo do ânus de um bebê no hospital onde trabalhava; as inúmeras crianças com problemas intestinais; a cerimônia diária acompanhada do hino nacional em frente ao palácio presidencial onde, por decreto, todos tinham que parar e ouvir a música metálica, se não quisessem ser vítimas da fúria dos *macoutes*. Agora ela contava com alguém para traduzir-lhe o Haiti. Paul vinha traçando uma teoria abrangente sobre a pobreza, sobre um mundo projetado pelas elites de todas as nações para servir aos seus propósitos – as partes do projeto destacadas por ideologias que apagavam as histórias de como as coisas chegaram ao ponto em que se encontravam. E ele conhecia os detalhes sobre o Haiti, uma catástrofe que tinha os dedos das potências ocidentais, em especial da França e dos Estados Unidos.

Ophelia olhava para o lado de fora da mansão pelas janelas do quarto de Paul enquanto ele lia seu último poema. A pobreza era seu tema, ela pensou, e as janelas de sua casa mal-assombrada eram seu posto de observação. Ele estava procurando um outro melhor. Seus planos não eram claros, mas seus objetivos pareciam ser. Ele tinha ido ao Haiti para fazer etnografia, o tipo de antropologia que ele mais admirava – aprender sobre uma cultura não por meio de livros e artefatos, mas com as pessoas que herdaram e produziam a cultura. Ele queria aprender tudo sobre patologia e mortalidade no país mais doente do hemisfério. Escreveria sobre suas descobertas e, assim, emprestaria "voz àqueles que não são ouvidos", como disse a Ophelia. E ainda seria médico. Não sabia ao certo que ramo da medicina escolheria. Talvez psiquiatria. O que importava era que ele cuidaria dos pobres. Talvez acabasse trabalhando na África, ou em alguma periferia americana.

Deixando-o à vontade para falar, Ophelia sentia-se ao mesmo tempo fascinada e perturbada. Durante uma de suas longas conversas no quarto dele, ela se pegou pensando: "Nossa, minha vida mudou." Anos depois, ela me disse:

– Acho que existe um momento em que a pessoa se dá conta de que o mundo acaba de lhe ser revelado. Parece o momento em que se descobre que os pais também têm um lado mau e se pensa: "Essa não! As coisas nunca mais serão as mesmas."

Ela era, afinal de contas, muito nova. Uma pessoa cinco anos mais velha poderia ser um mentor confiável, embora de vez em quando dissesse coisas que a fizessem lembrar que ele também não era tão velho assim. No fim daquela primavera, antes de deixar o Haiti, ela lhe dissera que iria para casa preparar-se para estudar medicina. Queria ser médica também.

– Que bom – comentou ele com sinceridade. – Aí vai uma dica: faça umas fichas de resumo.

Os dois prometeram manter contato, escrevendo um para o outro.

...

Paul pedira a Ophelia que ligasse para os pais dele quando ela chegasse em casa, mas não lhe dissera que Warden, ainda bem vivo em

1983, decretara que as filhas tinham de ligar para casa toda noite antes de voltarem para a Prisão Estadual Star Road, depois de seus serviços em Brooksville. E também esqueceu de dizer-lhe que sua irmã Peggy começara a imitar um sotaque inglês muito convincente.

Ophelia ligou.

– Alô, Sr. Farmer? Eu sou Ophelia e acabo de chegar do Haiti. Estive com Paul e ele mandou lembranças e pediu que dissesse que está tudo bem.

– Tá, tá, tá certo. Tá certo, Peggy, agora vamos deixar de palhaçada.

– Não, meu nome é *Ophelia* e estive com Paul.

– Sei, sei, Peggy. Agora venha para casa. – E desligou.

Ophelia ligou novamente e acabou conseguindo convencê-lo. Warden pediu desculpas. Ela ouviu umas risadas ao fundo.

Ophelia deixara vários livros de ficção de autores contemporâneos com Paul. Quando chegou de volta à Inglaterra, uma carta já esperava por ela, um resumo literário esquisito, com comentários pessoais. "O romance é mais divertido se você já tiver lido *Inferno* de Dante, *Ulisses* de Joyce (o capítulo em que Bloom leva café da manhã na cama para Molly), Homero, Proust (*Em busca do tempo perdido*), e *As criadas*, uma peça de Jean Genet." No final, ele escrevera: "P.S.: Você me deixou aqui sozinho. Você não presta." Com o tempo, Paul foi ficando cada vez mais pidão, exigindo que ela mandasse notícias: "Sua danada! Por que não mandou nenhum pombo-correio na minha direção?" E ameaçava, dizendo que, se ela não escrevesse imediatamente ("*tout de suite*"), ele a trancaria num armário de vassouras com um conhecido bem feio, lhe daria um "afrodisíaco bem forte" e "esconderia o antisséptico bucal". Ophelia passou um tempo sem responder. Ela não sabe muito bem por quê. Talvez por pura preguiça. Ela ainda pretendia se formar em medicina e odiava pensar na hipótese de não vê-lo nunca mais.

Logo depois que ela voltou à Europa, seu pai a levou para almoçar com Graham Greene, um dos autores preferidos de Paul. O escritor idoso, alto e curvado ficou muito feliz ao receber notícias do Haiti, principalmente sobre o notório Petit Pierre. Ele escreveu uma dedicatória em seu exemplar de *Os comediantes*: "Para Ophelia, que conhece o verdadeiro Haiti." Se ele achava aquilo dela, imagine o que diria sobre Paul Farmer, pensou ela.

# CAPÍTULO 8

Foi no final de maio de 1983, assim que Ophelia partiu, que Farmer viu Cange pela primeira vez. Ainda à procura de um lugar para colocar em prática seus planos de trabalho, ele havia voltado ao planalto central e estava passando um tempo na companhia de Fritz Lafontant, um pastor haitiano da Igreja Anglicana. Fritz era um homem baixo mas imponente, com uma fisionomia exótica, quase leonina, e um jeito convincente, às vezes um pouco ríspido. Com o auxílio da Diocese Episcopal da Carolina do Sul, Lafontant administrava uma clínica rudimentar em Mirebalais, a qual contava apenas com um médico. Ele e a esposa também ajudaram a construir escolas e a organizar conselhos comunitários, grupos de mulheres e programas de alfabetização de adultos em diversas cidadezinhas pobres da região. Cange era uma delas. Lafontant havia planejado e supervisionado a construção de uma capela e de uma escola em Cange. Farmer se despencou de Mirebalais até lá na caçamba da caminhonete do pastor.

A primavera no Haiti costuma ser chuvosa, e grande parte do percurso estava verde, em especial o trecho ao longo do Artibonite onde o rio formava uma garganta íngreme demais para a agricultura. Farmer lembrou-se que na época ficara admirando as árvores, as folhagens e o rio. Então avistou a represa e o reservatório e, depois disso, por entre nuvens de poeira cinza – poeira no cabelo, entrando pelo nariz, grudando em sua pele suada –, ele se pegou olhando para uma paisagem completamente oposta, com tons de marrom e branco, pouquíssimas árvores, uma paisagem que ele lembraria como "incrivelmente seca e estéril". Cange era um povoado localizado no meio de uma vastidão árida, a 500 metros do enorme reservatório de água.

As residências, na maior parte, eram casebres de madeira, meias-águas com chão de terra, construídos, ao que parecia, sem qualquer planejamento, como diria mais tarde um amigo dele. Farmer notou sobretudo os telhados das minúsculas cabanas, feitos de sapê e folhas de bananeira, remendados com pedaços de pano e que obviamente apresentavam goteiras. Em Mirebalais, os telhados de zinco fino e enferrujado pareceram-lhe emblemas da pobreza. Mas, segundo ele, "a ausência de zinco em Cange gritava 'miséria'". Quase todos os adultos com quem ele conversou eram visivelmente desanimados. Era como se, Farmer pensara, as pessoas que haviam construído aqueles casebres miseráveis não acreditassem que algum dia pudessem vir a morar em um lugar melhor e esperassem, inclusive, que as coisas se tornassem ainda piores. Muitos, talvez a maior parte da população, estavam evidentemente doentes e não havia nenhuma espécie de medicamento disponível. Pareciam as pessoas que Farmer encontrara nas salas de espera dos hospitais públicos medonhos que havia visitado. Era como se aquela comunidade toda fosse uma daquelas salas de espera. O Haiti já havia redefinido a pobreza para ele. Cange a redefinira mais uma vez. É possível encontrar indivíduos vivendo em tamanha miséria praticamente em toda parte, mas era difícil imaginar uma comunidade inteira mais pobre e mais doente do que aquela.

O grupo de Père Lafontant passou a noite em Cange, dormindo no chão das salas da escola, em velhos cobertores do Exército. Farmer lembrava-se de ter acordado às duas da manhã para ir ao banheiro e urinado bem alto dentro de um balde, fazendo um som que o remetera aos tempos em que morava no ônibus – um barulho que preferia escutar a ter que sair e enfrentar seus medos: insetos enormes e, sobretudo, tarântulas.

...

Farmer não ficou muito tempo em Cange nessa sua primeira estada. Continuou viajando pelo Haiti, algumas vezes pegando carona com *blans,* outras em caminhonetes – chamadas "tap-taps" –, em meio a camponeses, galinhas e cestas de mangas. Ele teve uma disenteria, provavelmente porque seu orçamento o obrigava a comer o que vendiam nas ruas. Lembrou-se de ter ido parar em um hospital imundo em Porto Príncipe, num andar sem banheiro, onde uma americana de meia-idade, especialista em saúde, que ele havia conhecido o visitara. Ela dizia que, se ele piorasse, ela o levaria de volta para os Estados Unidos e ele dizia que não, que se sentia bem, ao mesmo tempo que pensava: "Por favor, me leve para casa." Quando melhorou, continuou vivenciando o Haiti, a antropologia e a medicina no contexto haitiano. Compareceu a cerimônias de vodu, conversou com camponeses sobre suas vidas e se estabeleceu, entre outros lugares, num hospital em Léogâne, uma cidade cerca de 30 quilômetros a oeste de Porto Príncipe, na península sul do Haiti. Trabalhou lá por um tempo como voluntário, ajudando as enfermeiras e os médicos.

Farmer me disse que não encontrou o trabalho de sua vida em livros e teorias, mas principalmente na prática, experimentando o Haiti.

– Eu lia textos acadêmicos e sabia que estavam equivocados. Ao viver no Haiti, percebi que um pequeno erro num cenário de poder e privilégio poderia ter um enorme impacto sobre os pobres. Dois exemplos claros disso foram a erradicação do porco crioulo e a represa em Péligre.

Ele já se sentia atraído pela Teologia da Libertação. "Uma poderosa crítica à camuflagem da pobreza", dizia. "Uma crítica que transcende análises acadêmicas." No Haiti, a essência da doutrina ganhou vida para ele. Quase todos os camponeses que ele conhecia compartilhavam uma crença que se aproximava muito da Teologia da Libertação. "O mundo inteiro nos odeia", diziam eles, "mas Deus ama os pobres acima de tudo. E nossa causa é justa." Os marxistas que Farmer havia lido e muitos dos intelectuais que ele conhecia desdenhavam a religião, e era verdade que algumas versões do cristianismo e um bom número de missionários doutrinavam os pobres haitianos dentro do "culto da resignação", como Père Lafontant o chamava: deviam aceitar pacientemente o que tinham, antecipando a vida após a morte. Entretanto, o cristianismo dos camponeses com quem Farmer conversava tinha um sabor diferente: a convicção compartilhada de que o resto do mundo estava errado por prejudicá-los e de que alguém justo e talvez até onisciente estava só de olho. Ele se sentia agora atraído de volta ao catolicismo não por sua própria fé, mas como um ato do que ele chamaria de "solidariedade" à crença deles.

– Vi muita gente em Cange em hospitais horrorosos, funerais e lembrava o tempo inteiro que havia pessoas que acordavam diariamente em seus casebres e encontravam dois quartos cheios de crianças passando fome e, ainda assim, tocavam o barco. A religião era tudo o que lhes restava – disse Farmer.

Como um Deus justo permitia tamanha miséria? Os camponeses haitianos respondiam com um provérbio: *"Bondye konn bay, men lipa konn separe"* (Deus dá, mas não compartilha). Farmer explicou que isso significava o seguinte: Deus dá a nós, humanos, tudo o que precisamos para prosperar, mas ele não é responsável pela divisão do benefício. Essa responsabilidade é nossa. Os teólogos da libertação tinham uma colocação parecida: "Quer saber onde Cristo crucificado se encontra hoje? Vá até onde os pobres estão sofrendo e lutando e lá O encontrará." A Teologia da Libertação, com sua ênfase nos horrores da pobreza e na solução desses horrores aqui e agora, sua ênfase no serviço e na reparação, parecia perfeita para as circunstâncias no Haiti. E parecia perfeita, também, para o temperamento de Farmer, pois, apesar de todo o seu estudo e interesse em teorias, ele era em essência um sujeito pragmático. Farmer apenas parecia um nerd. Anos mais tarde ele me diria com precisão inegável: "Sou um homem da ação."

Ao lembrar-se do primeiro ano que passou no Haiti, Farmer falou sobre a sensação de que muitas coisas em sua mente se aglutinaram formando uma visão do trabalho adequado para sua vida. Mas, insistia ele, isso não aconteceu de uma hora para outra, e sim aos poucos.

– Para mim foi um processo, não um acontecimento em si. Foi muito mais como um despertar lento do que uma revelação divina, surgida assim do nada.

Depois, porém, ele se lembrou de um episódio da época em que esteve em Léogâne e disse que talvez, no fim das contas, tivesse sido uma revelação divina, sim.

Enquanto trabalhava como voluntário no Hospital St. Croix, em Léogâne, Farmer conheceu um jovem médico americano que adorava os haitianos e era muito atencioso com eles. O homem trabalhava no Haiti havia quase um ano e faltavam poucos dias para ele voltar para os Estados Unidos. "Quando o ouvi conversar, percebi que alguma coisa em mim já havia mudado. Eu não estava julgando ninguém. Ele via o Haiti como algo que conseguiria deixar para trás e apagar da mente. Pensei então: 'Será que eu conseguiria fazer isso?' Ele estava de partida, deixando realmente o Haiti para trás, de corpo e alma, e percebi que para mim seria um problema fazer aquilo."

– Não vai ser difícil ir embora? – perguntou Farmer ao jovem médico.

– Está brincando? Eu não vejo a hora. Aqui não há eletricidade. É uma tristeza.

– Mas você não teme não conseguir esquecer tudo? O lugar é tão doente...

– Não. Eu sou americano e vou embora para minha casa.

– Certo. Eu também.

Ele passou o resto do dia e a noite toda pensando naquela conversa. "O que ele quis dizer com 'Eu sou americano'? Como as pessoas se classificam?" Entendeu a posição do médico, mas não conseguia saber qual era a sua própria. Só tinha certeza de que se formaria em medicina.

Mais tarde, naquela mesma noite, uma jovem grávida chegou ao hospital com malária.

– Ela estava com uma parasitemia muito alta – lembrou-se Farmer. – Malária das brabas. Entrou em coma, e naquela época eu não conhecia muito bem os detalhes; hoje eu conheço porque é minha especialidade. Ela precisava de transfusão e a irmã estava lá. Não havia sangue e o médico pediu à irmã que fosse a Porto Príncipe pegar sangue, mas ela disse que precisaria de dinheiro. Eu não tinha. Corri pelo hospital e consegui arrecadar 15 dólares. Dei o dinheiro e ela se foi, mas em seguida voltou, pois não tinha o suficiente para o transporte. Enquanto isso, a paciente teve problemas respiratórios e começou a sair um negócio rosa de sua boca. As enfermeiras diziam "Não tem jeito" e outras pessoas comentavam: "É melhor fazer uma cesariana." Eu disse: "Tem que haver algum jeito de conseguir sangue para ela." Sua irmã estava ali ao seu lado, chorando de soluçar. A mulher tinha *cinco filhos*. A irmã disse: "Que coisa horrível. Pobre não consegue nem uma transfusão de sangue, gente. Somos todos seres humanos."

As palavras – *tout moun se moun* – respondiam à pergunta que ele se fizera mais cedo – *Ser americano era uma identificação que bastava por si?*

– Ela repetia sem parar: "Somos todos seres humanos." – lembrava ele.

A mulher e o bebê morreram. Logo depois, a irmã dela encheu Farmer de agradecimentos. Isso, obviamente, o fez sentir de forma ainda mais intensa seu fracasso em levantar fundos de emergência. Ficou chateado, é claro, e os médicos e enfermeiras voltaram todas as atenções para ele. As enfermeiras diziam: "Coitadinho do Paul. Ele é um rapaz muito bom." E ele sabia o que os médicos estavam pensando: "Ele é novo por aqui. Ainda é imaturo e ingênuo."

Ao lembrar-se disso anos depois, ele ainda elaborava sua resposta:

– É, mas sou persistente. Na verdade, eu não era nada ingênuo.

Ou talvez até fosse, um pouco. Decidiu levantar fundos para comprar equipamentos para montar um banco de sangue no hospital. Escreveu para seus familiares e para os pais dos amigos em Duke. Disse que estava presenciando coisas terríveis no Haiti. Descreveu o projeto. Chegaram muitos cheques. No fim, levantou uma boa quantia. Ficou feliz da vida. Escreveu para Ophelia: "Estou indo a Léogâne encontrar o diretor do Hospital St. Croix para discutir PLANOS IMPORTANTÍSSIMOS." Mas não demorou muito até que Ophelia recebesse outra carta: "Meu trabalho aqui no hospital não está exatamente do jeito que eu imaginava. Não que eu esteja infeliz. O problema é que o hospital não é para os pobres. Estou chocado. Sério. Tudo tem que ser pago com antecedência."

O princípio central da Teologia da Libertação – oferecer uma opção preferencial pelos pobres – parecia-lhe um objetivo de vida que valia a pena. É claro que era possível perseguir esse ideal em praticamente qualquer lugar, mas a doutrina sugeria que se fizessem escolhas entre graus de pobreza. Faria sentido fornecer remédios aos lugares que mais careciam deles, e não havia lugar que precisasse mais de medicamentos que o Haiti, pelo menos no hemisfério ocidental, e ele não havia visto nenhum lugar no Haiti mais carente do que Cange. Farmer não ficou em Léogâne para ver a instalação do banco de sangue. Descobrira que o hospital cobraria pela utilização do mesmo.

Ele me contou que, enquanto voltava para o planalto central, pensou: "Vou construir meu próprio hospital. E não vamos ter essa palhaçada lá, pode deixar."

...

Depois que voltou de Léogâne para o planalto central, Farmer trabalhou um tempo na clínica de Père Lafontant, em Mirebalais. Parecia-se com muitas clínicas que ele tinha visto nos meses em que passara explorando o Haiti. Os pacientes esperavam numa fila para serem atendidos pelo único médico, que nem se dava ao trabalho de fazer um levantamento de seus históricos nem realizava qualquer tipo de exame. "Uma consulta negligente com um médico que preferia estar em outro lugar", segundo Farmer. Em seguida, os pacientes levavam suas garrafas com tampas feitas de sabugo de milho até a "farmácia" e *pagavam* para encher com xarope para tosse e vitaminas.

– Era um espetáculo deprimente; e volta e meia ainda gritavam com os pacientes por terem levado garrafas imundas, *realmente imundas.*

Com o aval de Père Lafontant, Farmer passou a se concentrar no poeirento e miserável povoado de Cange. Foi um momento importante em sua vida.

– Chega a ser bizarro, mas foi um alívio ir para Cange, que na época era um lugar horroroso, comparado com Mirebalais. *A completa ausência de clínicas foi um alívio*! Não que o local não estivesse precisando urgentemente de uma clínica. Mas eu sabia que não conseguiria trabalhar numa clínica como aquela em Mirebalais, a qual, conforme aprendi, era representativa de todas as outras clínicas destinadas aos pobres haitianos. Sabia também, imagino, que a questão não era como nós – eu e o pobre do médico haitiano – nos sentíamos; o problema eram os pacientes e seus terríveis destinos.

Cange precisava de uma clínica, de um hospital, de um sistema comunitário de saúde. Farmer achava que essas unidades não deveriam cobrar nada para tratar pessoas carentes e que teriam de prestar serviços que atendessem às reais necessidades do lugar e de cada paciente. Assim, o primeiro passo foi descobrir quais eram as carências. Farmer começou aos pouquinhos, com uma pesquisa de saúde preliminar.

Recrutou cinco haitianos, todos mais ou menos da idade dele, com pelo menos o ensino fundamental completo. Eles saíram de porta em porta, vistando cada casebre de Cange e de outras duas vilas vizinhas, calculando o número de famílias, nascimentos e óbitos recentes e as aparentes causas de mortalidade. A primeira pesquisa foi informal, mas confirmou o que Farmer havia suspeitado. A mortalidade infantil era "aberrante". Ele tomou consciência também da importância central da "mortalidade materna" – os óbitos das mães, que eram comuns naquelas favelas, levavam a uma série de catástrofes nas famílias, como prostituição, fome, doenças e outros óbitos.

Essa pesquisa foi apenas o começo, um aprendizado nas áreas médica e antropológica. No início de 1984, em Cange, Farmer teve outro encontro inesquecível com a malária, tão instrutivo quanto o que ocorreu em Léogâne. A paciente era uma jovem. O pai decidiu levá-la para se tratar com um *houngan*, um sacerdote vodu, mas, depois de muita discussão, a mãe acabou deixando que Farmer e outro médico haitiano a tratassem com cloroquina também. Ela melhorou. Em um ensaio que ele intitulou "O antropólogo interior", Farmer escreveu que aquele caso o deixara obcecado, pensando sobre o papel que a antropologia assumiria em sua vida. Ele aprendera que um etnógrafo deveria apenas observar, sem tentar mudar o que estava sendo observado. Porém, praticada dessa forma, a antropologia parecia "impotente", em face dos "problemas diários de nutrição adequada, água limpa e prevenção de doenças". No final do ensaio fica claro que a antropologia interessava-lhe mais como uma ferramenta para aquilo que chamava de "intervenção" do que propriamente como disciplina. Farmer optara não por uma síntese entre observar e agir, mas por atuar como médico e agente público de saúde, guiado em parte pela antropologia.

A utilidade daquilo era óbvia. Um médico que desconhecesse as crenças locais poderia acabar se envolvendo em uma guerra com os sacerdotes vodus, mas um médico antropólogo que tivesse pesquisado essas crenças poderia encontrar formas de tornar os *houngans* vodus seus aliados. Um médico que não entendesse a cultura local provavelmente confundiria muitas queixas de pacientes com superstições bizarras ou, na melhor das hipóteses, ficaria completamente perplexo, como ao escutar a queixa feminina de *move san, let gate*, por exemplo. Acreditava-se que essa condição era causada por *sezisman*, ou seja, pela surpresa, ou pela ação assustadora de alguém. O *move san*, "sangue ruim", poderia continuar e causar *let gate*, um quadro em que o leite materno estragava ou parava de ser produzido. Nada disso seria mistério para um jovem médico etnógrafo que, como Farmer, estivesse disposto a decifrar os significados sociais da síndrome. Farmer depois escreveu: "O mais impressionante em relação ao mal de *move san* é a essência extremamente lúgubre de seu simbolismo: dois dos componentes mais vitais do corpo – o sangue e o leite – tornam-se venenos. As metáforas significativas servem, pode-se deduzir, como um aviso contra o abuso das mulheres, sobretudo as grávidas e as lactantes."

Durante sua pesquisa sobre *move san, let gate*, ele consultou uma haitiana local, perguntando-lhe a respeito das ervas medicinais para o problema. Ela lhe deu as informações e depois disse:

– O senhor certamente está pegando essas folhas para entender melhor o poder que elas têm e melhorar sua eficácia, não é?

Aquilo só reforçou o que ele já sabia. O povo de Cange não queria que alguém chegasse e simplesmente investigasse suas mazelas, mas que pesquisasse e fizesse alguma coisa.

Farmer provavelmente deu sorte – tinha certeza disso – de ter feito algum trabalho em antropologia, medicina e saúde pública no Haiti antes de estudar aquelas disciplinas em Harvard. Ele tinha talento para a vida acadêmica, mas sua experiência no Haiti mostrou que seu gosto por essa vida era limitado.

...

Farmer entrou na faculdade de medicina de Harvard no outono de 1984. Tinha apenas 24 anos. Mas certa vez ele me disse:

– Aos 23 eu já estava formado.

Acho que ele quis dizer que, àquela altura, já havia estabelecido sua filosofia e sua visão de mundo e sabia que desejava colocá-las em prática, em primeiro lugar, em Cange. Farmer não ficou muito tempo em Harvard; apenas o suficiente para orientar-se e fazer uma coleção de livros, a qual levou consigo para o planalto central.

Na faculdade de medicina, os dois primeiros anos do currículo consistiam basicamente em aulas teóricas. Em geral Farmer aparecia em Cambridge no exato momento das aulas práticas de laboratório, ou das provas, e, logo depois, voltava ao Haiti. Não que ninguém percebesse. No segundo ano, os colegas o apelidaram de Paul Estrangeiro. Mas, apesar desse vaivém de um aluno ser algo inédito, teria sido muito difícil para qualquer professor condená-lo. O jovem estava tentando levar a medicina a pessoas sem médicos. Além disso, suas notas eram excelentes, estavam sempre entre as melhores da turma.

# CAPÍTULO 9

Farmer começou a desenvolver uma nova espécie de crença, a partir da combinação Harvard–Haiti. Anos depois, ele me disse:

– O fato de qualquer fé religiosa ser tão menosprezada em Harvard e tão respeitada pelos pobres, não apenas no Haiti, mas também em outros lugares, me convenceu ainda mais de que a fé só pode ser algo bom.

E, se os sem-teto de Cange precisavam acreditar na existência de um ser superior e onisciente, àquela altura Farmer sentia algo parecido. Como diziam os camponeses, uma morte desnecessária era uma "morte estúpida", e mortes assim ele via aos montes. "Será que alguém está vendo esse espetáculo de horrores?", perguntava-se ele.

– Sei que pode parecer superficial, como uma espécie de ópio, essa necessidade de acreditar, de enganar a dor, mas aquilo não dava a impressão de ser algo superficial. Era mais profundo que outros sentimentos que eu conhecia e me ocorreu que em um mundo ostensivamente sem Deus, que venera o dinheiro e o poder, ou, mais ainda, um senso de eficácia e desenvolvimento pessoais, como em Duke e em Harvard, ainda existia um lugar onde podíamos procurar por Deus: no sofrimento dos pobres. Querem falar de crucificação? Vou lhes mostrar o que é crucificação, seus cretinos.

Quando Ophelia voltou ao planalto central para trabalhar com Paul, no verão de 1985, viu que Farmer passara a usar uma cruz de madeira enorme pendurada por fora da camisa. Mas o aparato só reforçava a qualidade "sacerdotal" que ela já percebera nele, e tal qualidade não tinha nada de profundo. Alguns anos depois, ele disse que tinha "fé" e, em seguida, completou:

– Eu também tenho fé na penicilina, na rifampicina, na isoniazida e na boa absorção das fluoroquinolonas, na ciência, nos testes clínicos, no progresso científico. Creio que o HIV seja responsável por todos os casos de aids, que os ricos oprimem os pobres, que as rendas, os bens estão indo na direção errada, que isso causará mais epidemias, dizimando milhões. Acredito que tudo isso seja verdade, também. Logo, se eu tivesse que escolher entre a Teologia da Libertação e qualquer outra "logia", eu ficaria com a ciência, desde que viesse acompanhada de serviços para os pobres. Mas não tenho que optar, tenho?

Ele nunca deu muita bola ao dogma religioso que aprendera quando pequeno e, agora, não acreditava mais na maior parte dele. Dizia, por exemplo:

– Ainda estou procurando por algo nas escrituras sagradas que diga: "Não usareis preservativos."

Ele ainda era o rapaz jovem que desafiaria Ophelia a participar de concursos para ver quem comia mais mangas, que acabavam em guerras de comida, e estava disposto a ignorar as leis sobre a castidade que o bispo pronunciara durante sua crisma na Flórida anos antes. Na verdade, ele ficava feliz em faltar às missas para violar essas leis. Ophelia lembrou-se da tarde em que "entregou-se" a Paul – ela deu uma risadinha ao usar o termo. Eles estavam em Mirebalais num domingo quando foram surpreendidos por uma tempestade e tiveram que voltar correndo para a reitoria do Père Lafontant. Não havia ninguém no prédio; estavam todos na igreja e, no Haiti, as missas costumavam demorar muito. Além disso, a maioria dos haitianos detestava pegar chuva.

– Era certo que, enquanto a missa não terminasse, ninguém apareceria – ela disse. – Fomos para o chuveiro juntos.

Ophelia lembrou-se do som da chuva no telhado, do cheiro da fumaça vindo do pátio, onde a fogueira estava acesa para o jantar dominical. Disse que, até então, aquele era o momento mais romântico que ela guardava na memória.

Ela passou todo o verão no Haiti com Paul. À noite, enquanto tomavam um café, ela o ajudava nos estudos, ou melhor, tentava ajudar. Ele tinha passado o conteúdo de seu textos para fichas – milhares delas. De um lado, ele escrevera, com uma caligrafia elegante, perguntas do tipo "Qual a relação entre gota e lisossomos?" e adicionara símbolos de notas musicais ao redor das palavras, indicando que a pergunta era para ser cantada. Por exemplo, em um das fichas estava escrito: "Mostre-me, senhor, as lesões na síndrome de Horner, & paralisia do nervo oculomotor. E que diabos são pupilas do tipo Argyll-Robertson?" As respostas atrás das fichas eram sempre seguidas de desenhos, muitos dos quais Ophelia achava ótimos. Nesse último caso, havia um desenho dos mapas neurológicos do olho.

Ophelia foi até a pilha de fichas e procurou uma pergunta que Paul talvez não soubesse responder, esperando que realmente não soubesse. Ela se sentia o máximo ao ler a resposta certa para ele, como se estivesse de fato ajudando.

– O.k., P.J., o que é calcificação distrófica?

– É quando ocorre o depósito anormal de sais de cálcio em tecido necrótico. – Ele levantou um dedo. – É claro que *não* é causado por hipercalcemia. – E sorriu. – Porém a calcificação metastática está associada à hipercalcemia.

Ela olhara atrás da ficha, tentando disfarçar a decepção.

– Correto! Muito bom, P.J.

De vez em quando eles saíam andando pelas vilas. No caminho, ele apontava para as plantas.

– Índigo – dizia. E então, com um sorriso ansioso, completava: – Qual é o nome em latim?

Farmer fazia aquilo desde que se conheceram. Às vezes Ophelia achava que ele queria fazê-la se sentir ignorante. E então pensava: "Que nada, sua tonta. É que ele gosta de ficar dizendo os nomes, só isso. Para ele isso é divertido."

Mas era difícil tentar não se comparar com ele. Em quase todo casebre que visitavam aparecia comida, que os dois quase sempre achavam sem sabor nenhum – itens que Paul chamava "do quinto grupo alimentar" – e, fazendo careta um para o outro quando o dono da casa não estava olhando, fingiam que comiam, felizes da vida, coisas como bolinhos recheados com carne que cheiravam a suor. Um dia, os donos de um casebre serviram algo que parecia um ovo frito boiando em gordura de porco e cartilagem e, ao provar aquilo, ela quase se engasgou. Quando os anfitriões se afastaram por um momento, ela passou o prato para Paul, sussurrando:

– Tome, coma você.

Ele pegou o prato e comeu tudo. E sorriu para ela.

– Nota quatro pra você – disse ele.

No caminho de volta, os dois riram do incidente e, até hoje, de todas as ocasiões em que ela comera algo que mal suportava olhar, aquela em que não conseguira passar no teste foi a que mais a marcou.

Descendo uma trilha de um dos morros ao redor de Cange, Ophelia perdeu o equilíbrio. Havia alguns haitianos por perto.

– Olhe por onde pisa! – alguém gritou em crioulo.

Ela sentiu os músculos do maxilar se contraírem. Eles estavam pensando o quê? Que ela era fraca? Um senhor de idade aproximou-se e ofereceu-lhe a bengala.

– Não, eu estou bem – respondeu.

Paul ficou sério.

– Não se recusa uma coisa dessas, Ophelia. É um presente incrível.

Ele tinha razão, é claro. Ela ficou vermelha de vergonha.

Eles não dormiam no mesmo quarto em Cange – afinal, o patriarca do local era um sacerdote. Certa noite, perto da hora de se deitar, ela decidiu que no dia seguinte acordaria mais cedo que Paul. Colocou o relógio para despertar às cinco. Acordou com Paul cantando para ela do pátio abaixo da janela de seu quarto; ela ficou deitada, pensando: "Eu só queria fazer alguma coisa melhor que ele. Pelo menos uma vez na vida."

...

Paul havia ampliado e aprimorado o recenseamento que ele começara em Cange em 1983. Encontrara um livro que descrevia um censo realizado numa zona rural na Índia e o usou como manual. Ophelia saiu de vila em vila colhendo dados, às vezes com Paul, mas quase sempre com jovens locais que ele recrutara, que conheciam os caminhos pelos bueiros e pelas encostas das montanhas, passando por trilhas cobertas de mato. O calor era "tremendo". Ophelia ficava com o rosto bem vermelho, mas seu crioulo melhorava bastante, e toda viagem parecia importante e arrebatadora. Ela chegava a um barraco de dois cômodos, aparecia uma cadeira, os camponeses lhe ofereciam algo para beber e conversavam sobre todo o sofrimento que enfrentavam, enquanto ela tomava nota. Ophelia perguntava quando tinham nascido, e eles lhe respondiam dizendo qual presidente estava no poder à época, ou se haviam nascido antes ou depois da represa. Ophelia perguntava "Quantos moram aqui?" e o pai ou a mãe da casa rapidamente dizia todos os nomes, que às vezes chegavam a 11; Ophelia olhava para cima e via pedaços do céu através dos telhados de folhas de bananeira e pensava na estação chuvosa. Via as tigelas de metal nas bases de seus pequenos celeiros e pensava: "Os ratos." Ela sentia um cheiro característico dentro dos barracos lotados de gente.

– Não era fedor de meia com chulé, mas um cheiro de gente vivendo na miséria. Muita gente passando fome e respirando ali.

Às vezes ela visitava casas onde havia gente morrendo e, sobretudo em Cange, entre os refugiados da água, essas pessoas eram crianças sofrendo convulsões por causa de algum tipo de diarreia. Para conseguir água, o povo de Cange tinha que descer uma encosta íngreme de 244 metros. Mergulhavam suas cuias de cabaça ou vasilhames de plástico reciclado na represa estagnada e subiam de volta, carregando a água que, obviamente, faziam de tudo para durar. Assim, a água ficava ali parada, sem cobertura, nos vasilhames ou cuias, durante muitos dias.

A solução veio de uma equipe de engenheiros haitianos e americanos. Os americanos pertenciam a um grupo de religiosos da Diocese Episcopal da Carolina do Sul, que vinham ajudando Père Lafontant havia anos. Um rio límpido subterrâneo brotava perto da base do morro de 244 metros. Antes da represa, ele fora a fonte principal de água potável local. Os engenheiros planejaram usar a força desse rio para levar sua própria água para cima, por um cano, em direção a torneiras comunitárias que seriam construídas em Cange. Assim que concluíram o projeto, lembrou-se Ophelia, a mortalidade infantil começou a diminuir.

Farmer estava aprendendo sobre a grande importância da água para a saúde pública e cada vez se encantava mais com a tecnologia em geral, objeto de desprezo da "armadilha de Luddite".*

---

* Movimento de artistas têxteis britânicos em protesto contra a Revolução Industrial. O termo passou a designar todo aquele que é contrário à tecnologia.

Farmer gostava de ilustrar o significado dessa expressão contando a história da ocasião em que ele voltou para Cange e descobriu que Père Lafontant supervionara a construção de 30 banheiros públicos, espalhados pela vila.

– Mas esses banheiros são *tecnologia apropriada*? – indagou Farmer.

Ele havia aprendido o termo em uma aula na faculdade de saúde pública de Harvard. Via de regra, significava que deveríamos usar apenas as tecnologias mais simples necessárias para realizar um trabalho.

– Você sabe o que significa "tecnologia apropriada"? Significa coisas boas para os ricos e porcaria para os pobres – resmungou o padre e depois ficou dois dias sem falar com Farmer.

Lafontant estava supervisionando também a construção de uma clínica em Cange – os engenheiros da Carolina do Sul entraram com o dinheiro. O local contaria com um laboratório, é claro. Farmer pegou um panfleto sobre como equipar laboratórios no Terceiro Mundo, publicado pela Organização Mundial da Saúde. As recomendações eram simples. Uma pia já era o bastante. Se fosse difícil arranjar eletricidade, daria para usar a energia solar. Um microscópio caseiro com bateria solar serviria para a maioria das coisas. Ele jogou o panfleto fora. O primeiro microscópio em Cange era um microscópio de verdade, que ele roubou da faculdade de medicina de Harvard.

– Justiça de redistribuição – diria ele mais tarde. – Estávamos simplesmente ajudando-os a não ir para o inferno.

...

O empreendimento em Cange e nas aldeias circunvizinhas consistiu basicamente em criar, do zero, um sistema público de saúde, com Père Lafontant conduzindo as obras – incrível como em um espaço curto de tempo ele conseguiu dar conta de tudo, sem deixar de garantir a qualidade das instalações em um lugar sem eletricidade, lojas ou uma estrada decente. Farmer foi quem concebeu esse sistema de saúde.

Grande parte do plano era retilíneo, o que qualquer faculdade de saúde pública recomendaria. Ele tinha começado com o recenseamento, pois era assim que poderia identificar os problemas, registrar os dados e criar uma linha-base a ser utilizada pelos futuros censos, como referência para aferir se o novo sistema estava indo bem. Ele planejou a criação do que chamou de uma "primeira linha de defesas" nas comunidades. Incluíam-se aí os programas de vacinação, proteção do fornecimento de água e saneamento e, no centro das defesas, um grupo de pessoas das vilas treinadas para administrar medicamentos, dar aulas sobre saúde, tratar alguns casos simples, reconhecer os sintomas de quadros graves como tuberculose, malária, febre tifoide. Ele concebeu seu projeto voltado para as mulheres – atendimento ginecológico, orientação de saúde, planejamento familiar –, visando reduzir as taxas de mortalidade materna no local. O que a primeira linha de defesas não conseguisse prevenir seria gerenciado pela segunda linha, na nova Clinique Bon Sauveur, em Cange, ao lado da qual Farmer imaginou que um dia construiria um hospital.

Para muita gente da área de saúde pública essa ordem de projetos era muito ambiciosa, na verdade exagerada, para se crer que daria certo em um lugar tão miserável como Cange. Em 1985, Farmer já havia perdido a paciência com as definições-padrão de saúde pública. Os grandes fardos de doença em Cange eram apenas o sintoma de uma privação geral, dissera ele a Ophelia.

– Temos que considerar a saúde da maneira mais abrangente possível.

Essa noção vinha, em parte, de Lafontant, que construíra a primeira escola em Cange no final dos anos 1970, com telhado de folhas de bananeira e sapê. Quando a situação ficava difícil lá dentro, as aulas eram dadas embaixo de uma mangueira. No início dos anos 1980, com dinheiro vindo da Carolina do Sul, Lafontant construíra um prédio bem maior, de dois andares, em um pequeno planalto na encosta logo acima da Rodovia Nacional 3. Farmer achava que o prédio era "timidamente grandioso", destacando-se sobre os casebres de Cange. Ele escreveu: "Um estabelecimento escolar pode até parecer deslocado em meio a tanta miséria, gente refugiada em busca de água, sem teto, sem terra e sem o que comer. Mas parece que o povo não via as coisas desse jeito."

Montes de crianças corriam para o novo prédio. Uma camponesa explicou:

– Muitos de nós ficávamos pensando no que teria acontecido se tivéssemos aprendido a escrever. Se isso tivesse acontecido, talvez não estivéssemos nesta situação agora.

E uma escola poderia servir como lugar para o povo receber aulas sobre saúde e para fornecer refeições gratuitas às crianças desnutridas, sem ferir sua dignidade. Construir uma escola era unir o prático com a moral. Farmer disse:

– Água limpa, saúde, educação, telhados de zinco, pisos de cimento, isso tudo deve fazer parte de um pacote básico de direitos que as pessoas devem ter ao nascer.

...

Tudo isso exigiria mais dinheiro do que o pessoal da Carolina do Sul podia oferecer. Farmer não tinha muita experiência em levantar fundos. Entretanto, em 1985, ele teve sorte.

Dois anos antes, ele fora a Boston fazer as entrevistas pré-admissionais de praxe em Harvard e visitou uma instituição de caridade chamada Project Bread. Ele pediu à instituição uma colaboração em espécie para construir um forno para fazer pão em Cange. Farmer sempre ouvira Père Lafontant dizer que Cange precisava de uma padaria.

Foi moleza. Farmer ficou sabendo que a organização contava com um doador que pedira que seu dinheiro fosse destinado a alimentar os pobres do Haiti.

– Quem é esse sujeito? – quis saber Farmer.

– É um doador anônimo.

O forno foi construído perto da escola, no verão de 1984. No início do ano seguinte, um jornal da faculdade de medicina de Harvard publicou o ensaio de Farmer intitulado "O antropólogo interior". Logo em seguida, o diretor do Project Bread entrou em contato com Farmer. O tal doador anônimo tinha lido o artigo.

– Eu gostaria muito de conhecer esse rapaz – disse o doador. – Pelo jeito, ele vai longe.

– Se quiser me conhecer, diga-lhe que venha ao Haiti – respondeu Farmer.

Informaram-lhe que o doador se chamava Tom White e que era proprietário de uma empreiteira em Boston. Farmer imaginou republicanos gorduchos fumando charutos de quinta, fechando negócios clandestinos com as autoridades responsáveis pelo transporte aquático de Massachusetts, mantendo os sindicatos afastados. Farmer foi se encontrar com White no Aeroporto François Duvalier. A pessoa que ele encontrou aguardando no vento quente era um homem de rosto cor-de-rosa, com cerca de 60 anos, vestindo roupas de golfe em poliéster, inclusive a calça xadrez. White levara consigo um pacote de dinheiro, que logo distribuíra entre os pedintes, o que para Farmer não era condenável, mas pouco ajudava. No caminho para Cange, dentro da caminhonete, Farmer falou sobre o Haiti e White pareceu apropriadamente chocado, mas Farmer ainda estava reticente em relação a ele, e não tentou disfarçar o fato.

Farmer só tinha 25 anos e não estava "totalmente formado", admitiria ele, quando se tratava de lidar com potenciais doadores. Dentro da caminhonete, entre solavancos e chacoalhadas, a conversa se voltou para a política norte-americana. White comentou:

– Bem, eu não votei no Reagan.

– Como assim?

– Não votei no Reagan.

– Então você votou contra seus próprios interesses?

– É algum pecado?

Ao lembrar-se desse momento, White me disse:

– Foi aí que ele largou aquele jeito todo compenetrado e frio. Apesar de sua inexperiência, gostei de Farmer, pois, se ele não concordasse com você, dizia na cara. Em se tratando de servir aos pobres, ele estava muito à frente de mim.

Na vez seguinte em que Farmer voltou a Cambridge, Tom White o levou para almoçar e os dois discutiram sobre o sentimento de culpa. White disse considerar a culpa uma emoção inútil. Pelo contrário, dizia Farmer, a culpa podia ajudar muito. White se divorciara da primeira mulher. Por livre e espontânea vontade, ele fizera um acordo generoso com ela, responsabilizando-se por todas as despesas com educação e manutenção dos filhos. O segundo casamento – com uma mulher mãe de seis filhos – era muito incomum para um sujeito rico. Entretanto, ele disse que sentia muita culpa pelo divórcio.

Não era a isso que Farmer se referia, mas sim à culpa que alguns ricos sentiam em relação aos pobres, a qual os motivava a colaborar monetariamente. E, ora bolas, eles *tinham* que se sentir culpados mesmo.

Na verdade, havia muitos anos que White ajudava instituições católicas de caridade e amigos necessitados, mesmo antes de ter tanto dinheiro. Ele cresceu em uma família irlandesa católica, arruinada pelo pai alcoólatra, e muito cedo tornou-se "o cara a quem os parentes recorriam", contou. Tivera uma vida interessante. Estudou em Harvard, onde se formou em línguas românicas, e serviu no Exército, onde tornou-se, relutantemente, a princípio, o braço direito do general Maxwell Taylor, comandante da 101ª Divisão Aerotransportada. White chegou à Normandia de paraquedas na noite anterior ao Dia D e, mais tarde, foi para a Holanda. Embora dissesse não se arrepender de ter participado, ele tomou nojo da guerra e, apesar de gostar de Taylor e admirar a coragem do general, acabou detestando a tendência dos poderosos a ver seres humanos como tachinhas em um mapa. Também passou a detestar os abusos do poder, ao ver um jovem paraquedista esmagado pela própria mochila, cheia de supérfluos que ele trazia para o general.

Depois da guerra, White transformou a empresa do pai na maior firma de construção de Boston. Fora amigo íntimo de cardeais, integrara as diretorias de nove instituições e sentara-se à mesa do presidente durante a inauguração do aeroporto JFK. Mas não se sentia à vontade entre a maioria dos ricos e famosos e geralmente fugia da imprensa. White me disse, indiretamente, que ficara deprimido em vários momentos da vida e que sua autoimagem não era nada boa; em seguida, acrescentou:

– Mas no meu ramo de negócio era fundamental ser discreto.

Quando perguntei por que ele apostara tanto em Farmer – um estudante de medicina com vinte e poucos anos –, White respondeu:

– Logo de cara o achei interessante. Era muito inteligente, dedicado ao trabalho. – Ele pensou um pouco. – Não dá para explicar direito. Acho que eu também procurava um aliado que me apoiasse.

Sem dúvida, o Haiti deixou White estarrecido. Ele considerou a estrada para Cange, especialmente, uma afronta.

– Era um horror passar por aquela estrada, chacoalhando de um lado para outro.

Sempre que passava por lá, White pensava: "Nossa, seria tão fácil arrumar esta porcaria." Ele se lembrou da primeira vez que viu *kwashiorkor*.

– Quando vi uma criança com os cabelos vermelhos e a barriga inchada, fui logo dizendo: "Vamos criar um programa de nutrição aqui."

White achava fácil se imaginar como haitiano. Ao encontrar uma criança com olhos grandes e um sorriso inesquecível no chão de terra de um casebre, ele sentiu vontade de levar os tratores da empresa para lá.

– Pelo amor de Deus – dizia ele a Farmer ou a Père Lafontant. – Coloque um telhado de zinco e faça um piso de concreto. Eu dou o dinheiro. Cacete!

Quando Farmer voltou a Boston para fazer o estágio no Brigham, White passava lá na hora do almoço e comprava sanduíches no restaurante do hospital. Comia no carro com Farmer. Um dia, White perguntou:

– Você tem se alimentado bem?

– Ah, eu estou bem – respondeu Farmer, pálido como sempre.

– Está precisando de dinheiro?

– Não.

– Quem sabe uns 40 dólares?

Por acaso White estava com um chumaço de notas de 100 dólares no bolso. Jogou uma no colo de Farmer.

– Paul, você está me parecendo faminto.

Ao dizer isso, sentiu-se impelido a colocar a mão no bolso novamente. Jogou mais uma nota de 100 para Farmer.

– Por favor, pelo amor de Deus, coma – disse e, para enfatizar mais ainda, deu a Farmer outra nota de 100.

Farmer abaixou a cabeça, olhou para o dinheiro e disse:

– Agora posso lhe contar o que aconteceu ontem à noite.

Ele visitara um paciente com aids, de quem tratara no Brigham, e descobriu que o homem estava para ser despejado.

– Eu endossei meu cheque para ele.

– Nossa, Paul, isso aí não é nada prático, concorda?

Farmer sorriu e respondeu:

– Bem, Deus enviou *você* hoje.

White estava sempre em Boston, resolvendo alguns negócios para os projetos em Cange, comprando coisas como pias e colocando-as no porta-malas do seu Mercedes. (Algumas pias eram para uma nova clínica. A primeira clínica havia sido mal projetada. White pagou para reconstruí-la. Ele fez isso sem alarde. Farmer contou que ele não quis saber de "nenhuma plaquinha com seu nome".)

Certa vez, quando estavam juntos em Boston, White disse:

– Sabe, Paul, às vezes me dá vontade de jogar tudo para o alto e ir para o Haiti trabalhar como missionário com você.

Farmer pensou um pouco e respondeu:

– No seu caso em particular, isso seria um pecado.

# CAPÍTULO 10

Numa foto tirada por Ophelia em meados dos anos 1980, Paul aparece de shorts, com uns dois ou quatro quilos a mais do que nas décadas seguintes – magro, mas não em exagero. Paul está de cócoras, com as mãos alisando a terra ao redor da mudinha que ele acabara de plantar, numa encosta antes totalmente árida acima da Rodovia Nacional 3, onde Ophelia sempre encontrava um novo arvoredozinho e um ou dois novos prédios, toda vez que voltava lá. De 1985 a 1989, ela retornou em todos os verões ao Haiti. Eram meses de trabalho praticamente ininterrupto. No início da tarde, Paul ainda continuava atendendo pacientes; morta de fome, Ophelia ia até o consultório dele na clínica:

– Não está com fome? Você só tomou um cafezinho às seis da manhã.

Ele concordava em subir até a cozinha com ela, mas Ophelia percebia que ia quase a contragosto.

Volta e meia ela sentia vontade de se afastar daquela região devastada. Convencia Paul a viajar até Porto Príncipe, sempre se sentindo mal por afastá-lo. Ela dizia:

– É para comprar algumas coisas para a clínica.

Antes de saírem, ela pegava uma porção das fichas dele. Na época o percurso de carro levava um pouco menos que três horas. Quando, como de costume, furava um pneu ou quebrava uma mola e tinham de esperar pelo conserto, os dois se sentavam à beira da estrada e ela tomava a lição, fazendo as perguntas das fichas. E acabavam de fato comprando remédios, equipamentos e mais mudas e sementes para Paul plantar ao redor do complexo hospitalar, cada vez maior, na encosta em Cange.

Ao término de um daqueles fins de semana, eles vinham dirigindo pela rua Delmas, saindo de Porto Príncipe, e Ophelia imaginava as longas caminhadas que a aguardavam em Cange e como era maravilhoso, no fim, parar e tomar uma Diet Coke.

– Nossa, que vontade de beber uma Diet Coke! – disse ela.

– Não temos tempo. Não podemos fazer isso – respondeu Paul.

Ophelia compreendeu que ele queria voltar para Cange e que a parada para o refrigerante não implicaria apenas 20 minutos de atraso, mas significaria ter de passar pelos pedintes e entrar no supermercado que atendia à elite haitiana. Naquele momento, porém, as palavras dele a irritaram. Sua mensagem parecia dizer que, se ele e os camponeses conseguiam viver sem coisas como Diet Coke, ela também podia.

– Ele era tão convicto em relação a algumas coisas – lembrou-se ela. – E o pior é que ele geralmente tinha razão.

No carro, ela partiu para o ataque verbal, chamando-o de presunçoso. E não deu descanso. Finalmente, ele enfiou o pé no freio, esticou-se e abriu a porta do carona.

– Cai fora! – gritou ele e xingou-a em seguida. Ela não obedeceu. Permaneceu ali, sentada, dura, sentindo-se ofendida e, ao mesmo tempo, feliz, sorrindo por dentro, pensando: "É isso aí! Te peguei! Você *é* humano! Não é perfeito!"

Outra viagem a Porto Príncipe destaca-se em sua lembrança. Foi em 1986, pouco depois que Baby Doc deixou o Haiti, acontecimento que marcou o fim do poder dos Duvalier, seguido pelo que os dissidentes haitianos chamavam de Duvalierismo sem Duvalier, com o Exército haitiano assumindo o papel ditatorial. Durante aquele verão houvera sinais de agitação, ainda bastante desorganizados: barricadas improvisadas, feitas com pneus em chamas, camponeses protestando em Mirebalais. Pelo visto, muitos camponeses imaginaram que a vida melhoraria quando Baby Doc partisse. Agora protestavam contra a continuação do status quo. Para Ophelia, "pairava no ar uma sensação de que a qualquer momento poderia estourar uma guerra". Ela foi passar o fim de semana em Porto Príncipe com Paul e os dois se hospedaram na casa que os Lafontant mantinham na cidade. Eles haviam ido ao centro para resolver alguma coisa. Ao voltarem para o carro, Ophelia percebeu com estranheza que o movimento na rua tinha parado e, em meio ao odor azedo que sempre pairava no ar da capital, ela sentiu o cheiro de pneus queimados, "o cheiro de alguma coisa estranha queimando". Umas crianças haviam, entretanto, pego a chave do carro deles. Enquanto Paul negociava a devolução da chave, Ophelia olhou para o final da rua, para o cruzamento com uma avenida maior. De repente, viu o que no Haiti se conhece como um *kouri*, literalmente uma corrida – uma debandada de gente passando pelo cruzamento, fugindo de enormes caminhões do Exército com soldados apontando as armas. Ela ouviu tiros. Com certeza aquilo era o resultado de um protesto político. Em um momento, participantes do protesto vieram correndo pela rua, cercando todos os carros que tentavam fugir dali – inclusive o deles. Ophelia e Paul abriram as portas para acolher alguns feridos. Enquanto isso, ela começou a sentir cólicas.

– P.J., vamos dar o fora daqui!

Eles acabaram conseguindo fugir e seguiram direto para a casa dos Lafontant. Ophelia saiu do carro, mas Paul permaneceu ao volante.

– Preciso voltar lá, Min.

– P.J., por favor, não faça isso.

Mas ele voltou bem para o meio do tumulto; o povo subia no carro enquanto soldados metiam-lhes o cacete. Ele acolheu vários civis ensanguentados e voltou intacto.

– Paul achava muito importante testemunhar as coisas – contou Ophelia, lembrando-se daquela ocasião. – É difícil esquecer o cheiro de pneu queimado. Sempre que sinto esse cheiro o que me vem de imediato à cabeça é a violência política.

Em Cange não acontecia muito isso, mas mesmo lá a mudança de clima era clara. Em anos anteriores, antes da partida forçada de Baby Doc, os camponeses mal se atreviam a falar de política. Agora, segundo o dito no momento, *babouket la tonbe* (a mordaça havia caído). Mais tarde Farmer escreveu: "O povo não estava simplesmente falando de assuntos antes proibidos: falava de assuntos antigos de novas formas." Eles não mais perguntavam apenas se a diarreia infantil era causada por germes, mas se os germes eram causados pela água suja. E não seria a água suja responsabilidade de um governo relaxado e ganancioso?

Durante os anos que se seguiram, o odor de pneus queimados, o cheiro da revolta, das barricadas e dos massacres não largariam o Haiti nem as vidas de Ophelia e Paul.

...

Em 1988 Ophelia foi morar com Paul em Boston. Naquele momento, ele havia entrado na fase do curso de medicina conhecida como rotações clínicas, uma série de treinamentos em hospitais de Boston, geralmente com duração de um mês cada. Paul raramente faltava. Entretanto, mesmo quando estava em Boston, Paul não deixava de pensar no Haiti. Quando Ophelia começou a acompanhá-lo nos trabalhos em Cange, ele disse:

– Precisamos trazer recursos para cá. Você me ajuda?

De volta à Inglaterra, após o verão de 1985, ela conseguira levantar uma quantia modesta por conta própria e, seguindo as instruções de Paul, comprou 10 balanças para pesar bebês, para identificar as criança em risco, no contínuo censo de saúde. Ophelia levou as balanças e o que sobrou do dinheiro para Cange no verão seguinte.

Àquela altura, eles já falavam em criar uma organização para servir de suporte ao sistema de saúde em crescimento nos arredores de Cange. Tom White concordou em ajudar e, em 1987, ele realizou a ideia – contratou um advogado para cuidar dos documentos, criando uma instituição pública de caridade em Boston chamada Parceiros na Saúde (PNS) e uma "organização irmã" correspondente no Haiti, a Zanmi Lasante. A Parceiros na Saúde solicitava e recebia contribuições, isentava-as de impostos e mandava o dinheiro, na maior parte vindo de Tom White, para Cange. White investiu 1 milhão de dólares no que ele chamou de "dinheiro-semente".

Farmer recorreu também a um amigo rico, antigo colega na Duke, Todd McCormack, que na época estava morando em Boston. McCormack admirou-se de que um sujeito como ele, de 28 anos, que trabalhava com o pai, fosse convidado a integrar um conselho, mas ele sabia que Farmer estava determinado e concordou de imediato. McCormack teve a impressão de que, para Paul, a PNS não era apenas um artifício, mas também uma forma de tentar criar uma nova irmandade.

– Foi a forma que ele encontrou de institucionalizar uma paixão, um veículo pelo qual seus amigos pudessem participar – contou-me McCormack. – A Igreja Católica de Paul.

Alguns meses após a fundação oficial da PNS, Farmer expandiu o grupo, trazendo um colega de Harvard, estudante de antropologia e medicina, um americano de origem coreana chamado Jim Yong Kim. Jim entrou na PNS depois de várias conversas com Paul em Boston, não muito diferentes dos longos bate-papos que Ophelia tivera com ele em Porto Príncipe. Farmer ofereceu o que para Jim Kim era uma visão convincente da nova organização. A realidade era menos impressionante – uma instituição de caridade com um conselho e nenhum funcionário contratado, com exceção de um bêbado metido a poeta, hospedado em um escritório de um cômodo em cima de um restaurante de frutos do mar, em Cambridge. Paul, Ophelia, Jim e Tom White respondiam pela maioria dos membros da PNS, e passavam muito tempo juntos. Às vezes os três jovens ficavam em uma das casas de Tom. Tom ia dormir muito mais cedo que eles e de manhã resmungava:

– Não sei do que vocês tanto falam a noite toda!

Eles falavam de coisas como o famoso "politicamente correto", que Jim Kim assim definiu: "Trata-se de uma ferramenta muito bem projetada com o propósito de desviar nossa atenção. Uma atividade muito focada em si. Melhore seu vocabulário para mostrar a todos que você possui o capital social de ter transitado em círculos nos quais se fala sobre essas coisas o tempo todo." (O que serviria como exemplo de politicamente correto? Alguns acadêmicos diriam a Jim e a Paul: "Por que vocês chamam seus pacientes de pobrezinhos? Eles não chamam a si mesmos assim." Jim responderia: "Então tá. Que tal 'quase mortos'?")

Falavam sobre a insignificância das "barreiras culturais" quando se tratava da aceitação da medicina ocidental moderna por parte dos camponeses haitianos: "Nada como a cura para uma doença para mudar os valores culturais de um povo."

Falavam sobre aparência: "A patetice dos radicais achando que devem se vestir da mesma forma que os camponeses da Guatemala. Os pobres não querem que a gente se pareça com eles. Querem que a gente use terno e que lhes arranje água e comida. *Vírgula*."

Algumas pessoas diziam que a medicina era voltada apenas aos sintomas da pobreza. Eles concordavam com essa ideia e apoiavam qualquer um que estivesse sinceramente tentando mudar as "economias políticas" de países como o Haiti. Mas não cabia afirmar, como alguns radicais, que um bom trabalho sem revolução apenas prolongava o status quo; que projetos como o de Cange serviam apenas para criar "dependência". Os pobres estavam sofrendo e morrendo. A Parceiros na Saúde enviava recursos dos Estados Unidos para Cange, descendo "o acentuado declive da desigualdade", para prestar serviços aos desesperadoramente pobres – de forma direta e imediata. Eles chamavam isso de "solidariedade pragmática", um termo talvez patético, porém a grande questão é que, no momento em que se coloca algo em prática, não é preciso mais definir; basta simplesmente indicar o que foi realizado.

Paul, Jim e Ophelia saíam para jantar e prosseguiam falando nesses assuntos até fecharem os restaurantes. Depois, iam para o apartamento de Jim e conversavam ainda mais. Passaram muito tempo definindo a si mesmos, quase sempre concluindo o que não eram. Os BLs viviam dizendo: "As coisas não são tão preto no branco." Mas algumas coisas eram bastante "preto no branco", diziam eles entre si – "áreas de clareza moral", ou ACMs. Essas eram situações, raras no mundo, nas quais o que deveria ser feito parecia perfeitamente claro. Mas a realização era sempre muito complicada, muito difícil. Eles costumavam falar sobre essas dificuldades: como Paul e Jim deveriam conciliar o trabalho na PNS com suas idas à faculdade e seus estudos, para poderem se formar; que passos seguintes a PNS deveria tomar no Haiti, onde não faltavam ACMs.

...

Entre muitas outras coisas, eles decidiram construir outra escola, em uma vila devastada perto de Cange chamada Kay Epin (Casa dos Pinheiros), onde faltava quase tudo, inclusive pinheiros. O pai de Ophelia entrou com 3 mil libras esterlinas.

Numa noite, em 1988, Farmer corria por Cambridge, terminando de resolver alguns probleminhas de última hora, antes de pegar o avião para o Haiti, onde a construção da escola estava prestes a começar. Ele tropeçou para fora do meio-fio de uma calçada e foi atingido por um carro. Acabou com o joelho estraçalhado. Assim, em vez de ir para o Haiti, ele foi parar no Hospital Geral de Massachusetts, onde passou semanas. Depois retornou para o apartamento que dividia com Ophelia, imobilizado por um gesso enorme. Ela tentou cuidar dele.

A rotina do dia a dia com Paul não fez com que o afeto diminuísse.

– Eu sabia que ele me amava e eu o amava também – disse-me ela.

Mas para Ophelia o relacionamento não era nada fácil.

– Era complicado viver com alguém apaixonado por outra coisa, com a qual eu não conseguiria jamais competir, mesmo que eu quisesse.

Sempre que ele conseguia sair da faculdade ou de um seminário de antropologia mais cedo numa sexta-feira, ele se mandava para o Haiti, às vezes só para passar o fim de semana. Em uma dessas ocasiões, Ophelia pediu que Paul não fosse e ficasse com ela. Ele respondeu:

– Venha comigo.

Os dois discutiram. Ele disse:

– Eu deixei claro o que eu queria fazer na vida e achei que você estivesse a fim de me acompanhar nessa.

Mais tarde, sozinha no apartamento, ela pensou: "É verdade. Ele nunca prometeu me levar para passear, visitar museus, assistir a uma ópera."

Tudo ficou mais difícil depois do acidente. Paul irritava-se com o gesso e chateava-se porque desejava voltar à clínica em Cange. Ela o lembrava que não podia fazer força com a perna quebrada, mas ele não dava ouvidos. Ela cozinhava, mas ele não comia. Ela fazia de tudo para agradar, mas não sofria calada. Tiveram algumas brigas. Por fim, ele disse:

– Vou para o Haiti. Lá eles não vão se importar de cuidar de mim.

Anos mais tarde, ela ainda se lembrava daquela data: 10 de dezembro de 1988. Eles pararam de brigar, mas no fundo Ophelia sabia que alguma coisa havia terminado. Quando Paul a pediu em casamento dois anos depois, foi difícil para ela dizer não, mas impossível dizer sim. Magoado e aborrecido, ele disse:

– Se não posso ser seu marido, também não posso ser seu amigo. Seria muito doloroso.

Depois disso, ela passou muito tempo tendo notícias dele somente por intermédio de Jim Kim. Longe de Paul, Ophelia perdeu o interesse em se tornar médica; ela realmente não gostava de química. Entretanto odiou separar-se de Paul. Mais do que nunca ele lhe pareceu uma pessoa importante para se acreditar. Não era uma figura para se assistir de longe e pensar: "Está vendo? *Existe* o bem no mundo." Não servia como um exemplo consolador, mas como o contrário: como prova de que era possível comprar uma briga; como um estímulo para fazer os outros perceberem que era preciso agir para não deixar que as pessoas morressem desnecessariamente. Ela pretendia permanecer como parte da PNS e da vida de Paul. Sabia que ele tinha muita facilidade em perdoar os outros. Essa era, ela pensou, uma das qualidades sacerdotais mais evidentes nele.

– Aos poucos eu fui voltando – disse Ophelia.

A Parceiros na Saúde ainda estava sendo inventada; era o tipo de organização em que os membros podiam definir seus próprios cargos. Depois que voltou, Ophelia assumiu a área financeira da PNS e começou a esquematizar um fundo. Fez questão de receber um salário, que se aproximava de 15 mil dólares, e anualmente contribuía com o triplo desse valor. Quanto à relação com Paul, em poucos anos ela lhe pareceu praticamente perfeita. Às vezes, quando ele a chamava assim que chegava do Haiti, depois de uma semana ou um mês afastado, ela se imaginava como sua esposa, reclamando e perturbando com picuinhas. Mas a situação era bem diferente agora. Ophelia simplesmente ficava feliz com a possibilidade de vê-lo novamente e percebia claramente que ele se sentia da mesma forma quando aparecia à porta.

– Min! – gritava ele, com os braços esticados para abraçá-la, um sorriso de uma orelha à outra e o rosto vermelho feito um pimentão. Ela era a única, além das irmãs, que o fazia rir assim. Ophelia se sentia importante para ele quando lhe contava uma piada indecente envolvendo algum conhecido em comum e o via jogar-se no sofá, agitando as pernas no ar, rindo tanto que chegava a ter crise de asma. Agora, sem nenhum vínculo de relacionamento, ele parecia mais à vontade para lhe contar qualquer coisa. Volta e meia ela pensava: "Não seria fácil ser esposa dele. Mas ser sua amiga é simplesmente maravilhoso."

# CAPÍTULO 11

Em dezembro de 1988, Farmer voltou a Cange numa cadeira de rodas e, enquanto a perna se recuperava, ele iniciou seu estudo para melhorar o tratamento da tuberculose no planalto central.

Grandes eventos aconteciam em Cange, eventos históricos no Haiti. Depois que sua perna ficou boa, Farmer testemunhou alguns deles em suas idas a Porto Príncipe. Diversas vezes aconteceu de ele se encontrar em alguma igreja da capital nos momentos de tiroteio e refugiar-se atrás de pilastras.

Desde a partida de Baby Doc Duvalier, houve uma sucessão de governos não eleitos, embora, no fundo, quem realmente comandara o país de 1986 a 1990 tenha sido o Exército, com o auxílio dos Estados Unidos – como Farmer veio a descobrir, ao pesquisar documentos oficiais publicados. Ele estudava a história haitiana e sabia que trocar um governo corrupto, repressor e não eleito por outro não era nenhuma novidade para o país nem para a política norte-americana direcionada ao Haiti. O mesmo se podia dizer dos protestos e revoluções da maioria empobrecida. Mas ele achava que naquele momento havia grande chance de estar sendo organizado um movimento popular de vulto.

Com atípica unanimidade, os camponeses e os favelados abraçaram uma ideia que chamaram de *dechoukaj* (extirpação) de qualquer símbolo visível dos Duvalier, o que incluía perseguição pública e às vezes até o assassinato de ex-*tontons macoutes*, a maioria peixes pequenos, é claro. O Exército e os paramilitares haitianos reagiram de forma brutal. A violência espalhou-se por todos os lugares, mas, como sempre, o lado com armas e dinheiro foi o responsável pela maior parte dela. Farmer presenciou alguns incidentes e ouviu falar de outros. Mais tarde, ele soube que soldados do Exército atiraram em manifestantes desarmados, entraram em hospitais urbanos e ameaçaram as equipes, executaram pacientes e chegaram inclusive a roubar cadáveres. Em 1987, paramilitares massacraram vários eleitores próximo às urnas, abortando o que teria sido a primeira eleição democrática na história do Haiti.

Segundo um velho ditado, talvez menos verdadeiro na época do que anteriormente, 90% da população do Haiti era católica e 100% era adepta do voduísmo. (Ao falar de um camponês, católico praticante, Farmer certa vez me disse: "É claro que ele acredita em vodu. Mas ele acha que isso não é certo.") As igrejas católicas estavam no centro da revolta popular – não as catedrais dirigidas pela hierarquia Duvalier, mas as chamadas *ti legliz*, igrejinhas da zona rural arruinada e das favelas da cidade. Entre elas, a mais importante era a de São João Bosco, em Porto Príncipe, administrada pelo padre Jean-Bertrand Aristide.

A primeira vez que Farmer escutou um sermão dele foi pelo rádio, em Cange. Decidiu então ir à igreja de Aristide e ouvi-lo pessoalmente. Assim como a multidão presente, Farmer sentiu-se extasiado. Lembrou-se do que Aristide disse:

> As pessoas leem o evangelho como se ele pertencesse a outro lugar e a outro tempo, mas as batalhas lá descritas são muito contemporâneas e acontecem neste exato momento, aqui mesmo. A opressão dos pobres, os maus-tratos aos vulneráveis e a redenção que vem com a luta pelo que é certo – que ideias poderiam ser mais relevantes em nosso querido Haiti?

– Eu vinha procurando uma igreja progressista, uma igreja da Teologia da Libertação em todos os cantos do Haiti, e ali estava ela! – recordou Farmer.

Ele se uniu à multidão que foi se encontrar com Aristide depois da missa. Aristide notou logo sua presença. ("Não era nada comum aparecer um fiel branco, alto e que soubesse falar crioulo.") Os dois ficaram amigos, mas pouco se viram em 1988. Farmer estava muito atarefado em Cange, e Aristide ocupava-se em tentar sobreviver às tentativas de homicídio, as quais incluíram até mesmo um incêndio em sua igreja, planejado pelo prefeito de Porto Príncipe.

Farmer esperava ver mudanças reais no Haiti, ao mesmo tempo que odiava aquilo que chamava de "a desordem" – a confusão, a matança e seu inevitável subproduto: o agravamento da saúde pública haitiana, e já era lamentável. Certo dia, em 1989, ele foi sozinho até o topo de uma colina de onde se via praticamente Cange inteira. No Haiti, as únicas coisas que ele escrevia eram correspondência oficial e notas de agradecimento. Além de faltar-lhe tempo, ali, para ele, mais importante do que escrever qualquer coisa era atender os enfermos e construir escolas e sistemas hídricos. Entretanto, nesse dia ele abriu uma exceção, subiu a colina e foi trabalhar em sua tese de doutorado em antropologia. Intitulou-a *Aids and Accusation* (Aids e acusação) – o primeiro de seus títulos em que emprega a aliteração.

A aids começou a assolar o Haiti cerca de dois anos após a chegada de Farmer, em 1985. Ele escrevia sobre o surgimento da síndrome no país. Catalogava o que chamou de "geografia da culpa" e o papel de bode expiatório imputado ao Haiti. Contava a história de como, no início da epidemia de aids nos Estados Unidos, sociólogos e até mesmo médicos levantaram a hipótese de que o HIV tinha ido da África para o Haiti e, depois, para os Estados Unidos. Alguns especialistas chegavam a sugerir, inclusive, que a doença se originara no Haiti, onde, havia quem dissesse, *hougans* praticantes de vodu cortavam as cabeças das galinhas, bebiam o sangue e, então, tinham relações sexuais com meninos. Ele escreveu sobre como o Centro de Controle Patológico – agência federal norte-americana – chegara ao extremo de identificar os haitianos como "grupo de risco", junto com vários outros grupos cujos nomes começavam com "h" – homossexuais, hemofílicos e usuários de heroína –, e sobre os danos incalculáveis que aquilo causara à frágil economia haitiana e ao povo daquele país, onde quer que eles vivessem. Em sua tese, ele reuniu vários dados epidemiológicos para mostrar que era quase certo que a aids viera da América do Norte para o Haiti, e que provavelmente havia sido levada por turistas sexuais americanos e canadenses, que pagavam quantias irrisórias para marcar encontros sexuais em uma favela em Porto Príncipe chamada Carrefour.

A tese era para ser uma "antropologia interpretativa da aflição", combinando aspectos etnográficos, históricos, epidemiológicos e econômicos. Ela começaria, porém, com a história de Cange. Seguindo a tradição antropológica, ele daria um pseudônimo à vila: *Do Kay*. Sentado em cima de uma pedra, no alto da colina, ele escreveu: "A melhor vista de *Do Kay* é do cume de alguma de suas peculiarmente íngremes e cônicas colinas, que praticamente cercam toda a vila."

Vista ali de cima, Cange parecia uma coleção de casinhas espalhadas aleatoriamente, sem seguir quaisquer padrões, na encosta de uma montanha quase sem árvores. Lá, próximo ao topo, ficava a casa de Dieudonne, agora desabitada, porque ele morrera de aids em outubro passado. Perto da estrada ficava a casa de Anita Joseph, que padecera lentamente também de aids. Muitas lembranças dolorosas incorporavam-se à paisagem. Farmer lembrou-se de diversos outros pacientes que morreram e de seus dados laboratoriais, e lembrou-se nitidamente de três jovens haitianos que trabalharam com ele no primeiro censo de saúde de Cange: Acéphie, vítima de malária; Michelet, de febre tifoide; e Ti-Tap Joseph, de sépsis puerperal. Todas aquelas mortes poderiam ter sido evitadas. Cada amigo morrera sob cuidados profissionais nas instalações médicas precárias típicas do Haiti, as quais Farmer passou a odiar.

Entretanto, ele não via apenas fracassos e mortes lá de cima. Via as árvores que marcavam a localização das fontes comunitárias de Cange, ligadas ao rio subterrâneo de águas limpas. Via os banheiros públicos de Père Lafontant que colaboraram para erradicar a febre tifoide naquela vila. Conseguia ver uma parte da encosta sobre a qual a Zanmi Lasante crescera e imaginava o resto – o dormitório, a igreja, o escritório do projeto de saúde pública, um canto da escola e, atrás dos arvoredos que ele havia plantado, a casa de hóspedes, a oficina dos artesãos, o prédio bem forte e sólido onde ficava a Clinique Bon Sauveur, reconstruído com o patrocínio de Tom White. E, ao olhar para a vila, ele não via mais uma comunidade de casinhas de meia-água. Cange tinha crescido: passara de 107 para 178 famílias, e a encosta agora estava cheia de casebres.

A esposa de Père Lafontant – Mamito –, matriarca da Zanmi Lasante, supervisionara um projeto de reforma de casas, distribuindo materiais comprados por Tom White e dando prioridade, discretamente, à reconstrução das piores moradias. A maioria das casas tinha apenas dois quartos e em muitas delas o piso era de terra, mas quase todas dispunham de telhado de zinco, alguns pintados, outros enferrujados, outros ainda brilhando sob a luz do sol. Havia seis anos que ele chegara a Cange, e o local já não parecia mais um acampamento deplorável de refugiados; apenas uma vila haitiana, extremamente pobre.

...

Farmer recebeu simultaneamente os diplomas de mestrado e doutorado na primavera do ano seguinte, 1990. Sua tese foi premiada e uma editora acadêmica concordou em publicá-la. Alguns professores na faculdade de medicina – sobretudo o eminente antropólogo Arthur Kleinman e o igualmente eminente psiquiatra infantil Leon Eisenberg – encantaram-se com Farmer e perdoaram sua baixa frequência, o que era pouco comum acontecer. Com o passar dos anos, eles e outros passaram a protegê-lo da hostilidade e das regras do mundo acadêmico. Para apoiar as pessoas, é preciso ser apoiado também. Ele recebeu ajuda de muita gente.

Suas ausências na faculdade não o impediram de se destacar como aluno. Sem dúvida alguma, sua estada no Haiti o ajudou muito mais em seu trabalho de graduação em antropologia do que sua presença em Boston. E suas notas na faculdade de medicina eram altíssimas, de certa forma porque, além estudar as fichas, ele ainda dedicara boa parte dos últimos seis anos a trabalhar como médico em Cange. Aos 34 anos, Farmer já tinha lidado com uma variedade de doenças muito maior do que a maioria dos médicos americanos costuma tratar durante a vida inteira. Além disso, ele aprendera a elaborar, projetar e gerenciar um sistema público de saúde e uma clínica construída do zero em um dos lugares mais difíceis que se possa imaginar, no meio de um povo refém de um governo que o manteve analfabeto, onde, na melhor das hipóteses, transportava-se concreto em jegues. Não foi à toa que ele conseguiu uma vaga para fazer residência em um dos hospitais mais prestigiados e flexíveis do mundo: o Brigham and Women's. Um residente do Brigham tinha permissão para dedicar-se a outra área de interesse. Farmer e Jim Kim, que também foi aceito pelo famoso hospital, compartilharam a residência clínica. Farmer conseguiu aprovação para passar metade do tempo no Brigham e a outra metade em Cange.

Tudo indicava que haveria uma eleição nacional no Haiti, no final de 1990. Entretanto, era óbvio que para isso haveria uma briga entre o Exército, as elites duvalieristas e os paramilitares que trabalhavam para eles, geralmente à noite. Ao voltar a Cange, Farmer tinha que passar por cinco blitze militares. Em cada uma delas, era de praxe os soldados pedirem propina. Volta e meia confiscavam equipamentos médicos que Farmer trazia para a clínica. Mas essa apoquentação não era rotineira. A Zanmi Lasante tinha um escritório em Porto Príncipe. Diversas vezes durante os meses que antecederam as eleições o telefone tocava, uma voz do outro lado pedia para falar com Farmer e dizia, por exemplo: "Você se juntará aos ossos de sua avó." Quando atendia, Farmer ouvia uns estalos na linha. Ele então decidiu subir até o terraço do prédio, onde encontrou um equipamento de grampo telefônico – um troço muito esquisito, improvisado. Com certa alegria, ele chutou a geringonça, partindo-a em pedaços.

Farmer ficou ligeiramente intrigado com aquilo. Ele nunca se envolvera abertamente com política. Talvez o Exército estivesse de olho nele porque, sempre que seus pacientes eram presos, ele ia à prisão e tentava soltá-los. Os soldados nos quartéis de Mirebalais o enxotaram durante duas dessas suas tentativas de "extração da prisão", como chamava. Ou talvez ele exercesse um papel mais importante do que imaginava. Era possível, por exemplo, que as pessoas erradas o tivessem visto acompanhado de Aristide.

Em 1990 ele se encontrou diversas vezes com o padre, que na época era muito famoso. Um dia, quando Farmer estava na cidade, Aristide passou no escritório da Zamni Lasante, todo sujo e maltrapilho, dirigindo uma caminhonete branca, carregada de farinha de trigo para o orfanato. A caminhonete não queria pegar, de modo que Farmer o ajudou a colocar a farinha na caminhonete da Zanmi Lasante e os dois partiram juntos. Eles acabaram passando por uma poça enorme e o veículo enguiçou.

– Acho que não vamos conseguir chegar – disse Farmer. Em seguida, comentou: – O jornal está dizendo que você vai se candidatar à presidência. Acho que eles não o conhecem muito bem, pois você jamais concorreria ao cargo de presidente.

Aristide deu uma resposta vaga, sem se posicionar. Uma semana depois, declarou sua candidatura. De imediato, Farmer ficou aborrecido. "Como ele podia participar de algo tão irremediavelmente nojento como a política haitiana?" Mas depois pensou: "O que os haitianos estão achando disso? Estão exigindo que ele concorra." Na época, Farmer tinha um diário, onde escreveu: "Talvez esta seja uma oportunidade ímpar de mudar o Haiti."

Não demorou muito e lá estava Farmer apoiando a candidatura de Aristide, com todo o fervor, como praticamente todo mundo em Cange. E, como todos os demais, ele não desgrudava do rádio, pelo qual ouvia notícias de última hora vindas da capital. No dia das eleições, Farmer estava em Porto Príncipe, junto com Père Lafontant. Muitos observadores estrangeiros, entre eles Jimmy Carter, checaram os resultados: 67% dos votos para Aristide e apenas 33% para os outros 12 candidatos. Em seu diário, Farmer expressou sua imensa alegria. O Haiti contava então com o chefe de Estado mais popular do mundo, que, para completar, pregava a Teologia da Libertação e prometera transformar a miséria do país em "pobreza com dignidade". O novo presidente também prometeu, de forma ostensiva, mudar as coisas para as elites haitianas. Segundo um ditado haitiano, "as pedras na água não sabem como as pedras ao sol se sentem". Em um de seus discursos, Aristide fez uma adaptação do provérbio: "As pedras na água descobrirão como as pedras ao sol se sentem."

Farmer retornou ao planalto central no dia seguinte. Ao chegar a Cange, avistou um senhor de idade subindo uma encosta erodida, descalço. Contorcendo-se, imaginando os pés do pobre homem sendo cortados nas pedras – "pedras com dentes", como o povo local as chamava –, passou-lhe uma ideia sombria pela cabeça. "Eu me perguntei rapidamente o que um governo, mesmo composto de santos e letrados, poderia fazer em face de tais disparidades", escreveu ele mais tarde em seu diário. Para Farmer, não era Aristide o verdadeiro vencedor; eram os camponeses haitianos, pessoas como seus amigos e pacientes em Cange, que de fato haviam ganhado as eleições. Eles enfrentaram as ameaças, até os massacres, para tornar as eleições uma realidade. Parecia que enfim, depois de séculos de miséria, escravidão, uma série de governos mal administrados e interferência estrangeira, os haitianos haviam tomado posse de seu próprio país. Como diria depois, nada jamais o emocionou tanto na vida.

Ele tinha motivos de sobra para sentir-se esperançoso ao voltar a Boston, no verão de 1991, e dedicar-se à residência no Brigham. Não se falava em outra coisa além da possibilidade de um golpe de Estado. Uma tentativa fora abortada. Mas o novo governo assumiu o poder. Ao dirigir para o aeroporto, Farmer não tinha mais que parar em blitze ou barreiras nas estradas. A turma toda havia desaparecido da Rodovia Nacional 3. O que parecia um Ministério da Saúde haitiano revitalizado começara a colaborar com a Zamni Lasante nos trabalhos de prevenção da aids no planalto central. E, pelo jeito, um hospital de verdade seria finalmente construído em Cange. De fato, grande parte do capital já havia sido levantado.

...

No dia 29 de setembro de 1991 – uma data inesquecível para ele –, Farmer pediu a Jim Kim que o substituísse no Brigham e partiu para o Haiti, numa viagem breve, para uma reunião cuja pauta seria o novo hospital. Naquela época, muitos taxistas e zeladores em Boston eram haitianos. Por acaso ele pegou um táxi cujo motorista, além de haitiano, era conhecido seu. No caminho para o aeroporto, o sujeito disse:

– Dr. Polo, a coisa está preta por lá.

Farmer pensou: "Que nada. Esse governo conta com o maior apoio popular do mundo." E disse para o motorista:

– Não se preocupe. Estarei no Haiti hoje à noite.

Aquele percurso era extremamente familiar para Farmer. Ao aterrissar em Miami, ele foi direto para o portão de sempre, o do voo em direção a Porto Príncipe; porém, no balcão de check-in, uma placa avisava: CANCELADO.

– O que houve? – perguntou ele à atendente.

– Não faço a menor ideia, senhor.

Farmer se dirigiu a um motel próximo ao aeroporto e ligou a TV na CNN, que anunciava naquele exato momento que o Exército haitiano tinha deposto Aristide. Farmer passou a noite inteira sentado na cama assistindo às notícias, estupefato.

Aguardou a normalização dos voos e depois ficou sabendo que não conseguiria embarcar em nenhum deles. As novas autoridades da junta militar colocaram seu nome em uma lista de *personae non gratae*. Então, ele voltou para Boston. Dia após dia, por meses, Farmer ligou para os Lafontant no Haiti, perguntando: "Já posso voltar?" Finalmente, em 1992, disseram que ele podia. Père Lafontant havia subornado um coronel do Exército haitiano para retirar o nome de Farmer da lista.

Ao desembarcar em Porto Príncipe, ele estava ensopado de suor. Pensou: "Meus feromônios estão anunciando medo." Mas conseguiu ser liberado pela imigração sem nenhum problema e foi direto para Cange, passando por várias blitze militares, que haviam voltado à atividade. Dois dias depois, enquanto ele trabalhava em seu consultório, já começando a se tranquilizar, uma antiga paciente de tuberculose, uma jovem camponesa com um bebê, chegou toda esbaforida, falando sem parar. As autoridades locais tinham espancado seu marido. Ele estava morrendo, queixava-se ela. Mas os haitianos eram sempre muito dramáticos. Imaginando apenas alguns ossos fraturados, Farmer pegou sua maleta e acompanhou-a até o marido. Eles cruzaram a represa até um casebre do outro lado.

Para proteger a família da vítima, Farmer criou um pseudônimo para o marido da paciente, chamando-o de Chouchou Louis. Mais tarde, ele ficou sabendo mais detalhes do ocorrido. Enquanto se dirigia ao planalto central dentro de um caminhão, Chouchou fizera um comentário negativo sobre as condições em que a estrada se encontrava. Havia um soldado à paisana no caminhão. Ele ouviu o *pwen* de Chouchou, seu comentário muito direto, e o interpretou corretamente como antimilitarista e pró-Aristide. Na blitz seguinte, na cidadezinha de Domond, soldados e membros de um grupo civil chamado *attachés* tiraram Chouchou do caminhão, levaram-no para dentro do quartel e o espancaram. Depois o soltaram. Mas seu nome foi parar automaticamente numa lista negra mantida pelo Departamento de Segurança do Estado. Chouchou deu um tempo sem dizer mais nada, mas, quando tentou voltar para casa, o chefe local e um *attaché* o aguardavam.

Quando Farmer chegou ao casebre, os militares já haviam concluído seus planos, e Chouchou estava deitado no chão de terra.

Ele fez tudo o que pôde com os equipamentos que levara, mas talvez nem mesmo o pronto-socorro do Brigham tivesse dado jeito. Mais tarde, Farmer registrou sua angústia:

> Em 26 de janeiro, Chouchou, um belo jovem com pouco mais de 25 anos de idade, estava irreconhecível. Seu rosto, sobretudo do lado esquerdo, estava deformado, inchado e dilacerado; sua fonte direita também estava marcada, embora fosse um ferimento antigo. A boca de Chouchou era uma poça de sangue escuro coagulado; ao agonizar, ele escarrou mais de um litro de sangue. Seu pescoço estava muito inchado, cheio de hematomas na garganta, causados por golpes com a coronha de uma arma. Havia muitos hematomas em suas laterais e em seu peito e várias de suas costelas estavam fraturadas. Sua genitália havia sido mutilada.

E a descrição prosseguia:

> Esse era o estado da parte frontal de seu corpo; supõe-se que a violência do ataque tenha vindo por trás. As costas e as coxas de Chouchou apresentavam marcas profundas de chicotadas. Suas nádegas estavam terrivelmente dilaceradas, em carne viva, a ponto de expor os músculos glúteos. Muitas das feridas estavam infeccionadas.

As pessoas que fizeram aquilo provavelmente não estavam longe. Farmer não teve coragem de voltar pelo mesmo caminho, a pé, cruzando a represa. Pegou uma canoa emprestada, um tronco de mangueira oco, de um pescador local e cruzou o lago.

Farmer precisava divulgar aquela história. Contatou a Anistia Internacional, que adicionou o nome de Chouchou a uma enorme lista de vítimas da junta militar. Ele escreveu um texto intitulado "Uma morte no Haiti", que o jornal *The Boston Globe* concordou em publicar sob o nome de outra pessoa.

Para os colegas e mais tarde para seus alunos, a memória médica de Farmer parecia enciclopédica e assustadora, mas havia uma explicação para isso. Certa vez ele me disse:

– Guardo as datas tendo os pacientes como referência.

Pelo visto, os pacientes formavam não somente um calendário de eventos passados, mas uma enorme estrutura mnemônica na qual rostos individuais e pequenas singularidades – ele lembrava, por exemplo, que certo paciente tinha um tipo estranho de bichinho de pelúcia no quarto do hospital – eram como um índice para os sintomas, a fisiopatologia, os remédios para milhares de doenças. O problema, obviamente, era que ele se lembrava bem demais de alguns pacientes. Anos mais tarde, Farmer não gostava de falar sobre Chouchou. Ele me disse:

– Tomo precauções vigorosas para não pensar nele.

Àquela altura ele já havia relatado o caso por escrito diversas vezes. Para mim, disse simplesmente:

– Ele morreu no chão de terra.

# CAPÍTULO 12

Ophelia esteve em Cange durante a ditadura militar, no início dos anos 1990. Hospedou-se no alojamento principal, que ficava em cima da cozinha comunitária. Certa vez, quando ela desceu para tomar café da manhã, Paul disse, com muita naturalidade, que na noite anterior havia alguém parado do lado de fora de sua janela, riscando fósforos.

Ela sempre ficava tensa no Haiti nos anos turbulentos após a expulsão de Duvalier. Agora a coisa era ainda pior. Quando passavam por soldados nas blitze e barreiras nas estradas, Paul não era sequer educado. Ele se recusava a retirar a escultura de ferro pendurada em seu consultório – o símbolo de Aristide: um *kòk kalite*, o galo "característico" de briga. Ele não fazia a menor questão de esconder os livros sobre Che Guevara, Castro e outros do gênero. Ophelia pensava: "Nossa, imagine a confusão que pode dar se revistarem o consultório!" Ela se deitava à noite ouvindo os latidos dos cães, o canto dos galos e as batidas de tambores nos morros. Uma vez, Ophelia acordou com luzes de faróis invadindo seu quarto pela janela. Na manhã seguinte, o boato era de que alguns soldados tinham ido vasculhar a Zamni Lasante durante a noite. Ela pensou: "O planalto central é o centro da resistência, e é quase impossível sair daqui, a menos que se pegue aquela estrada, e todo mundo sabe que este lugar está cheio de simpatizantes de Aristide." Ophelia perguntou à mulher responsável pela cozinha, conhecida como Calça de Ferro, apelido haitiano genérico para mulher de pulso:

– E se eles vierem nos massacrar?

Calça de Ferro respondeu:

– Vamos defender este lugar até a morte.

Ophelia pensou: "Como? Com caçarolas, panelas e bacias?"

Paul continuou a fazer o tenso trajeto entre Cange e Boston. Na verdade, ele o deixava mais tenso ainda. Pediu 10 mil dólares em espécie a Tom White; planejava levar o dinheiro para o Haiti e entregar tudo à resistência pacifista clandestina.

No carro, depois que saiu da casa de Tom, em Cape Code, onde pegou o dinheiro, Paul ouviu de Jim Kim:

– Você não conseguirá ajudar ninguém como mártir. – E, tentando aliviar o tom: – Se os caras te matarem, eu te mato, Pel.

Paul ficou vermelho feito um pimentão.

– Que diabos você quer que eu faça?

Paul já tinha gritado com ele antes, mas Jim nunca o ouvira se esgoelar daquele jeito. Paul conseguiu levar o dinheiro para o Haiti.

Depois que voltou para Boston sã e salva, Ophelia ficou preocupada com Paul em Cange. "Ele estava tão irritado que seria capaz de fazer qualquer coisa", pensava ela. "E se um soldado aparecesse na Zanmi Lasante para prender um de seus pacientes? Ai, meu Deus!"

Paul estava cada vez mais fora de si. Ele convidou algumas freiras do grupo católico Pax Christi para irem ao Haiti, na esperança de que elas ajudassem a divulgar os danos causados pela junta militar. Duas vezes, nas barreiras das estradas, soldados revistaram tanto Paul quanto as freiras. Em uma das vezes, os soldados mandaram-no sair do jipe e dizer: "Salve o Exército haitiano!"

– Eu não vou dizer isso.

– É melhor dizer. – E ergueram as armas.

– Está bem – disse ele calmamente.

Em Cange, Farmer nem tirava a roupa para dormir. Deitava-se até de sapatos. Seu quarto ficava ao lado de um terreno com uma vegetação bem densa, reflorestado por ele. Paul imaginava o que faria se os soldados e *attachés* chegassem: pularia a janela e se esconderia das lanternas em meio aos arbustos. Não havia nada de imoral naquilo, pensava ele. "Porque eles virão me pegar."

Um dia, então, chegou à Zanmi Lasante um soldado sozinho, carregando uma arma. Farmer saiu para o pátio. Como sempre, uma multidão aguardava lá.

– Você não pode entrar aqui armado – disse Farmer ao soldado.

– E quem é você para me dizer o que posso fazer?

– Sou a pessoa que vai cuidar de você quando adoecer.

Ele estava se divertindo até ouvir uma voz, vinda da multidão atrás dele, dizer "*Ket*" – numa tradução grosseira, "Merda". Aquilo soou como se alguém estivesse antecipando um desastre. Farmer pensou: "Ai, meu Deus, acho que interpretei errado a situação." De repente, a multidão tornou-se um empecilho. Se o soldado se retirasse dali na frente de todos, seria uma humilhação. Por outro lado, talvez ele tivesse dado a resposta correta ao soldado. E talvez a resposta contivesse o motivo principal pelo qual ele nunca fora banido ou coisa pior durante aqueles anos. De fato, ele era o melhor médico no planalto central, e a Zanmi Lasante era o único lugar onde qualquer um, inclusive os soldados e suas famílias, encontravam tratamento médico de qualidade. O soldado resmungou algum tipo de ameaça e, em seguida, retirou-se. Farmer levou uma bronca dos amigos e colegas haitianos. Depois disso, ele encurtou sua estada. Já haviam disparado tiros contra o escritório da Zanmi Lasante em Porto Príncipe, e Père Lafontant tinha decidido fechar o local. A partir daí, Farmer só passava pela cidade a caminho do aeroporto, quando ia para Boston.

Ele recebeu o Prêmio MacArthur no verão de 1993, quando parecia que os militares jamais deixariam o poder. Compareceu à cerimônia de premiação em Chicago, mas logo depois voltou para o hotel – sentindo-se como se estivesse escondido, assistindo às notícias sobre o Haiti na TV.

Estava sentado em seu quarto, sentindo-se muito infeliz, pensando: "Grande coisa, receber o MacArthur. Que ótimo. Minha estrela está subindo enquanto a dos haitianos despenca." De repente, ouviu vozes lá fora. Haitianos! É claro. Quem mais poderia limpar quartos de hotéis nos Estados Unidos? Ele saiu e papeou com eles, o que o animou um pouco.

No Haiti, o número de mortos continuava a subir. Três grandes amigos de Farmer haviam sido assassinados. Ele pediu dinheiro a Ophelia e foi para Quebec, sua cidade preferida – a neve era uma de suas paixões. Em 10 dias, num quarto de hotel, Farmer escreveu 220 páginas – o rascunho de um livro que mais tarde ele intitularia *The*

*Uses of Haiti* (As utilidades do Haiti). Particularmente acho que é o melhor livro de Farmer, sem dúvida o mais contundente; em essência, trata-se da história da política norte-americana sobre o Haiti – mas é como se essa história tivesse sido escrita com a colaboração de um camponês haitiano.

O livro oferece um panorama interessante. Mostra, por exemplo, que os Estados Unidos tentaram ajudar os franceses a impedir a revolução haitiana nos anos 1790 e, durante o período da escravatura norte-americana, recusaram-se a reconhecer o Haiti e praticaram uma diplomacia coerciva por lá. O livro relata, ainda, que durante a ocupação americana o Congresso dos Estados Unidos reconstituíra o Exército haitiano e ajudara a financiá-lo até o momento em que Aristide foi deposto; que o líder dos esquadrões da morte da junta militar, cujos subalternos assassinaram Chouchou, fora treinado na Escola das Américas, em Fort Benning; que alguns dos partidários e oficiais da ditadura no Exército haitiano trabalhavam para a CIA; que, apesar de se mostrar publicamente contra o golpe, Washington, com a ajuda de uma imprensa americana condescendente, não parava de denunciar Aristide, chegando até a inventar mentiras sobre ele, e sustentava um embargo com pouca rigidez que parecia calculado para manter as aparências sem afastar os militares do poder.

No livro, vários heróis são desmistificados: os revolucionários franceses, cuja ideia de *fraternité* não incluía os escravos de São Domingo, e os "mulatos" haitianos, que foram à França para ajudar esses revolucionários na esperança de obter o direito de eles próprios possuírem escravos também; Woodrow Wilson, responsável pela invasão norte-americana do Haiti; e até Roosevelt, que certa vez se gabou de ter escrito a Constituição Haitiana de 1918. (Havia outros nessa lista, os quais Farmer mencionava sempre que podia: Frederick Douglas, ex-escravo e grande abolicionista, que serviu como embaixador americano no Haiti, basicamente representando, no fundo, a doutrina Monroe; Madre Teresa, que foi para o Haiti em 1981, durante o regime de Baby Doc, e, como diz um historiador, "vomitou elogios" ao ditador corrupto e à odiada esposa dele, Michele, que desviara milhões dos cofres públicos haitianos para seus passeios pelos shopping centers do mundo. Madre Teresa dissera que Michele tinha lhe dado uma lição de humildade e que ficara maravilhada com a proximidade que a primeira-dama mantinha com seu povo.)

Nos Estados Unidos especulava-se que a nova administração do governo Clinton enviaria tropas para garantir que Aristide retomasse o poder – sob algumas condições, como, por exemplo, a aceitação de planos para um "ajuste econômico estrutural".

No início de 1994, logo depois da publicação de *The Uses of Haiti*, Farmer escreveu um editorial para o jornal *The Miami Herald*. Eis o ponto principal do artigo: "Será que os militares americanos deveriam intervir no Haiti? Isso já havia sido feito. Agora deveríamos mudar a abordagem e restaurar a democracia." O editorial foi mencionado no Haiti, na rádio do governo. Disseram que Farmer havia caluniado o governo haitiano. Os soldados saíram à sua caça para expulsá-lo do país, mas ele já estava em Boston. Dessa vez, após a expulsão formal, não houve propina que funcionasse. "Entendo perfeitamente a posição que tomaram. No lugar deles, eu faria o mesmo." Deprimido, Farmer passava seus dias no escritório da PNS. Ophelia lhe deu um violão e ele chegou a tomar algumas aulas, até saber do assassinato de outro amigo no Haiti. Farmer encheu a cara e voltou para casa praticamente carregado por Jim, chorando e vomitando. No dia seguinte, abandonou o violão.

Farmer passou o resto do verão de 1994 dando palestras sobre a situação no Haiti para quem quisesse assistir, em cidadezinhas do Maine, Texas, Kansas e Iowa, normalmente hospedando-se nas casas das "carolas" da Igreja. Ele depôs perante um comitê parlamentar, junto a algumas freiras, mas grande parte dos senadores dormiu. Farmer discutiu com um general norte-americano.

– Não quis nem saber. Comecei a falar: "Só é possível entender-se a situação no Haiti quando se tem noção de que os Estados Unidos criaram o Exército haitiano. Blá-blá-blá, doença infecciosa." A única coisa que o general conseguiu fazer foi berrar comigo: "Paul, você está completamente equivocado!"

A maioria das fontes que Farmer usou em seu livro eram documentos do governo americano. Ele imaginara que bastaria dizer que era médico e escrevera sobre coisas que vira com os próprios olhos ou que pesquisara para que todos acreditassem nele. Em certos setores, ele foi bem recebido; mas isso geralmente não acontecia nas rádios. Durante um programa em Fort Lauderdale, um ouvinte ligou e disse, referindo-se aos inúmeros refugiados que tentavam chegar à Flórida de barco, fugindo da fome, da miséria e da violência no Haiti:

– Não podemos aceitar que esses haitianos entrem em nosso país.

– Por que não? – perguntou Farmer. – Minha própria família é chegada a um barco.

O apresentador, obviamente, ficou sem entender nada.

– Dr. Famer, o senhor é haitiano?

Várias vezes, sobretudo depois dos berros que ouviu do general, Farmer pensou: "Ah, que se dane! Eu quero é voltar para a minha clínica." Ele voltou um dia depois que Aristide reassumiu a presidência, em meados de outubro de 1994.

...

Os três anos de regime militar no Haiti pareceram uma guerra e, como toda guerra, o regime causou um desastre na saúde pública. A ONU estimou que cerca de 8 mil pessoas foram assassinadas, a maior parte delas pelo Exército haitiano e seus paramilitares. É provável que milhares de pessoas tenham se afogado tentando fugir. O número de mortos superou o do *Titanic*, quando a *Neptune*, uma barca velha e cheia de vazamentos, afundou. No entanto, as mortes por afogamento, tiro e tortura provavelmente responderam apenas por uma fração do total. Não havia como determinar precisamente os danos causados à saúde pública ao final do regime, mas Farmer conseguia ter uma ideia, em face dos escombros que encontrou ao retornar a Cange.

De alguma forma, Père Lafontant conseguira construir o novo hospital; mas todos os projetos da Zanmi Lasante nas vilas ao redor de Cange haviam sido interrompidos – os programas de alfabetização de mulheres, vacinação infantil, tratamento de água e saneamento, distribuição de preservativos e outras medidas de prevenção contra a aids. A Parceiros na Saúde patrocinara um filme sobre o HIV. Os pacientes escreveram o roteiro, o qual apresentava um caminhoneiro e um soldado relacionando-se com várias mulheres portadoras do vírus. O filme estava sendo exibido em uma escola quando os soldados entraram e desligaram o projetor. Não era nada inteligente mostrar um filme que responsabilizava soldados pela disseminação da aids, ainda mais durante um regime militar. A Zanmi Lasante teve que parar de exibir o filme durante aquele período.

Na região, somente a Zanmi Lasante ousava cuidar das vítimas de espancamento ou tiro. O Exército fechara a clínica uma vez, por um curto espaço de tempo. O lugar era visado. Os pacientes só procuravam a clínica quando já estavam nas últimas, para evitar serem vistos no local; além disso, temiam a viagem e não queriam acabar como Chouchou. Muitos simplesmente se afastaram. O número de pacientes caiu pela metade naqueles anos, apesar de a clínica ter registrado o dobro do número anual de feridos em ataques – incluindo-se ainda quatro estupros cometidos por soldados e *attachés*, um considerável aumento de vítimas da febre tifoide e 22 vezes mais casos de sarampo em relação à média antes do golpe militar. Os anos da ditadura exacerbaram a desnutrição crônica, e o número de tuberculosos subira consideravelmente na região. Os militares concentraram seu terror principalmente nas favelas urbanas, pois lá encontrava-se a maioria esmagadora dos partidários e simpatizantes de Aristide. Além disso, as favelas ficavam no centro da epidemia haitiana de aids. Dezenas de milhares fugiram para a zona rural. Em 1993, o número de pacientes soropositivos na Zanmi Lasante havia aumentado em cerca de 63%.

Vários funcionários pediram demissão, por medo. Farmer escreveu que a "paralisia" e o "cansaço" atingiram praticamente todos os médicos que permaneceram em seus postos. Eles faltavam ou cancelavam reuniões, abandonavam as pesquisas, inventavam desculpas para não retomar os projetos interrompidos. De maneira geral, os médicos haitianos – já fazia muito tempo que Farmer percebera – logo aprendiam a aceitar todo tipo de dificuldade, como falta de remédios e hospitais imundos. Talvez fosse uma tendência mundial encarar as mortes de estranhos de maneira filosófica. Os médicos haitianos tinham mais justificativas para essa falha do que a maioria dos outros profissionais da medicina. Não era de surpreender que eles tivessem tendência a encolher os ombros quando os pacientes morriam de doenças como sarampo, tétano ou tuberculose. Farmer se esforçara ao máximo para treinar sua equipe de forma que o pessoal desse tudo de si. Agora, muitos voltaram a encolher os ombros novamente.

No entanto, a situação não estava completamente perdida e Farmer sentia-se feliz por ter voltado.

...

Farmer estava com 35 anos e sua vida ascendia tanto na medicina quanto na antropologia. Ele ganhara o Prêmio MacArthur, fazia residência em doenças infecciosas em um dos melhores hospitais universitários do mundo, trabalhava como professor adjunto de antropologia médica em Harvard, escrevera dois livros, além de outros 24 artigos; mas estava longe de parar por aí. Queria muito mais. E, pelo jeito, ele havia imaginado que, naquele momento, sua principal meta – e a da Parceiros na Saúde também – era reparar a situação da Zanmi Lasante e continuar expandindo o projeto.

A Parceiros na Saúde mudou duas vezes o endereço do escritório desde 1987. Seus membros finalmente conseguiram adquirir um lugar próprio, especificamente para sediar a matriz, em Cambridge – Jim Kim teve a ideia e Tom White entrou com o capital. Não havia mais de 12 funcionários lá: cerca da metade deles trabalhavam como voluntários, e os demais ganhavam uma quantia simbólica. Eles dirigiram um programa de prevenção contra a aids para adolescentes haitianos em Boston e, nos bairros mais carentes próximo ao Brigham, um programa que oferecia serviços médicos e sociais aos moradores. Eles apoiavam, com pequenas doações e conselhos, alguns projetos de saúde pública em lugares bem longínquos, como Chiapas, no México, por exemplo, e a equipe de pesquisa, dedicada a avaliar o status quo da saúde internacional, estava produzindo um livro sobre a vulnerabilidade mundial à aids por parte das mulheres pobres. O título era *Women, Poverty, and Aids* (Mulheres, pobreza e aids). Ao ficar sabendo do título, um amigo de Farmer comentou: "É isso que me agrada em seus livros, Paul. Eles abordam temas muito leves."

Não dava mais para dizer que a Parceiros na Saúde era a Igreja Católica de Paul, mas, do ponto de vista cosmopolita deles, a PNS ainda não passava de uma pequena instituição de caridade com um forte complexo hospitalar no Haiti, e parece que Farmer sentia que prosseguiria assim. No relatório da PNS de 1993, ele escrevera que os parceiros não deveriam jamais mudar a missão deles nem suavizar a mensagem para ganhar visibilidade em outras esferas. Assim, escreveu, eles deveriam resignar-se a "uma condição, de certa forma, marginal".

Entretanto, na verdade, uma grande mudança na PNS era iminente. Eles estavam prestes a se destacar no cenário internacional da saúde.

PARTE III

# *MÉDICOS AVENTUREROS*

# CAPÍTULO 13

Um simples mapa epidemiológico, um mapa baseado naquilo que faz as pessoas adoecerem e naquilo que as leva à morte, e em que números e em que idades, poderia ser codificado em duas cores. Uma delas representaria as populações que tendem a morrer por volta dos 70 anos de idade, geralmente de doenças inevitáveis, associadas ao próprio envelhecimento do corpo. A outra cor representaria grupos que, em média, morrem de 10 a 40 anos mais cedo, geralmente de fome, violência e doenças infecciosas que a medicina sabe como prevenir, tratar e, em muitos casos, até mesmo curar. Nesse mapa, a linha divisória entre as duas partes da humanidade – que Farmer chamou de "grande divisória epi" ("epi" foi como ele abreviou "epidemiológica") – separaria muitos países e cidades. Grande parte do Haiti receberia a cor representativa da "má saúde", mas partes das colinas acima de Porto Príncipe seriam recortes de bem-estar. Por outro lado, o mapa dos Estados Unidos representaria uma nação saudável com algumas manchinhas de doença. No bairro de Mission Hill, em Boston, bem perto do Brigham, por exemplo, a mortalidade infantil é mais alta que em Cuba. No bairro do Harlem, em Nova York, de acordo com um famoso estudo realizado em 1990, a taxa de mortalidade masculina dos 5 aos 65 anos era mais alta que em Bangladesh.

Embora níveis salariais baixos não sejam sinônimo de terríveis estatísticas de saúde, eles geralmente caminham juntos. Muitos dos grupos de pessoas localizados do lado ruim da grande divisória epi são de pele negra ou morena. Há numerosas mulheres entre eles. O que todos têm em comum é a miséria e a pobreza. Pobreza absoluta, falta de praticamente tudo o que é básico e essencial – água potável e sapatos, remédios e comida –, em um lugar como o Haiti. Pobreza relativa em um lugar como Nova York.

Para Farmer, Jim Kim e muitos interessados na distribuição da doença, a tuberculose ilustrava claramente a grande divisória epi, seus contornos, causas e efeitos. Quando não tratada de forma apropriada ou não tratada de forma alguma, a tuberculose é assustadora e mortal, em geral devorando os pulmões e, às vezes, outros órgãos, podendo atacar inclusive os ossos. Felizmente, existiam diversos medicamentos para o tratamento da tuberculose. Os medicamentos precisavam ser administrados durante meses seguidos – de seis a oito meses –, mas conseguiam curar praticamente todos os casos. Graças a esses antibióticos, entre outras coisas, a tuberculose havia sido erradicada nas partes ricas do mundo. Entretanto, essa doença ainda atormentava as partes pobres, em um grau que para muitos americanos e europeus era difícil de acreditar. No final do século XX, a tuberculose ainda matava cerca de 2 milhões de pessoas por ano, ou seja, matava mais adultos do que qualquer outra doença infecciosa, com exceção da aids, a qual Farmer dizia que compartilhava com a tuberculose uma "sinergia nociva", uma vez que o caso ativo de uma sempre tornava ativo o caso latente da outra.

Em países pobres, a tuberculose era a causa mais comum dos óbitos de pacientes com aids. E, mesmo assim, como a tuberculose afligia basicamente o lado pobre da divisória epi, as nações industriais e empresas farmacêuticas haviam abandonado a busca de novas tecnologias para combatê-la. As ferramentas para o diagnóstico da doença eram antigas; nenhuma grande campanha para encontrar uma vacina completamente eficaz fora lançada, e a última palavra em medicamento antituberculose tinha sido dada 25 anos antes.

Farmer gostava de dizer que a tuberculose tinha uma preferência pelos pobres. O aforismo carregava uma boa dose de verdade. Segundo as estimativas atuais, cerca de 2 bilhões de pessoas, um terço da humanidade, possuem o bacilo da tuberculose, mas a doença tende a permanecer latente. Em apenas 10% dos infectados a doença atinge um grau absurdamente mortal, a ponto de destruir ossos e pulmões. Entretanto, a probabilidade de adoecer aumenta entre os desnutridos ou os que apresentam diversas doenças, sobretudo os portadores de HIV, agora uma doença predominantemente associada à pobreza. Geralmente, os bacilos da tuberculose ativa se alimentam dos pulmões e se espalham por meio deles, disseminados no ar pelos espirros e tosses. As pessoas que moram em casebres lotados, favelas urbanas, cadeias e abrigos para sem-teto estão mais propensas a inalar o bacilo e a desenvolver a doença ativa e, em alguns âmbitos, receber tratamento suficiente apenas para tornar seus quadros resistentes aos medicamentos.

Uma pessoa com tuberculose pulmonar ativa é portadora de milhões de bactérias, o bastante para garantir que um pequeno número se transforme em mutante e resistente às drogas antituberculose. Em um paciente que receba apenas um antibiótico ou doses inadequadas de vários, ou que não tome os medicamentos de forma disciplinada ou os tome por um período muito pequeno, é provável que os bacilos suscetíveis ao medicamento morram enquanto os mutantes resistentes prosperam. O paciente torna-se um campo fértil para a rápida evolução bacteriana, com os medicamentos provendo o processo seletivo. Nos casos mais graves, os pacientes acabam infectados com bacilos que nem sequer as duas drogas mais poderosas conseguem matar. A medicina atribui um nome especial a esse tipo de tuberculose – tuberculose multirresistente. Trata-se de uma doença assustadora e de um problema sério onde quer que apareça, mas muito pior, é claro, nos lugares com menos recursos para combatê-la.

...

A tuberculose multirresistente tende a aparecer onde a riqueza se mistura à pobreza, onde os pobres têm acesso a algum tipo de tratamento, mas que não chega a ser suficiente. A doença aparece com menor frequência em lugares de pobreza absoluta, como o Haiti, onde a maioria das pessoas não tem acesso a nenhum tratamento. Entretanto, em meados dos anos 1990, Farmer já havia cuidado de vários casos de tuberculose multirresistente em Cange. O primeiro aparecera durante o regime militar. Ele se lembrou do pavor que tomou conta dele quando se deu conta do que seu paciente tinha. E o pavor não foi à toa; o jovem morreu.

Farmer sentiu-se culpado, mas o fato era que tratar tuberculose MR representava um desafio mesmo estando-se nas melhores das circunstâncias e, por um tempo, durante o regime militar, ele simplesmente não conseguia levar os medicamentos necessários para Cange. Desde a morte daquele paciente, Farmer juntara recursos para combater a doença na Zanmi Lasante, tanto as ferramentas como os procedimentos. Farmer curava a maioria dos casos que apareciam esporadicamente em Cange quando, em 1995, um grande amigo que morava em uma favela nos arredores de Lima, Peru, morreu justamente de tuberculose multirresistente.

# CAPÍTULO 14

Durante boa parte do curso de medicina, Farmer hospedou-se em St. Mary of the Angels, paróquia sob a responsabilidade de um sacerdote conhecido como padre Jack. Ele dormia num quarto sob os beirais da casa paroquial. A igreja ficava em Roxbury, um bairro carente de Boston onde moravam, sobretudo, afrodescendentes. No templo úmido, escuro e de teto rebaixado, a música gospel embalava a missa, e os sermões do padre tinham um tom eloquente. Padre Jack Roussin, um homem corpulento, de pele corada, discursava sobre pobreza e injustiça, e os coros de "améns" se propagavam pela congregação.

Jack era o tipo de padre que os bispos mais apreensivos chamam de "figura". Ele apaziguava brigas entre gangues da região, liderava vigílias contra o tráfico de drogas e participava de protestos contra o corte de verbas para obras sociais, em frente ao Palácio do Governo. Nas horas vagas, gostava de contar piadas pesadas e mexer com os jovens acadêmicos de medicina que dormiam no andar de cima da casa paroquial.

Quando Farmer começou a praticar vivissecção – "laboratório de cachorro", como é chamada essa prática na faculdade de medicina – conversou muito com Jack sobre seu incômodo em usar em seus estudos uma criatura que teria que matar. Na manhã seguinte, Farmer acordou com um barulho semelhante a alguém arranhando a porta. Em seguida, ouviu o que seria a imitação de ganidos e, depois, alguns uivos. Às vezes, Ophelia ficava na casa paroquial. Bagunçava os lençóis no quarto que as freiras lhe cediam, depois se benzia ao subir a escada em direção ao quarto de Paul. Padre Jack fingia não perceber, mas falava das outras namoradas de Farmer na frente de Ophelia, só para deixá-lo vermelho de vergonha. Quando Farmer criou a Parceiros na Saúde, incluiu padre Jack no grupo de conselheiros.

No início da década de 1990, Jack saiu de St. Mary e foi para outra paróquia, situada em Carabayllo, uma favela nos arredores de Lima, capital do Peru. Em algumas de suas visitas a Boston, ele disse a Paul, Jim e Ophelia que a PNS precisava realizar um projeto em sua nova paróquia.

Entusiasmado, Jim Kim aceitou imediatamente. Durante oito anos, Jim teve o prazer – *imenso prazer*, frisava ele – de trabalhar como assistente de Paul ou, como um membro da organização chamou uma vez, *bayakou* da PNS, que, em crioulo, quer dizer "coletor de excrementos". Jim atendia o telefone na PNS, ajudava Paul a conseguir remédios e aparelhagens para a Zanmi Lasante, redigia propostas de doação. Quando Paul precisava se ausentar do Brigham para ir a uma reunião, era Jim que garantia que ele chegasse na hora marcada. Ele o acompanhava até a porta, dizendo: "O.k., companheiro, estamos com pressa. Só um abraço e dois beijos em cada zelador." Agora, Jim queria fazer mais. Queria aprender a fazer o que Paul fizera no Haiti.

Farmer não estava animado, mas, uma vez tendo concordado, fez tudo o que pôde para ajudar. Sua primeira atitude foi convencer Tom White a levantar a quantia de 30 mil dólares, metade do custo inicial do projeto. Ele dava força e conselhos a Jim quase diariamente, em geral por telefone, em inúmeras ligações entre Lima e Cange.

Jim pretendia reproduzir parte da Zanmi Lasante. Montaria uma equipe de agentes de saúde comunitários em Carabayllo, a qual seria chamada de Socios en Salud – uma versão em espanhol de Parceiros na Saúde. Ele imaginara criar um pequeno projeto de melhorias na saúde; no entanto, não estava "pensando pequeno", pois não era capaz disso. Concebeu um projeto tão bem engendrado e administrado que serviria de modelo em outras favelas na periferia de grandes cidades pelo mundo afora. Em fotos daquela época, Jim aparece jovem, em forma, um pouco mais baixo que Farmer, de cabelos pretos como carvão, com um enorme topete e óculos com armação de metal sobre os olhos estreitos. Ele tinha uma fisionomia expressiva. Quando sorria, os olhos sumiam completamente. Falava rápido e irradiava entusiasmo, sobretudo naquele momento. Estava animado.

Escreveu uma carta ao padre Jack, na qual dizia: "Comprei os três volumes do método Pimsleur em cassete e assumi o compromisso de aprender o máximo de espanhol no mais curto tempo possível. Você me recomendaria algum livro sobre o Peru?" Assim que chegou a Lima, Jim começou a dar seus telefonemas de longa distância para Paul.

– Pel, você não vai acreditar no que o padre Jack está fazendo. Está contratando essa gente toda porque está com pena. O problema é que eles *não sabem fazer o serviço.*

Paul respondia tranquilamente:

– Não entre em atrito com Jack. Você acabou de chegar aí. Limite-se a fazer o seu trabalho.

Vários líderes comunitários de Carabayllo pediram à Socios que construísse uma farmácia, para distribuir remédios aos moradores mais carentes. A Socios atendeu ao pedido e construiu uma farmácia bem próximo à igreja do padre Jack. Entretanto, o Peru estava no meio de uma guerra civil entre o governo e o Sendero Luminoso, movimento revolucionário peruano. Alguns guerrilheiros usavam Carabayllo como base, e tinham seus próprios ideais para as favelas. À meia-noite da véspera de ano-novo, enquanto Jack celebrava a missa, explodiram a farmácia. As portas da igreja eram de vidro, mas, como Jack gostava de deixá-las abertas durante a missa, nenhum estilhaço de vidro atingiu os fiéis. Comentava-se que os guerrilheiros haviam explodido a farmácia porque ela representava a oferta de "migalhas aos pobres", um paliativo deliberadamente usado para estancar o crescimento do sentimento revolucionário. Paul e Jim receberam a notícia de forma filosófica. Na verdade, eles *estavam* distribuindo paliativos. A Socios en Salud simplesmente reconstruiu a farmácia em outro lugar.

Houve muitas frustrações, pequenas e grandes; muitas ocasiões em que Jim se sentiu insultado. Paul dizia-lhe então: "Lembre-se de que servir aos pobres de Carabayllo é melhor do que massagear o ego. É o que se chama de 'comer merda pelos pobres'." Aquele tipo de conselho sempre funcionava como um estimulante. Quando alguma catástrofe acontecia, ele ligava para Paul, que dizia como consolo: "Ah, eu me lembro que algo parecido aconteceu umas três vezes em Cange."

Farmer também foi a Lima para realizar um censo de saúde nas favelas, como aquele que Ophelia o ajudara a fazer em Cange 10 anos antes. Ele encontrou muitos problemas semelhantes lá, mas não com o mesmo nível de gravidade. Depois de todos aqueles anos no Haiti, era natural que quisesse saber se havia casos de tuberculose em Carabayllo. Soube que houvera, mas anos atrás. Durante muito tempo, o controle da tuberculose no Peru fora irregular, mas o governo havia criado um programa de âmbito nacional, com a ajuda da Organização Mundial da Saúde (OMS), agência especializada em saúde subordinada à ONU. Os pareceres da OMS exercem uma influência enorme sobre os países pobres, e a agência informou que o novo programa de controle da tuberculose do Peru era o melhor dentre os adotados pelos chamados países "emergentes". Quando Farmer leu os dados oficiais, viu que o elogio tinha razão de ser. Ele se lembrava de ter dito a Jim, com certo remorso: "Se há uma coisa que não precisamos fazer aqui é controle da tuberculose."

Depois, padre Jack adoeceu. Em maio de 1995, ele foi a Boston. Jim o levou ao Brigham, onde os médicos diagnosticaram tuberculose. Submeteram Jack a um tratamento-padrão, usando quatro drogas de primeira escolha no combate à doença, a princípio infalíveis na maioria das localidades onde foram utilizadas. Jack, entretanto, morreu cerca de um mês depois do início do tratamento. Uma amostra dos bacilos dele usada num exame de cultura no Massachusetts State Lab, onde testava-se a suscetibilidade à droga, sobreviveu. O resultado chegou um ou dois dias após a morte de Jack e provou que os bacilos encontrados eram resistentes não só aos quatro tipos de medicamento ministrados nele como também à outra droga "de primeira escolha".

...

No avião de volta a Lima, onde Jack seria enterrado, Farmer perguntou inúmeras vezes a Ophelia o que ele poderia ter feito para salvar o padre. Depois da cerimônia, já no quarto do hotel, parecia que Paul não iria parar de chorar. Quando desceram para jantar, o garçom perguntou se gostariam de ficar na área para não fumantes. Jim então sugeriu: "Que tal uma área para não chorosos?" Mesmo sem parar de chorar, Paul não segurou o riso.

A emoção e o remorso serviram de estímulo; mas foram os dados clínicos da morte de Jack que realmente fizeram Farmer mudar de opinião a respeito do projeto de Jim. Antes, ele achava que, se Jim quisesse de fato levar adiante seu projeto pessoal, Carabayllo seria um lugar apropriado, pois era uma região carente. Mas tudo indicava que agora eles se deparavam com algo muito mais complicado, mais significativo; talvez até assustador. Padre Jack nunca tinha sido submetido a qualquer tratamento contra a tuberculose e só havia um jeito de ele ter contraído uma espécie de bactéria resistente a cinco tipos de droga: ele só poderia ter pegado de alguém, muito provavelmente em Carabayllo.

Antes de padre Jack morrer, Farmer perguntou ao diretor de projetos da Socios en Salud, enquanto ele ajudava Jim no censo de saúde, se havia registro de casos de tuberculose resistente a drogas nas favelas do norte de Lima. O diretor – Jaime Bayona – verificou os dados oficiais e não achou nenhum indicativo. Ele, no entanto, resolveu investigar mais profundamente. Foi a vários hospitais públicos e perguntou a médicos e enfermeiros se havia casos de bactérias muito resistentes. Eles sempre diziam que não. Entretanto, Jaime notava que, antes de responder, hesitavam. Por isso, resolveu fazer a pergunta de outra forma:

– Vocês têm algum paciente tuberculoso que tenha sido submetido a tratamento e não tenha se curado?

– Ah, temos, sim – respondeu uma enfermeira, que o apresentou a uma moradora carente de Carabayllo chamada *señora* Brigida. Jaime foi vê-la. A mulher contou o que lhe acontecera. Ela passara por um tratamento num hospital do Estado, mas tivera uma recaída. O segundo tratamento foi interrompido por uma greve dos profissionais da área de saúde – o governo Alberto Fujimori havia cortado verbas para a saúde, e os médicos e enfermeiros entraram em greve, em protesto. Depois disso, fizeram uma cultura da bactéria que ela havia contraído e descobriram que era resistente a quatro drogas potentes. Mais uma vez, ela foi submetida a um tratamento com os mesmos medicamentos – o que era bastante estranho –, e agora estava doente de novo e tossindo sangue. Ao longo desse processo, os médicos acusaram-na de "não seguir o tratamento" e o filho dela morreu de tuberculose, muito provavelmente da mesma espécie de bactéria, que contraíra da mãe. Jaime contou essa história a Farmer no aeroporto de Lima, pouco antes de Paul pegar o avião para Miami. Farmer prometeu conseguir o medicamento apropriado para tratar da *señora* Brigida. Do avião, olhando para Lima lá embaixo, começou a refletir sobre a situação. Se houve casos de tuberculose resistente em favelas superpopulosas, ponderou ele, isso vai se alastrar pelo resto da cidade, que cresce desordenadamente. "As autoridades peruanas precisam atentar para isso", pensou.

Para Jaime Bayona, porém, parecia que estava acontecendo justamente o oposto daquilo. Jaime era peruano. Ele havia sido sacristão de um padre amigo do padre Jack e tinha bacharelado em Saúde Pública. Por isso, Jim o convidou para dirigir a Socios. Jim gostou dele de imediato – aquele homem franzino, de pouca conversa, com seus 30 anos, sorriso discreto, sempre bem vestido e ajeitando os óculos sobre o nariz.

Depois da morte de Jack, Jaime investiu ainda mais nas suas visitas a hospitais públicos. Fazia as perguntas habituais e, às vezes, uma enfermeira lhe trazia uma pilha de prontuários médicos, dizendo; "Temos algo aqui que deve lhe interessar, mas não posso mostrar a você." Jaime respondia: "Tudo bem." Então ajeitava os óculos, como de hábito, e sentava-se em frente às pastas abertas. Num curto espaço de tempo, aprendeu a ler os prontuários de cabeça para baixo. Havia relatos e mais relatos de pacientes que não conseguiram se curar por meio da quimioterapia-padrão ou da repetição do tratamento com drogas potentes. Ele saía depressa dos postos de saúde, pegava o carro e disparava para a sede da Socios em Carabayllo – um prédio de alvenaria anexo à igreja do padre Jack –, que se chamava, agora, Centro Padre Jack Roussin. Entrava feito uma flecha, sentava-se em frente ao computador e relatava o que havia lido, em e-mails dirigidos exclusivamente a Farmer e a Jim.

# CAPÍTULO 15

A primeira vez que vi Carabayllo foi à noite. Eu estava com Farmer. A estrada que pegamos ao sair do aeroporto tinha quatro pistas, mão dupla e era bem asfaltada, mesmo depois que o motorista se afastou do velho centro colonial espanhol e dos arranha-céus do centro da cidade e seguiu rumo à periferia do norte de Lima. No canteiro central havia uma fileira de palmeiras. Olhei pela janela do carro e vi a cadeia de montanhas encoberta pela escuridão e pontilhada de focos de luz que pareciam lanternas japonesas bonitas à noite.

– Lima não parece pertencer ao Terceiro Mundo – comentei.

– Ah, mas pertence, sim. Você vai ver – rebateu Farmer.

Lima é uma cidade litorânea de considerável extensão territorial, vasta e seca. À luz do dia, os bairros da região norte pareciam se espalhar numa favela sem fim. As ruas eram tomadas por riquixás e micro-ônibus usados como transporte coletivo; ao longo do acostamento, carros velhos e em péssimas condições de uso. Isso sem falar na montoeira de lixo, ao qual se ateava fogo – um aspecto de subdesenvolvimento, assim como aqueles centros comerciais americanos na beira da estrada, que desmoronaram antes de a construção terminar. Sobre muros de alvenaria, cartazes anunciando bares, boates, cabeleireiros e, por todos os lados, nomes de médicos e seus respetivos preços de consulta, pintados à mão.

No ar melancólico do dia em Lima – os raios solares transpassando a fina névoa vinda do Pacífico e depois a permanente camada de poeira e hidrocarburetos sobre o solo –, fiquei do lado de fora da sede da Socios, olhei em direção aos morros de Carabayllo e percebi que as luzes que eu havia visto na noite anterior se enfileiravam como postes de autoestrada, iluminando casebres empilhados de um e dois cômodos. Os barracos se empoleiravam nas encostas íngremes e marrom-acinzentadas – imensos montes de areia e pedras onde nada crescia a não ser os barracos, alguns pequenos jardins ao lado deles e aqueles postes de luz de dimensões descomunais.

Boa parte da população de Carabayllo era proveniente de povoados andinos. Tinham o cabelo negro como piche e as maçãs do rosto proeminentes. Quando os viu pela primeira vez fazendo esforço para subir e descer o morro – o qual eles mesmos comparavam à superfície da Lua –, mesmo Farmer, com toda a sua experiência em pobreza latino-americana, ficara profundamente intrigado. Ele pensou nos lugares que os colonos haviam deixado para trás, lembrando-se das paisagens de montanhas cobertas de vegetação selvagem, encontradas nos belos livros sobre os incas. Olhando para os postes de luz, entretanto, ele deduziu as razões. As pessoas com quem conversou haviam lhe contado a mesma história, parecida com a dos camponeses que migraram para as favelas de Porto Príncipe. Eles tinham se mudado para Carabayllo na esperança de lá encontrar coisas que não tinham em sua cidade natal: eletricidade, água potável, escola, assistência médica e emprego, além de distância do conflito entre o Sendero Luminoso e o Exército peruano.

Num lado de Carabayllo, na planície perto da estrada, havia lojas, carrocinhas, quiosques cobertos com guarda-chuvas e, nas ruas próximas e na parte baixa dos morros, um aglomerado de casinhas de tijolo e concreto. Os postes de iluminação e as ruas pavimentadas subiam pelos morros. O asfalto desaparecia, dando lugar ao barro, as ruas se transformavam em becos e as casas ganhavam, cada vez mais, aspecto provisório. Por ali se espalhavam vendinhas de piso precário, tendas de comida – onde os moradores compravam suas refeições, já que não tinham dinheiro para comprar fogão ou gás –, barbearias e até mesmo cemitérios. No ar, um cheiro de urina que se intensificava com o passar do tempo. Não havia rede de esgoto, e os únicos banheiros escondiam-se por entre os pedregulhos acima das últimas casinhas. Olhei em direção ao norte. Vi um rio, um traçado verde, mas, nos arredores e na parte mais alta, só sujeira e pedras. Ali perto, crianças jogavam bola. A bola escapuliu. Fiquei olhando-a descer o morro quicando até perdê-la de vista, pensando em gravidade, rede de esgoto e doença.

...

Tanto no morro quanto na parte baixa, Jaime Bayona encontrou, com bastante rapidez, 10 moradores que provavelmente tinham resistência à medicação. Para confirmar o diagnóstico, seria preciso colher amostras de cada um dos pacientes, visando a formar novas culturas e testar a suscetibilidade à droga. O procedimento existia havia mais de 100 anos, mas continuava inacessível a muitos locais com grande incidência de tuberculose. O laboratório nacional do Peru poderia se ocupar da tarefa, mas a Socios não tinha acesso ao órgão. Farmer resolveu o problema da mesma forma que havia solucionado impasse semelhante tempos atrás no Haiti, onde também não conseguira que se realizassem as culturas. Pegou as amostras que havia colhido dos 10 pacientes, acondicionou os frascos dentro da mala e levou para o Laboratório Estadual de Massachusetts, fora de Boston. Nos frascos, colocou etiquetas onde se lia "Paul Farmer – comissário de tuberculose" – de fato, ele fazia parte de uma comissão dedicada à tuberculose. Ele curtia essas viagens internacionais de diagnóstico, as quais considerava como pequenas ações de redistribuição. Entretanto o resultado das culturas foi alarmante. Em casos de resistência a medicamentos, cada droga que se mostra ineficaz torna a cura mais difícil e dispendiosa, e a maior parte dos 10 pacientes de Carabayllo apresentava resistência não só aos dois medicamentos mais potentes, mas também aos cinco antibióticos utilizados no início do tratamento, como ocorrera com o padre Jack. Pela experiência de Farmer, casos de muita resistência a antibióticos eram raros, mas ali eles pareciam regra, e ele queria saber por quê.

Farmer pegou um voo do Haiti para Lima. Jaime Bayona o buscou no aeroporto e o levou direto a um posto de saúde administrado pelo governo, na base das colinas de Carabayllo, próximo à antiga paróquia do padre Jack, Cristo Luz del Mundo. Numa placa do lado de fora do posto lia-se "Progresso". Era um edifício de concreto pequeno e empoeirado, com um modesto armário de remédios num canto (muitos banheiros de casas americanas tinham estoques melhores do que aquele). Lá dentro, os 10 pacientes aguardavam o médico norte-americano.

Farmer sentou-se num banco de madeira, com o estetoscópio pendurado no pescoço, e Jaime sentou-se ao seu lado para servir de intérprete – Farmer ainda não falava espanhol. Um a um, os 10 pacientes entraram e acomodaram-se num banco de madeira em frente a Farmer. Alguns estavam tão fracos que precisaram ser carregados. Farmer examinou as radiografias – o contorno das cavidades cheias de bacilos que a tuberculose havia causado em muitos; as infiltrações extensas que pareciam listras brancas, semelhantes a nuvens, em contraste com o fundo preto; os espaços vazios na parte superior dos pulmões, comida pelos bacilos. Auscultou o peito dos pacientes, colocando o estetoscópio na altura do pulmão, ouvindo o ruído conhecido como "estertor" – o som característico dos alvéolos tentando expelir secreção – e outro ruído prolongado conhecido como ronco – enfim, a respiração dificultosa do paciente com vias respiratórias estreitadas.

Farmer era especialista em tuberculose. Quando ainda era residente no Brigham, escreveu um manual de tratamento para a equipe da casa. Desde que pôs os pés no Haiti – onde quase toda a população encontrava-se infectada e os casos de tuberculose ativa surgiam num ritmo desenfreado –, Farmer vinha diagnosticando e tratando a doença. Agora, ao estudar os prontuários daqueles 10 pacientes, descobriu que os casos diferiam daqueles estudados no Haiti. Em Cange, os pacientes com resistência à droga costumavam contar histórias de tratamentos interrompidos, fosse por uma greve, por uma enchente ou pelo repentino fechamento de uma clínica. Enfim, casos de alta resistência que tinha origem na carência de medicamentos. Os 10 pacientes de Carabayllo tinham históricos diferentes. O tratamento a que se submeteram era promovido pelo programa nacional contra a tuberculose, e seguia rigorosamente as diretrizes publicadas pela OMS. Eles haviam recebido o que a Organização Mundial da Saúde chama de DOTS (Directly Observed Treatment Shortcourse), que consiste em um tratamento diário diretamente supervisionado, uma estratégia eficiente e de baixo custo, realizado pela Zanmi Lasante havia anos. Farmer considerava o DOTS o controle da tuberculose mais eficaz desde o advento do antibiótico. Ele também aplaudiu a iniciativa da OMS de divulgá-lo no mundo todo. Em Carabayllo, porém, com aqueles 10 pacientes, algo dera errado.

O DOTS, a princípio, não os curara. Nesses casos, segundo as diretrizes da OMS, o tratamento deveria ser repetido, usando-se, além dos antibióticos aplicados na primeira vez, mais um tipo. Essa prescrição surgiu a partir de testes clínicos realizados com sucesso na África. Na experiência no continente africano, os casos de insucesso se deram, supostamente, pelo fato de os pacientes não terem seguido a prescrição médica – ou seja, por não terem tomado todos os comprimidos, e não por serem portadores de bactérias altamente resistentes. Assim, quando um paciente não respondia ao tratamento-padrão, aconselhava-se repeti-lo, apertando apenas um pouco mais o controle do tratamento em si e certificando-se de que todas as doses estavam sendo tomadas.

Entretanto, os estudos sobre tuberculose na África datavam de mais de 20 anos e o Peru era diferente. Para começar, o Peru não usou as mesmas drogas durante o período em que a tuberculose esteve fora de controle. Além disso, o hospital, apesar de pequeno e empoeirado, havia cumprido o seu papel. Farmer tinha certeza disso. De acordo com os prontuários dos pacientes, os medicamentos haviam sido tomados sob direta observação de enfermeiros e auxiliares de enfermagem. Com a ajuda de Jaime, Farmer perguntou a eles se haviam tomado todas as doses. Diante das respostas positivas, ele os olhou bem nos olhos. Médico já calejado, Farmer conseguia pegar qualquer mentira no ar. Aqueles pacientes diziam a verdade. Três dentre eles eram, inclusive, agentes de saúde. Eles sabiam que medicamentos tomar e também alegavam ter seguido todas as orientações médicas.

Farmer folheou os prontuários enquanto Jaime, apoiado em seu ombro, os traduzia. Aqueles 10 pacientes estavam doentes havia muito tempo. Eles foram tratados com DOTS, repetiram o tratamento, muitos deles ainda se submeteram outras vezes a ele, e agora todos apresentavam resistência a quatro ou cinco medicamentos. Farmer, então, começou a rever as possíveis razões. Ele já havia descartado o não cumprimento das orientações médicas e a baixa qualidade dos medicamentos, cuja eficácia havia sido certificada internacionalmente. Além disso, aqueles pacientes não tinham adquirido a mesma resistência, uma vez que cada um deles apresentava padrões de resistência ligeiramente diferentes.

Havia ainda outra possibilidade. De repente, o que antes não passava de suspeita agora se tornava algo provável; inequívoco, na verdade.

A dinâmica da tuberculose praticamente impossibilita que um indivíduo desenvolva resistência a mais de uma droga por vez, mas a repetição de um tratamento inadequado pode selecionar mutantes de resistência crescente e criar tipos de bactérias resistentes a um sem-número de drogas.

Isso era o que provavelmente acontecera àquelas 10 pessoas, concluíra Farmer. Elas chegaram às clínicas com resistência a um ou, mais provavelmente, dois tipos de drogas. Com o tratamento e a repetição do mesmo, seguindo as fórmulas padronizadas do DOTS, tornaram-se resistentes a quatro ou cinco tipos de drogas. Os fundamentos biológicos eram elementares. Não que Farmer imaginasse ter descoberto uma nova ciência, mas, por um momento, com as peças se encaixando na cabeça, sentiu um prazer bastante familiar. O raciocínio em torno da essência das coisas sempre o empolgara. Ele amava o desafio do diagnóstico e tudo o que isso envolvia – os microrganismos na lâmina do microscópio, a bela morfologia dos seres sob as lentes. Entretanto, naquela ocasião, aquilo que ele chamava de "momento eureca" teve um gosto amargo. Ele me disse, depois:

– Meu Deus, odeio me sentir vitorioso quando se trata de algo terrível assim.

Havia um procedimento específico para lidar com resistência. Quando um paciente submetido ao tratamento-padrão não apresentava melhora, o médico deveria suspeitar que a bactéria em questão fosse invulnerável a algumas drogas utilizadas durante o tratamento, detectar que substâncias eram aquelas e encontrar outras substitutas, o mais rápido possível. Ministrar drogas erradas é tão inútil quanto perigoso, pois pode causar o que os infectologistas chamam de "ativação de futura resistência". O termo descreve exatamente o quadro que Farmer leu nos prontuários. Ele resolveu, então, utilizar o termo "amplificação", que soava ainda pior.

Aqueles 10 peruanos já chegaram ao médico doentes e, dois anos depois, ficaram ainda mais debilitados. As bactérias com que estavam infectados tornavam-se resistentes a cada vez mais medicamentos, enquanto continuavam a lhes consumir os pulmões, não porque tivessem descumprido ordens médicas, mas, ao contrário, justamente porque as estavam seguindo. Tais prescrições não eram simples fruto da imbecilidade ou do descaso. Eram o que havia de oficial. Vieram de cima, das autoridades encarregadas do programa de combate à tuberculose, que, por sua vez, obtiveram-nas em Genebra, na própria Organização Mundial da Saúde.

O caso, segundo Farmer pôde entender, tornou-se ainda mais lamentável. Depois de intensificar a resistência desses 10 pacientes, o programa nacional de combate à tuberculose simplesmente os abandonou. Pacientes de tuberculose podiam consultar pneumologistas particulares, mas teriam que pagar não só pelas consultas como também pelos onerosos medicamentos de segunda escolha prescritos pelos mesmos. Mais tarde, Farmer, Kim e Bayona vieram a ter contato com pessoas cujas famílias venderam boa parte do pouco que tinham para comprar o máximo de remédios possível. Entretanto, em vez de curar, os medicamentos, equivocados, faziam com que os pacientes adquirissem ainda maior resistência. Outros desistiram e voltaram para suas casas humildes nas encostas empoeiradas e improdutivas, aguardando apenas a hora da morte.

De fato, era isso que a OMS lhes havia prescrito também. No manual do DOTS, lia-se a seguinte disposição: "Em caso de escassez de recursos, para uma alocação mais racional de verbas, é necessário que se priorizem as categorias de tratamento de acordo com o custo-benefício de cada uma delas." Farmer e Kim começaram a anotar uma série de disposições da OMS. Algumas eram mais explícitas: "Nos chamados países emergentes, pacientes com resistência a uma multiplicidade de medicamentos correm maior risco de morte, pois o tratamento efetivo costuma ser inviável."

Na opinião de Farmer, Jim e Jaime, aquilo tudo envolvia um princípio ainda mais abrangente. No final da década de 1980, na cidade de Nova York, houve um surto de tuberculose combinado com resistência a medicamentos; a epidemia teve como foco penitenciárias, abrigos e hospitais públicos. Ao se calcular o custo total da operação, verificou-se que vários órgãos americanos haviam gastado cerca de 1 bilhão de dólares combatendo a epidemia. Enquanto isso, ali no Peru, onde o governo pagava anualmente mais de 1 bilhão de dólares em dívidas a bancos e instituições financeiras americanos, especialistas em controle mundial da tuberculose consideravam o tratamento da tuberculose multirresistente caro demais para ser realizado.

# CAPÍTULO 16

O Peru havia adotado o rígido programa de combate à tuberculose da OMS apenas quatro anos antes, em 1991. Isso depois de décadas de tratamento financiado de forma inadequada e sem a devida supervisão, o que levou à proliferação de bactérias resistentes, as quais, segundo Farmer, teriam se alastrado de forma surpreendente. Jaime Bayona já havia apresentado dúzias de casos prováveis, o que fizera trabalhando sozinho, revirando todos os registros. Assim, mesmo sem saber o número exato de pessoas na favela que apresentavam tuberculose multirresistente, Kim e Farmer tinham certeza de que havia muito mais casos do que aqueles apresentados pelos 10 pacientes que Jaime havia levado para Farmer examinar. A perspectiva de se tratar mais gente era, porém, cada vez mais remota.

Algum tempo atrás, quando verificou casos de resistência a medicamentos pela primeira vez no Haiti, Farmer foi buscar orientação profissional com um homem chamado Michael Iseman. Iseman era a maior autoridade em tuberculose e havia trabalhado no maior centro de tratamento de tuberculose multirresistente do mundo, o National Jewish, em Denver. Mesmo assim, em 1993, ele e os colegas constataram cura em apenas 60% dos casos e custos que chegaram à cifra – num caso especificamente complicado – de 250 mil dólares. A doença era difícil de ser tratada em qualquer lugar, e essa dificuldade parecia ser muito maior, embora talvez menos dispendiosa, em Carabayllo do que em Denver. Os principais recursos, os então chamados medicamentos de segunda escolha, teriam que ser importados e custavam caríssimo. Alguns eram difíceis de se encontrar.

Todos eram fracos e causavam efeitos colaterais horríveis, os quais o paciente teria que suportar por quase dois anos – na melhor das hipóteses, dores no estômago e meses de injeções intramusculares; na pior delas, hipotireoidismo, delírios e, caso o médico não tomasse as devidas precauções, a morte. A maioria dos pacientes era extremamente pobre. Eles precisariam não só de remédios e assistência médica constante, mas também de incentivo, alimentação, telhado novo e encanamento em casa.

Em Boston, no avião ou via e-mail, Paul, Jim e Ophelia conversavam muito, refletindo se deveriam encarar esse problema, mas já não tinham como escapar. Jim chegara a uma importante conclusão:

– Desculpem-me por dizer isso, mas a grande questão da tuberculose é o fato de ela ser transmitida pelo ar.

Conforme seu raciocínio, a tuberculose era predominantemente uma doença de pobre. Outras pessoas contraíam a doença, também, pela simples respiração. Em tempos de aids, a classe privilegiada teria que prestar atenção à ameaça de uma doença tão difícil de ser tratada e à terrível mas real possibilidade de que linhagens de "supermicrorganismos" resistentes a todo antibiótico conhecido poderiam atravessar fronteiras – dos abrigos de mendigos à sofisticada Park Avenue em Nova York, do mundo dos pobres ao mundo dos ricos.

– Precisamos admitir que a tuberculose multirresistente constitui uma ameaça a toda a população – frisou Jim. – Podemos alarmar o mundo inteiro e, se executarmos esse projeto corretamente, talvez causemos um impacto mundial.

– Tudo bem – disse Paul. – Mas precisamos tentar tratar esses 10 pacientes primeiro.

...

No final de agosto de 1996, o tratamento dos 10 pacientes começou. Adotou-se o programa de combate à tuberculose da Zanmi Lasante em Carabayllo, adaptando-o à tuberculose multirresistente e a outras circunstâncias locais. Eles dispunham de uma equipe formada por jovens peruanos, os quais haviam sido treinados para atuar como agentes de saúde, com Jaime à frente deles. Farmer e

Kim também trouxeram um pequeno grupo de Boston: um epidemiologista brilhante chamado Meche Becerra, ainda estudante da faculdade de saúde pública de Harvard, e duas alunas da faculdade de medicina de Harvard, orientandas de Farmer e Kim, que vieram morar em Carabayllo, instalando-se num dos quartinhos do andar superior do Centro Jack Roussin.

As acadêmicas examinavam os pacientes e tratavam os efeitos colaterais, não como profissionais, mas na condição de alunas de Farmer. Toda a equipe – os alunos, Jaime, um médico peruano, vários enfermeiros e Farmer – trocava diariamente informações por e-mail. Farmer enviava orientações detalhadas e preparava a posologia para cada paciente, criando truques, como ele mesmo chamou, para os casos de maior resistência. Durante algum tempo, Jim deu consultas também, mas depois passou a orientar, gerenciar e levantar fundos. Eles tiveram muitos problemas, sobretudo no início. Quando os agentes de saúde souberam que iriam visitar pacientes com tuberculose multirresistente, por exemplo, disseram que, para isso, necessitariam de um aumento salarial. Jim e Jaime contornaram a situação de um jeito comumente adotado pela PNS – Jim conseguiu uma bolsa de estudos para o líder do "motim", que, por conta disso, acabou tendo que ir para o México. A maior dificuldade, porém – a única que parecia impossível de ser resolvida –, era de natureza política.

As autoridades peruanas não queriam escutar que o seu modelo de combate à tuberculose tinha falhas e de pouco adiantou tal notícia ter vindo de médicos de Harvard. Algumas autoridades foram extremamente hostis. Um médico peruano chamou Farmer e Kim de *médicos aventureros*. Um outro disse a Jaime: "Paul Farmer é gringo. O que é que esses gringos entendem de tuberculose? Não há tuberculose nos Estados Unidos." "Ele *parece* gringo, mas é gringo de araque", foi a resposta educada que Jaime lhe deu.

Nem Paul nem Jim tinham licença para clinicar no Peru. Logo de cara, o próprio diretor do programa de combate à tuberculose ameaçou expulsá-los – e ele o teria feito se Jim, Paul e Jaime não tivessem implorado a uma amiga do diretor, uma freira, que intercedesse a seu favor. Mesmo tendo obtido licença para continuar a clinicar, porém, eles eram obrigados a obter permissão oficial para tratar cada portador de tuberculose multirresistente que encontrassem. As autoridades exigiam que *las normas* do programa nacional fossem estritamente cumpridas. Todos os pacientes tinham que se submeter ao programa-padrão de tratamento e, em seguida, à repetição dele, antes de seus casos poderem ser associados a "tratamentos fracassados". Só então a Socios poderia assumir o paciente.

Não tardou para que as tais regras se tornassem torturantes. Uma das jovens médicas de Harvard, Sonya Shin, havia localizado um provável portador de tuberculose multirresistente em Carabayllo, um jovem chamado David Carbajal, e, apesar de todos os apelos feitos por ela e por Farmer às autoridades, eles não obtiveram permissão para tratá-lo. À jovem Sonya só restou vê-lo morrer e depois ajudar sua irmã a barbeá-lo e vesti-lo para o enterro. Na intenção de consolar Sonya, os pais de David disseram que a culpa era do sistema, que se recusou a ministrar outro tratamento, temendo estar, assim, admitindo um problema maior. Eles compreenderam a situação mais facilmente do que Farmer, que, revoltado, não a aceitava. Foi então que ele escreveu uma carta cheia de indignação endereçada aos coordenadores do programa de combate à tuberculose. Não adiantou nada. *Comportamento inadequado por parte de um médico estrangeiro*, responderam.

Jaime havia tentado convencer seus compatriotas, as autoridades peruanas à frente do combate à tuberculose, a permitir que a Socios assumisse os pacientes antes ou pelo menos assim que a primeira fase do DOTS se mostrasse ineficaz e antes que os pacientes fosse submetidos à repetição do tratamento. A Socios custearia tudo, garantira ele. Entretanto, os coordenadores não aceitaram. Alegaram que não queriam abrir precedentes. Muito embora não concordasse com eles, Jaime compreendia suas razões.

O programa de combate à tuberculose foi implantado no Peru em 1991, graças principalmente a protestos promovidos por moradores de lugares como Carabayllo e a seus padres e freiras. Alguns dos atuais coordenadores participaram das passeatas. Numa época de austeridade fiscal no Peru, eles conseguiram que o governo destinasse recursos para a realização do DOTS, os quais foram muito bem aplicados. Eles puseram fim a décadas de tratamento inadequado. Um escândalo envolvendo casos de tuberculose multirresistente seria uma ameaça a todo aquele avanço conseguido a duras penas. Caso permitissem que a Socios criasse um novo padrão de tratamento para a tuberculose multirresistente em Carabayllo, aquele mesmo padrão teria que ser adotado no resto do país. Não havia dinheiro suficiente para isso, mesmo que desviassem verbas do DOTS, o que significaria voltar ao estado de coisas que ensejou a propagação da tuberculose resistente.

Os peruanos não tinham a mesma liberdade de ação que Paul ou Jim. Eles colocariam sua causa em risco se, por exemplo, alegassem que poderiam combater os bacilos da tuberculose gastando uma pequena fração do que o presidente Fujimori gastava em aviões-caça. Além disso, não foram os peruanos que inventaram as *normas*. Em janeiro de 1997, depois da morte de David Carbajal, Jaime disse a Farmer: "Se você quer mudar esta situação, esqueça o programa nacional. Apele para autoridades de um escalão mais alto."

...

Farmer concordou com Jaime e achou que já sabia a que fórum recorrer.

No final de fevereiro, ele havia sido convidado para dar uma palestra sobre tuberculose em Chicago, num encontro anual promovido por uma antiga e respeitada organização norte-americana chamada International Union Against Tuberculosis and Lung Disease (União Internacional contra Tuberculose e Outras Doenças Pulmonares). Representantes da OMS ligados à divisão dedicada à tuberculose estariam presentes, assim como vários funcionários da área da saúde, especialistas em saúde pública, professores da faculdade de medicina e todos os membros da confederação formada por pessoas que fizeram do combate à tuberculose sua principal ocupação. Uma vez, em Genebra, ouvi vários deles se referirem à sua liga como "TB" em frases como "TB e HIV precisam trabalhar juntas".

Farmer tinha alguns amigos na "TB" – foi um velho amigo que conseguiu que ele desse aquela palestra. Entretanto, muitos membros da "TB" nunca tinham ouvido falar de Farmer. Com certeza muitos dos presentes à palestra sabiam menos sobre suas ideias do que Farmer sabia sobre as deles.

Farmer estava ciente de que boa parte da plateia não acreditava que se deveria tratar tuberculose multirresistente em comunidades carentes: em locais assim, o tratamento era caro e difícil demais e, além disso, talvez fosse até desnecessário, já que a tuberculose multirresistente não era tão contagiosa ou virulenta como a tuberculose comum e, provavelmente, viria a desaparecer por meio de um bom programa DOTS. Em outras palavras, a maioria dos presentes via a ação da Socios em Carabayllo como sonhadora, ou até mesmo descabida. Farmer também sabia que muitos membros da "TB" o consideravam um simples clínico, interessado demais nos pacientes para ter uma noção geral da situação – para perceber que o mais importante não era curar os pacientes, e sim impedir que a doença se alastrasse. Ele discordava veementemente dessa ideia: curar o doente era necessidade imperativa e, além disso, fundamental para o controle da tuberculose em comunidades, como ele provou em Cange. Contudo, Farmer não queria irritar a plateia. Por isso escreveu o que chamou de discurso "tímido". Dias antes de partir para Chicago, ele o reescreveu.

O discurso revisado começava de forma moderada, mas depois Farmer passou a falar dos "mitos e mistificações acerca da tuberculose multirresistente" e citou uma lista enorme. Ele leu em voz alta uma publicação da OMS: "A tuberculose multirresistente é cara demais para ser tratada em países pobres; requer dedicação e recursos destinados ao tratamento de doenças suscetíveis a drogas." Em seguida, questionou: "Será que tratar a tuberculose multirresistente é tão caro assim? Ainda que o controle da tuberculose tenha que ser feito de acordo com a relação custo-benefício, é fácil mostrar que o verdadeiramente oneroso é o diagnóstico e o tratamento incorreto da tuberculose multirresistente." Ele apresentou à plateia, então, o caso de uma família no Texas, composta por 10 pessoas, em que um dos membros contaminou os outros nove. "O custo do tratamento dessas 10 pessoas excedeu a quantia de 1 milhão de dólares."

Mito número dois: acreditava-se que a adoção do DOTS por si só frearia surtos de tuberculose multirresistente. Isso não fazia o menor sentido, disse Farmer. O que ocorreria, perguntou ele à plateia, se fosse tratada a tuberculose suscetível a medicamentos e deixassem a tuberculose resistente se alastrar? A transmissão da tuberculose multirresistente continuaria e, mesmo nos locais onde a tuberculose multirresistente representava uma pequena porcentagem de todos os casos de tuberculose registrados, sua importância relativa cresceria. Além do mais, o DOTS ampliaria a resistência a medicamentos já existente. Em suma, o fracasso ameaçava programas considerados, então, casos de sucesso.

O que dizer da crença de que a tuberculose multirresistente é menos contagiosa do que a comum? Pura ilusão, dissera Farmer, continuando a lista de "mitos e mistificações", ou seja, a lista de concepções compartilhadas por muitos membros da "TB". Ele também deve ter chamado metade da plateia de idiota e vilã.

– Obrigado, Paul, pelo discurso provocador – disse o moderador, um amigo de Farmer chamado Ken Castro, especialista em tuberculose do U.S. Centers for Disease Control.

Farmer já estava saindo do palco. Ele se virou e disse:

– Com licença, Ken, mas por que você acha que meu discurso foi provocador? Eu só disse que deveríamos tratar os doentes, se temos a tecnologia para isso.

Alguns dias depois, em Lima, Jaime Bayona ouviu boatos de que alguém da plateia havia ligado para o diretor do programa de combate à tuberculose e contado que "Paul Farmer disse que vocês estão matando os pacientes". Pelo menos seu protesto havia sido ouvido e, melhor ainda, ouvido por autoridades do alto escalão.

# CAPÍTULO 17

Em 1994, Ophelia escreveu numa carta a Paul: "Estou muito feliz em saber do desabrochar de seu relacionamento com Didi. Estou muito feliz, mesmo, por você."

A nova mulher na vida de Farmer, Didi Bertrand, era a filha de um professor de Cange e "a mulher mais bonita em Cange", como o pessoal da Zanmi Lasante costumava dizer. Farmer já a conhecia havia um bom tempo; os dois namoraram por dois anos e finalmente se casaram – em Cange, em 1996, em plena efervescência da fase inicial do projeto no Peru. Jim Kim e um velho amigo de Duke foram os padrinhos de Farmer; Père Lafontant e três padres católicos realizaram a cerimônia e cerca de 4 mil pessoas compareceram, incluindo toda a população de Cange. Não se sabe como, mas Farmer arranjou tempo para a cerimônia e para uma recepção em Boston.

...

Àquela altura, o Peru estava sendo severo na cobrança de impostos sobre os recursos da PNS. Em média, os medicamentos para tratar um único paciente custavam em torno de 15 a 20 mil dólares. O número de pacientes não parava de crescer. Já havia 50 moradores de Carabayllo em tratamento e a média de idade deles era de 29 anos. Havia estudantes, jovens desempregados, donas de casa, camelôs, motoristas de ônibus e agentes de saúde. Os números pareciam, na verdade, insignificantes, mas aqueles 50 casos de tuberculose multirresistente representavam cerca de 10% de todos os casos ativos de tuberculose na favela, quase 10 vezes mais do que o esperado. Não era possível calcular quantas pessoas esses pacientes infectaram enquanto circulavam por Lima, tossindo. Era igualmente difícil saber o número de pessoas já infectadas com tuberculose multirresistente em outras partes da cidade, mas Jaime estava registrando centenas de casos nas redondezas. Em Carabayllo mesmo, funcionários da Socios encontraram famílias inteiras doentes e morrendo do que se descobriu mais tarde ser bactérias geneticamente relacionadas à doença – um fenômeno bastante comum, ao qual os agentes de saúde chamavam *familias tebeceanas*, famílias tuberculosas.

Ophelia estava preocupada. O que a princípio parecia um projeto administrável começava a tomar outra dimensão. Quando Paul e Jim descreveram o projeto como ACM (área de clareza moral), ela disse:

– Tudo bem, rapazes. Eu topo. Mas cadê a grana?

No Brigham, um amigo deles chamado Howard Hiatt se fazia a mesma pergunta. Hiatt tinha cerca de 70 anos e era respeitado no meio médico – foi diretor da faculdade de saúde pública de Harvard, diretor do Hospital Beth Israel e agora era professor da faculdade de medicina de Harvard. Dentre suas atribuições, ele orientava médicos novatos que abraçavam carreiras anticonvencionais. Hiatt tinha uma certa predileção por Paul e Jim, que o estavam deixando nervoso. Perguntava-se onde conseguiriam os medicamentos de segunda escolha. Com que dinheiro iriam pagá-los? Um dia, o diretor do Brigham o parou no corredor e disse: Estou com um problema com seus amigos Farmer e Kim. Eles devem 92 mil dólares ao hospital.

Hiatt foi investigar o que havia acontecido.

– Eu sabia. Paul e Jim passaram na farmácia do Brigham antes de ir para o Peru e encheram as malas de medicamentos. Convenceram algumas pessoas a fazer vista grossa e deixar que levassem os remédios. – De certa forma, Hiatt estava satisfeito. – É o "jeito Robin Hood" deles.

Na verdade, fora só um empréstimo. Logo depois, Tom White mandou um cheque para pagar a conta, junto com um bilhete dizendo que o hospital deveria ser mais generoso com os pobres.

"É melhor pedir desculpas do que permissão." Esse era o ditado preferido do padre Jack e o princípio que guiava os passos de Farmer. Quando ele e Jim resolveram enfrentar a epidemia de Carabayllo, Farmer foi até Tom White e disse:

– Compre medicamentos para 10 pacientes. Juro que não haverá mais.

Mesmo naquele momento, Farmer sabia que aquilo era "uma lorota". Depois disso, recorreu a White várias vezes para pedir mais dinheiro. White compartilhava o nervosismo geral. Queria partir desta vida sem um centavo, como costumava dizer. À medida que o número de pacientes crescia, ele se perguntava se Paul e Jim não haviam alterado os cálculos. "Por um instante, achei que eles gastariam todo o meu dinheiro antes que eu morresse." Mas, jamais deixou de atendê-los.

Para muitos coordenadores de projetos de saúde pública experientes, o que Farmer e Kim estavam fazendo parecia loucura – uma manobra arriscada, como mais tarde insinuaram alguns. Eles não tinham fornecimento garantido de remédios, apenas a determinação de consegui-los e a simpatia para tomá-los emprestados. Também conseguiram a concessão de serviços laboratoriais de Massachusetts. Não contavam com nenhum apoio institucional. O peso da opinião de especialistas ia contra eles. A organização a que pertenciam era pequena, tinha outros projetos no Haiti, em Boston e em outros lugares, e o Peru exigia muito de cada um da equipe.

Jim precisava viajar para Carabayllo pelo menos uma vez por mês. Farmer tinha que ir com uma frequência ligeiramente maior. Ele não deixou nenhuma tarefa de lado por causa do Peru: nem seus compromissos no Haiti, nem seus plantões no Brigham, nem suas aulas em Harvard, nem suas palestras agora cada vez mais constantes. Apenas acrescentou o Peru ao seu itinerário.

Era comum Farmer fazer viagens de dois dias. Saía de Cange antes do amanhecer e seguia de carro para Porto Príncipe. Às vezes, ficava preso no tráfego. Então passava a direção do caminhão para um assistente haitiano, descia e fazia correndo o resto do percurso até o aeroporto. Pegava o primeiro voo para Miami, depois seguia para Lima, chegando a Carabayllo naquele mesmo dia, já tarde da noite. Na manhã seguinte, bem cedo, ele subia e descia as ladeiras empoeiradas, na companhia dos alunos de Harvard ou de algum dos enfermeiros da Socios, visitando os pacientes nos barracos. Mais tarde, quando as autoridades locais se aproximaram um pouco mais da Socios, os pacientes passaram a ser levados ao Centro Jack Roussin. Farmer examinava-os numa pequena sala, com chão de cimento e apenas uma mesa.

Dessa forma, ele conseguia atender mais pacientes. Trabalhava até o último instante antes de voltar ao aeroporto. Pegava, então, o voo noturno para Miami e, de lá, o primeiro avião para Porto Príncipe. À tarde, enfim, chegava a Cange. Ele passava 22 das 48 horas só viajando. O número de horas era ainda maior quando o voo atrasava ou era cancelado, ou o caminhão da Zanmi Lasante enguiçava, ou um acidente engarrafava a pista da Rodovia Nacional 3 no sentido Morne Kabrit, ou a chuva fazia transbordar os riachos que passavam sob a estrada, interditando-a.

Farmer não se sentia bem quando deu a palestra em Chicago, em fevereiro de 1997. Sentia-se ainda pior quando chegou a Boston para clinicar no Brigham durante um mês. "Deve ser estafa", pensou. "Todo mundo me avisou que algo assim aconteceria." Ele se orgulhava de fazer diagnósticos com rapidez, mas, no seu caso, não teve a menor pressa. Continuou a trabalhar, o que acentuou os sintomas: náusea, vômito, fadiga, suor noturno. "Ai, meu Deus. Estou com tuberculose multirresistente", pensou ele.

Sua mulher, Didi, havia começado a estudar em Paris. Por isso, quando ia para Boston, Farmer ainda ficava no porão do prédio da PNS, que era chamado de "a caverna". Ele acordou no meio da noite, ensopado de suor, pensando: "Se eu estiver mesmo com tuberculose multirresistente, terei exposto todos os meus pacientes a ela."

Farmer foi até um amigo radiologista, implorou que mantivesse segredo e pediu que radiografasse seu peito. Observou a chapa. Estava normal.

Ele telefonava para Didi pelo menos uma vez por dia.

– Você tem que ir ao médico – disse-lhe ela ao telefone.

– Eu *sou* médico. Deixe eu terminar este mês no Brigham e seguir para o Haiti. Depois eu descanso – respondeu ele.

No último dia de trabalho no Brigham, Farmer finalmente concluiu seu diagnóstico. Na noite anterior, ele havia recusado uma pizza e, naquele mesmo dia de manhã, sentira-se enjoado com o simples cheiro de café. "Típico de hepatite", pensou. Repulsa àquilo que você adora comer. No banheiro, percebeu que a urina estava escura. "Ah, não. Estou com hepatite mesmo, mas de que tipo? B? Não. Fui vacinado. C também não. Não uso drogas. A? Como?" Ele descobrira *ceviche* em Lima. Talvez tivesse comido algum peixe contaminado.

Quando chegou ao Brigham, foi direto ao laboratório e pediu para fazer exames imediatamente. Ficou lá aguardando o primeiro resultado, a taxa de glóbulos vermelhos. "Está uma porcaria!", pensou. Sentia que estava desidratado. Enquanto os exames ainda estavam sendo analisados, ligou para Jim Kim. Jim também já estava de volta a Boston e era responsável por um andar inteiro no Brigham.

– Jim, vou para o seu setor. Estou precisando me hidratar.

Um pouco mais animado, instalou-se numa das suítes do andar de Jim. Depois que a quarta enfermeira o hidratou, ele saiu da cama e foi se encontrar com uma jovem infectologista que estava orientando.

– Marla, acho que piorei. Vamos fazer a ronda cedo.

Marla não tinha muita paciência com ele. Ela interrompia suas conversas com os internos dizendo: "Farmer, cale a boca. Vamos trabalhar." Dessa vez ela disse:

– Seu psicopata! Deixe alguém fazer isso em seu lugar.

– Marla, hoje mesmo eu termino.

Ela franziu a testa e foi embora. Farmer entrou no quarto de um paciente. Ele estava no meio do diagnóstico de um caso óbvio de câncer de próstata quando Marla voltou. O rosto dela estava sem cor.

– Paul, suas funções hepáticas estão tão altas que o equipamento não conseguiu processar. Tiveram que diluir.

– Tudo bem. Desisto.

Ele então voltou ao quarto, enfiou-se dentro de um avental hospitalar, daqueles que os pacientes vestem, e rendeu-se à doença.

A hepatite A raramente é fatal, mas o caso dele era grave – Jim e outros médicos temiam que Farmer viesse a precisar de um transplante de fígado. Ele estava tão debilitado que sua voz era praticamente inaudível. Mesmo assim, alguns dias depois de internado, ele ligou para um jovem membro da PNS. Uma voz fraca, esforçando-se para se fazer ouvir, dava instruções a respeito da aquisição de medicamentos por parte do Peru. Duas semanas depois, ele teve alta. Ophelia mandou Farmer e Didi para um hotel no sul da França, as primeiras férias de Paul ao longo de anos. Nove meses depois, nasceu sua filha, Catherine. Tudo estava dando certo.

Ouvindo-o contar sua história, entretanto, pensei sobre sua imprudência. No Brigham, ele começou a advertir sobre a importância da vacinação contra a hepatite A, especialmente para a população de meia-idade. Ele me disse que estava constrangido por não ter se vacinado e não por ter ignorado os sintomas durante um mês inteiro. Não contara a Ophelia nem à sua mãe que estava doente. Não sei se temia que elas o fizessem parar de trabalhar por causa disso. Todo mundo sabe que os médicos são famosos por ter uma visão particular de seus próprios organismos. Costumam desenvolver hipocondria na faculdade de medicina e, se a superam, acham que são invulneráveis. Muita gente se recusa a deixar o trabalho de lado para cuidar de problemas pessoais. Farmer, porém, não parecia disposto a deixar o trabalho de lado por nada. Algo mais forte do que a sua vontade teve que intervir, como o carro que o atingira em 1988.

Ao falar sobre sua hepatite, Farmer me disse:

– Se eu adoecer, vai ser *praticamente* fatal.

Farmer estava fazendo um contraste entre ele e o mundo dos pobres. Era um pensamento generoso, mas sua mania de negligenciar sua própria saúde não era propriamente uma forma de expressar uma "solidariedade pragmática". Considerando-se a responsabilidade que assumira por vidas alheias, parecia-me que ele havia feito o oposto.

Por outro lado, em algum momento – não sei exatamente quando – percebi minha tendência a colocar Farmer num patamar acima de qualquer pessoa – inclusive eu. Além disso, vê-lo em ação significava inevitavelmente perdoá-lo.

...

Os pacientes do programa contra a tuberculose multirresistente estavam obtendo melhora e os especialistas peruanos notavam o progresso. Por conseguinte, Farmer e Kim progrediam com eles.

Um dia, quando já era indiscutível que o projeto estava dando certo, acompanhei Farmer a um encontro no Hospital Infantil, no centro de Lima. No momento em que ele surgiu na frente do hospital, despontando da poluição e do barulho daquele trânsito terrível, uma pequena comitiva de médicos peruanos correu para buscá-lo, puxando-o apressadamente por entre vendedores de papel higiênico, balões de gás e jornais e passando pela segurança armada no portão de entrada. Pela confusão, concluí que Farmer não era mais um *médico aventurero*. Ele parecia preocupado, porém. Mas talvez isso fosse apenas impressão minha. Ele, Jim e Jaime tinham tentado a todo custo estabelecer uma relação de igualdade com as autoridades peruanas de medicina, e agora, em virtude do tráfego, ele deixara um grupo de médicos orgulhosos esperando por ele durante mais de uma hora.

Enquanto passávamos pelo labirinto de corredores de paredes de concreto – a ala de tuberculose do hospital –, Farmer puxou um estetoscópio do bolso do paletó preto e colocou-o ao redor do pescoço. Caminhava rápido. De repente, parou.

Uma família de três pessoas – pai, mãe e um menininho – encontrava-se logo adiante. A mãe era magra e vestia uma saia e uma camiseta com o Mickey Mouse estampado na frente. Quando o marido veio em nossa direção, ela recuou, escondendo-se num canto. Farmer e o homem abriram os braços e deram um abraço apertado. ("O aperto de mão não faz parte da minha cultura", Farmer sempre me dizia, tentando me converter também, como eu podia notar). Ele se apressou em perguntar pela criança.

O garoto estava gordinho, visivelmente saudável. Quando Farmer se abaixou e esticou os braços, ele veio todo desengonçado, com as perninhas grossas, rindo enquanto se jogava para Farmer. Depois, com os mesmos passos incertos, voltou feliz para junto do pai.

– Chistian, quem te viu e quem te vê! – disse Farmer, o rosto se iluminando. Ele abriu um sorriso enorme, o mesmo com que costumava cumprimentar os amigos. Virando-se para mim, disse em voz baixa, em inglês: – Esse foi um caso dificílimo!

Quase dois anos antes, um médico daquele hospital ligara para Jaime Bayona, que se encontrava na sede da Socios, e dissera: "Precisamos muito da sua ajuda para tratar um menino aqui." Na ocasião do telefonema, Christian estava doente havia meses. Jen Furin, o acadêmico de Harvard que trabalhava com Sonya em Carabayllo, foi ao hospital. O garotinho que ele encontrara internado tinha 3 anos e pesava algo em torno de 10 quilos. Respirava com muita dificuldade e tinha feridas em torno do nariz, provocadas pela máscara de oxigênio. Os dois pulmões estavam tomados pela tuberculose, que também já havia afetado a coluna vertebral e os dois fêmures. Ele já tinha sido submetido ao tratamento-padrão de quimioterapia de curto prazo durante seis meses. Depois, o laboratório fez um exame de cultura e constatou que a bactéria que o havia infectado era resistente a várias drogas. Quando Jen chegou, Christian estava tomando os mesmos medicamentos. Os médicos, seguindo *las normas,* aplicavam o programa da OMS de repetição do tratamento.

Jen havia cuidado de quase toda a parte clínica. Farmer prescreveu o tratamento de Christian. Ele havia conversado com especialistas em tuberculose – tanto peruanos quanto americanos – a respeito do caso, mas nenhum deles tinha experiência em tratar crianças com medicamentos de segunda escolha.

– A orientação que recebemos foi a seguinte: não devíamos ministrar grandes doses de fluoroquinolona ou etambutol em crianças. Com base em quê? A fluoroquinolona afeta a cartilagem de filhotes de beagle. A alta dosagem de etambutol está associada à neurite ótica e à perda da distinção de cores numa pequena quantidade de adultos, mas as crianças não sabem relatar perda de distinção de cores, por isso o medicamento não deve ser usado. Grande parte da discussão girava em torno disso, enquanto uma criança definhava, ossos e carne consumidos pela tuberculose multirresistente perante nossos olhos.

Farmer propôs um tratamento "empírico" – baseado na sua melhor intuição – que consistia numa alta dosagem de etambutol e mais quatro medicamentos suplementares, inclusive a fluoroquinolona. Para conseguir a permissão das autoridades peruanas, ele disse que havia discutido o caso com os especialistas mais renomados do mundo e estudado também a literatura pediátrica. Era verdade. Ele só não disse que a literatura pediátrica era omissa quanto à tuberculose multirresistente. "Era apenas uma questão de aplicar o conhecimento disponível sobre doenças infecciosas", informou-me. Para determinar a dosagem, ele se baseou nas bulas dos laboratórios farmacêuticos, que não informavam nada especificamente sobre o uso em crianças, mas indicavam a quantidade da droga em relação à massa corporal. Farmer costumava fazer isso para tratar outras doenças pediátricas no Haiti. Prescreveu, então, um tratamento agressivo com medicamentos de segunda escolha para Christian.

Agressivo demais, segundo alguns médicos americanos que ele consultou. "Médicos que, eu acrescentaria, jamais trataram um bebê com tuberculose multirresistente." Os peruanos também nunca haviam tido semelhante experiência. Eles acataram a prescrição de Farmer. Era visível que a criança estava morrendo e de forma dolorosa. Por que não tentar?

Farmer soube, por e-mail, que Christian estava reagindo bem ao tratamento, mas não sabia até que ponto – até aquele momento no corredor do Hospital Infantil. O menino conseguia até correr! Farmer sorriu e um rubor se espalhou de sua testa até o pescoço e, imaginei, desceu do colarinho até os pés, enquanto a criança ia para lá e para cá, sorrindo, ali na sua frente. O pai vibrava com o menino e a mãe espiava lá do canto do corredor, sorrindo também.

Depois, acabou. Christian não era o caso principal para o qual Farmer fora convocado. Ele estava visitando o hospital, por orientação de Jaime Bayona, para atender a um pedido de um especialista em tuberculose peruano, cuja própria filha estava doente. Os acompanhantes de Farmer o levaram para uma sala – teto caiado de branco, parede de concreto, uma equipe médica e uma garotinha de vestido. Uma fileira de chapas de raio X e de tomografia computadorizada dispostas num visor pregado numa das paredes mostrava o interior do peito da garotinha. Farmer se desculpou pelo atraso, inclinando-se levemente, e depois voltou-se para os exames. A menina tinha tuberculose pulmonar.

– Infiltrações. Isso não está bom – disse ele aos médicos, em espanhol.

Em seguida, examinou o relatório do Laboratório Estadual de Massachusetts. Não havia a menor dúvida. Por cima de seu ombro, olhei a folha de papel – uma lista com os cinco medicamentos de primeira escolha e ao lado de cada um deles a letra "R" de "resistente". A menina, filha do médico, havia sido submetida ao DOTS e, depois de vários meses, à repetição do tratamento. Ou seja, estava sendo tratada com as mesmas cinco drogas.

– Que coisa horrível – murmurou Farmer pelo canto da boca, em inglês.

Ajoelhou-se e, com o auxílio do estetoscópio, auscultou os pulmões da menina. Em seguida, olhou sorrindo para o pai e disse:

– Ela tem asma, como eu. É uma garota linda, como a minha Catherine.

Depois, Farmer se levantou e começou um longo discurso em espanhol dirigido ao pai da menina e aos outros médicos.

– Meu conhecimento não é maior do que o desta equipe, queridos colegas. Desde fevereiro, a menina tem respirado com dificuldade e a tomografia mostra uma piora. É preocupante.

Ele reviu as opções. Poderiam fazer outros exames laboratoriais na esperança de que o Laboratório Estadual de Massachusetts tivesse cometido algum erro, muito embora a instituição apresentasse um histórico praticamente irretocável. Poderiam também aguardar e monitorar o estado da menina, embora estivesse piorando. *Ou* poderiam confiar no resultado dos exames, abandonar o DOTS e submetê-la ao tratamento pediátrico com drogas de segunda escolha do qual Farmer era adepto. Era o que ele preferia fazer.

– É por precaução minha. – E deu um sorriso para os médicos. – Como vocês sabem, de nossa experiência juntos, trabalhando muito "grudados" um no outro.

Um forte sentimento encheu o ambiente, revestido de uma certa cortesia profissional. Sorrindo o tempo todo, o pai da menininha ficou atrás dela. De ombros eretos, parecia tentar a todo custo manter a postura profissional. Afinal de contas, era um especialista em tuberculose. Quando Farmer falou sobre a menina, porém, ele esticou a mão e tocou seus ombros, tentando prender a respiração. "Ele sabia", disse-me Jaime Bayona depois. "Ele *sabia* o tempo todo que ela estava com tuberculose multirresistente." O homem, porém, não se atreveu a contrariar as rígidas *normas* do programa nacional. Era fácil imaginar suas razões. Ele estaria pondo em risco o seu emprego, e um emprego como o dele era dificílimo de se encontrar no Peru. Arriscar aquele emprego era arriscar a sobrevivência de sua família inteira. Jaime decidiu resolver o problema do seu jeito. Ele enviou uma amostra da saliva da menina para Boston, ludibriando o laboratório, e, quando o resultado chegou, o pai da menina, um velho amigo, implorou – *implorou*, frisou Jaime – que Farmer a examinasse. Isso porque a opinião de Farmer agora tinha um peso considerável para muitos médicos peruanos.

O pai já sabia de antemão que tanto Farmer quanto os médicos ali reunidos prescreveriam o tratamento com drogas de segunda escolha. ("Só estavam aguardando Paul se pronunciar", disse Jaime depois. Na verdade, assim que os médicos submetessem a menina ao tratamento de Farmer, ela começaria a se recuperar, apresentando poucos efeitos colaterais.) Aquela reunião, portanto, não passava de uma encenação. Com segurança, Farmer desempenhou seu papel. Prometeu então enviar ao pai por e-mail seu relatório e suas prescrições. Ele contou nos dedos as razões para estar otimista.

– É possível que ela ainda tenha a rifabutina como aliada. Está organicamente bem. Só uma pequena parte do pulmão está comprometida. A resistência que ela apresenta não é total. Estamos prontos para ajudá-lo no que for preciso.

Logo em seguida, com muitos agradecimentos, reverências e calorosas recomendações às belas esposas e aos distintos maridos, Farmer partiu.

Ao sair do hospital, disse:

– O peito da menina está chiando e o resultado da tomografia mostra uma piora. Ela estava tomando os cinco medicamentos iniciais e havia desenvolvido resistência a todos eles. Tive que perguntar "Por que será que ela não melhora?" e pesquisar o aspecto fisiopatológico, em vez de perguntar "O que está havendo com vocês?". Eles não queriam acreditar em tuberculose multirresistente. É uma situação delicada, porque temos que caminhar com eles. Se você insultá-los, pode esquecer. Eles querem fazer a coisa certa. Estavam simplesmente cumprindo ordens superiores.

Entretanto, Christian, o menino no corredor, representava um forte argumento a favor de uma maior flexibilidade das *normas*.

– Com mais alguns casos como o de Christian, eles vão ceder – disse Farmer enquanto entrávamos no estacionamento e seguíamos em direção ao carro da Socios. Ao se virar para abrir a porta, Farmer avistou a mãe de Christian, a mulher com a camiseta do Mickey Mouse. Ela o havia seguido a distância. Depois que se aproximou, baixou o olhar e disse em espanhol:

– Quero lhe agradecer do fundo do meu coração.

Farmer desviou os olhos rapidamente para a esquerda e para a direita. Eu o vi fazer isso no Brigham – olhava para o paciente, depois olhava para a TV por um instante, voltava a olhar o paciente, como se tivesse se desconectado, para então restabelecer a conexão completamente. Ele encarou a mulher, franziu os lábios e disse, com ternura, em espanhol:

– Para mim, foi um privilégio.

# CAPÍTULO 18

Em abril de 1998, foi realizado um congresso sobre tuberculose na American Academy of Arts and Sciences, em Boston – em que seriam apresentados os primeiros resultados do modesto projeto de tratamento da tuberculose multirresistente no Peru. O evento foi ideia de Howard Hiatt.

A Socios, na ocasião, já tratava mais de 100 pessoas com tuberculose multirresistente nas favelas do norte de Lima. Os primeiros 53 pacientes já vinham sendo tratados pela Socios havia quase dois anos e os resultados eram visíveis: mais de 85% deles estavam curados. Esses pacientes eram em média mais jovens e tinham menos doenças associadas do que os pacientes do Dr. Iseman, em Denver, e nesse caso, como em várias outras enfermidades, juventude e ausência de doenças associadas constituem vantagens terapêuticas. Mesmo assim, a taxa de cura era notável. "Um resultado surpreendente", disse Howard Hiatt. Em seguida, acrescentou que aqueles dados precisavam ser levados a público. Dentre outras coisas, ele esperava que, se aquela notícia chegasse ao destino certo, a PNS talvez conseguisse mais financiamentos para o projeto.

Muitos dos maiores especialistas em tuberculose haviam se comprometido a participar do encontro, entre eles Arata Kochi, diretor do programa de tuberculose da OMS. Farmer tinha feito amizade com ele e, além do mais, Kochi tinha sido aluno de Hiatt na faculdade de saúde pública de Harvard.

Kochi trabalhara durante anos para vender o DOTS pelo mundo afora e, segundo deduzi, ele sentia que precisava abrandar a propaganda negativa que Farmer tinha começado a promover. Antes do encontro, ele havia resolvido que a OMS desenvolveria uma estratégia que incluísse o tratamento da tuberculose multirresistente em locais onde a resistência a medicamentos fosse significativa. Um membro de sua equipe sugerira um nome novo e expressivo: *DOTS-plus*.

Anos depois do evento, Kochi me disse com aquele seu inglês arrastado (sua língua materna era o japonês):

– A tuberculose multirresistente é causada basicamente por erro humano. Se não for possível tratar, não trate. Outro problema é que muitos países não podem custear o tratamento. Difícil, caro. E, claro, nós usamos a tuberculose multirresistente como tática do medo. Mas, no programa adotado na África do Sul, descobrimos que 34% do orçamento total destinado ao combate à tuberculose são reservados para os poucos casos de tuberculose multirresistente, e eles têm um programa DOTS deficiente lá. Recomendamos então: usem o dinheiro para o DOTS. Aí veio Paul Farmer. Uma estratégia bem diferente, parecida com a usada pelos médicos dedicados ao combate ao HIV. Todos bons clínicos, sem experiência significativa em saúde pública. O paciente é a coisa mais importante para mim. Um conflito insolúvel. Eles são muito articulados e o assunto é muito tocante. Como reagir? Isso é um grande desafio para mim. Esses caras estão fazendo um estardalhaço. Querem nos atingir. Temos que responder politicamente. Sem dúvida. Temos que dialogar.

Kochi usou o termo *DOTS-plus* no seu discurso de abertura. "Brilhante! Fantástico!", exclamou Jim Kim durante o coquetel. Farmer e Kim haviam conseguido parte do que queriam, mesmo antes de o encontro começar. Alguns anos depois, falando sobre esse assunto, Kochi sorriu e comentou:

– *DOTS-plus*. O mundo está mudando. Temos que mudar também. Se não pode vencê-los, junte-se a eles. Assim, de alguma forma, poderá controlá-los.

...

Kochi havia feito uma concessão estratégica. Na verdade, ele abriu espaço para que se discutisse o tratamento da tuberculose multirresistente. A discussão, entretanto, estava apenas começando.

Quando grupos de especialistas em saúde internacional se reúnem, seja na Suíça, na Indonésia ou em Boston, eles ocupam um mesmo espaço e uma mesma atmosfera. Uma sala com uma mesa enorme ou muitas mesas unidas formando um retângulo gigantesco, garrafas d'água e placas com nomes escritos na frente de cada cadeira. Ao som do tilintar das xícaras de café, do passar dos slides e do clique do projetor, os especialistas leem suas observações, termos técnicos e um amontoado de siglas previamente anotadas, e de vez em quando um velho ditado: "Não deixem que o perfeito impeça o bom." Nos corredores e nas salas de espera, ouvia-se, por exemplo, um italiano especialista em tuberculose dizer a respeito de um canadense: "Vou partir para a agressão física!" Dentro das salas, porém, a calma normalmente prevalece. É fácil ser levado pelo som das vozes, imaginando cores a partir dos sotaques – tons de rosa e roxo do Caribe e do subcontinente indiano, preto e branco do Japão –, e esquecer-se de que o assunto realmente em questão é relativo a prescrições que podem mudar a vida de bilhões de pessoas.

O encontro foi presidido por Hiatt – uma figura alta e magra –, que pronunciava o discurso de abertura em seu ritmo pausado, como se sua língua medisse cada palavra. A atmosfera era pacífica, mas havia algumas discussões acaloradas sobre assuntos científicos. Um desentendimento de outra natureza começou já na tarde do primeiro dia do encontro, quando um homem de barba chamado Alex Goldfarb inclinou-se sobre o microfone e disse num inglês carregado de sotaque:

– Então a Rússia é um pesadelo em termos de tuberculose.

Goldfarb era um microbiologista, ex-contestador do antigo regime da União Soviética. Trabalhava agora para a Soros Foundation, dedicada ao controle da tuberculose na Rússia. Goldfarb informara que, da população carcerária russa, 100 mil internos estavam contaminados com tuberculose ativa e a maioria, se não todos, estava sendo submetida ao pior tratamento – com uma única droga –, porque o governo não destinara verbas para comprar mais.

– Então, é um pesadelo. Esses 100 mil presidiários contaminados provavelmente vão morrer sem saber se têm tuberculose multirresistente ou não.

A equipe dele estava tentando resolver as coisas e "implementar uma política um pouco mais racional". Trabalhavam na apresentação dos programas do DOTS em vários locais. Não havia dados concretos sobre o número de portadores de tuberculose multirresistente na Rússia, mas certamente o índice de contaminados na população carcerária era alto.

– O que fazer com esses casos? – perguntou Goldfarb. – Não faço a menor ideia – ele mesmo respondeu. Então virou-se para Farmer: – Gostaria muito de saber a quantidade de remédios que você usou nos seus 53 pacientes e quanto custou. Talvez consigamos *implementar* o tratamento da tuberculose multirresistente, pelo menos nas penitenciárias. Não acredito que sejamos capazes de fazer isso em toda a comunidade russa, mas pelo menos nas penitenciárias, se houver verba. A questão toda é o custo.

Farmer tentou chegar à melhor estimativa possível, mas no final teve que ser realista.

– Não estou dizendo que não é caro. Temos tido uma despesa enorme. Também não estou dizendo que vai ser fácil. Mas afirmo, como o Dr. Bayona sugeriu, que temos conseguido transpor os obstáculos para atender aqueles poucos pacientes. Isso me leva a crer que é possível, sim...

Uma participante da PNS levantou a mão. Disse, então, que os custos aumentariam ainda mais se o mundo demorasse a combater a tuberculose multirresistente. Outro especialista se pronunciou:

– Não sei se de uma hora para outra vai começar a chover dinheiro só porque esse ou algum outro grupo apresentou casos comoventes.

Houve outras manifestações. Um membro da PNS disse:

– Não creio que esta seja uma conferência de doadores de capital, por isso não acredito que deveríamos esperar sair daqui com promessas, e sim afirmando que essa é uma questão para a qual o mundo tem que voltar os olhos. Eu me lembro de ter assinado um compromisso formal de tratar um paciente e jamais lhe causar qualquer dano. Não me lembro de ter assinado documento semelhante me comprometendo a tratá-lo com base na relação custo-benefício.

Ouviram-se alguns aplausos aqui e ali vindos de jovens membros da PNS.

Em seguida, Goldfarb tomou a palavra mais uma vez, com a voz calma, mas num tom ácido:

– Quero dividir com vocês uma realidade simples. Tenho 6 milhões de dólares. Com 3 milhões posso implementar o DOTS e tratar 5 mil presidiários russos e, calculando que 10% têm tuberculose multirresistente, 4.500 serão curados e 500 desenvolverão tuberculose multiresistente e morrerão. Não há muito que se possa fazer. Mas tenho uma alternativa: usar os outros 3 milhões de dólares para curar os 500 com tuberculose multirresistente ou ir para uma outra região e curar outros 5 mil. Estou trabalhando com recursos limitados. Minha alternativa, então, não tem a ver com os direitos humanos de 500 pessoas, mas com 500 pessoas versus 5 mil. Essa é uma questão muito prática para mim, porque tenho 6 milhões de dólares. A outra questão é que, se eu contar lá na Rússia que gastei 6 mil dólares com cada caso de tuberculose multirresistente nas penitenciárias, quando há dezenas de milhares de pessoas morrendo por aí, vão dizer que estou construindo um palácio dourado para poucos. Assim, para nós que *temos* que fazer esse tipo de escolha com recursos tão limitados, essa é uma questão muito séria.

A plateia ficou constrangida. Hiatt teve que bater o martelo. Perguntou, então, a Goldfarb se ele não poderia usar parte da verba da Soros num projeto-piloto, para levantar a questão de como a tuberculose multirresistente compromete o DOTS.

– Sinto muito – Goldfarb retrucou. – Preciso fazer um comentário. Quando se trata do Dr. Kochi, que não está desenvolvendo um experimento, mas cujo trabalho é fazer um controle global da tuberculose, as prioridades são diferentes. Não tenho condições financeiras para fazer um projeto-piloto. Nós não estamos fazendo um projeto-piloto.

– Segundo entendo – disse Hiatt com satisfação –, meu ex-aluno, o Dr. Kochi, está pensando no controle da tuberculose não apenas em 1998 e 1999, porque ele tem a consciência de que não vai controlar o problema no âmbito mundial, mas ao longo da próxima ou das próximas décadas.

Os jovens membros da PNS olharam para Goldfarb com ódio. Entretanto, ele tinha levantado uma questão à qual, mais cedo ou mais tarde, eles teriam que responder.

...

No dia seguinte, Jim Kim experimentou a retórica no discurso de abertura. Disse à plateia que muitas pessoas haviam lhe perguntado como é que uma organização pequena como a PNS assumiu um projeto tão caro e difícil no Peru. Elas tinham razão em questionar.

– De fato, tivemos que decidir que talvez deixaríamos de alimentar 4 mil crianças no Haiti. Quem já esteve no Haiti sabe que não existe nada mais tocante do que a situação dos camponeses sem terra da região central. Mas – continuou ele – nós tínhamos um "sonho": o sonho de que um dia estaríamos reunidos nesta sala; de que talvez houvesse um "fim de semana cinco estrelas sobre tuberculose". Nós abraçamos esse projeto porque pensamos que, provando que seria possível realizar um tratamento comunitário de tuberculose multirresistente, poderíamos ter a chance de trabalhar com uma sala cheia de gente como vocês. Abraçamos o projeto para *aumentar* os recursos para um problema que aflige as populações às quais servimos.

Outros palestrantes haviam falado sobre a necessidade de se cultivar "vontade política" para tratar a tuberculose, como se cada país tivesse que resolver seu próprio problema. Jim, porém, disse que vontade política dificilmente seria aplicável a lugares como o Zaire, por exemplo, onde o último presidente roubara cerca de 30% do dinheiro emprestado por bancos estrangeiros e pelo Banco Mundial. Para lugares como o Zaire, a verba para combater a tuberculose comum e a tuberculose multirresistente precisaria vir de outra fonte.

– Nunca houve tantos bilionários como hoje em dia – disse Jim. – Estamos falando de fortunas jamais vistas. A única ocasião em que ouço falar de enxugamento de recursos entre gente como nós, entre acadêmicos, é quando falamos em medidas que precisam ser tomadas para ajudar gente pobre.

O projeto da PNS no Peru poderia ser reproduzido, e parte do que precisavam para isso era o endosso dos "acadêmicos com cacife" e o apoio da "comunidade da tuberculose".

Jim falou:

– Gostaria de concluir minhas breves observações aqui, neste "fim de semana cinco estrelas sobre tuberculose", parafraseando um membro da nossa tribo, da tribo de Paul e da minha tribo de antropólogos. Margaret Mead disse uma vez: "Jamais subestime a capacidade de um pequeno grupo formado por indivíduos comprometidos em mudar o mundo."

Depois de uma breve pausa, concluiu:

– Na verdade, eles são os únicos que já fizeram mudanças.

# CAPÍTULO 19

A essa altura, muitas autoridades responsáveis pelo desenvolvimento de políticas de controle da tuberculose já estavam sabendo dos bons resultados clínicos do Peru e da prova epidemiológica de que o DOTS falharia num ambiente em que houvesse resistência significativa a medicamentos. O encontro também levou, é claro, à criação de um comitê para estudar a viabilidade dos programas do *DOTS-plus*. Os debates sobre o tratamento da tuberculose multirresistente, porém, estavam longe de acabar.

No panorama internacional da saúde, próximo à entrada no século XXI, a mentalidade que prevalecia era oposta ao otimismo de Jim Kim. Essa mentalidade tinha influência dos filósofos utilitários do século XIX, defensores da ideia de que se deveria prover o melhor para a maioria – o que era expresso pela linguagem do realismo. O mundo tinha recursos limitados. Países cujos recursos, mais que limitados, eram escassos tinham que fazer o melhor uso do pouco dinheiro de que dispunham. Outros países e instituições internacionais talvez ajudassem, mas, atualmente, quem deseja obter dinheiro de grandes patrocinadores para realizar projetos de saúde em países pobres tem que submeter sua proposta a um teste chamado de análise de custo-benefício.

Esse sistema foi primeiramente usado na engenharia, depois na guerra e na medicina. O custo de um projeto de saúde pública ou de procedimento médico é calculado, e o benefício, estimado. Em seguida, comparam-se os resultados com projetos e procedimentos concorrentes. Farmer e Kim utilizaram cálculos semelhantes enquanto resolviam o que fazer em Cange. Entretanto, eles tinham a impressão de que o alto escalão da saúde internacional utilizava com frequência essa ferramenta analítica para racionalizar um status quo irracional: o custo-benefício do tratamento da tuberculose multirresistente é alto em Nova York, mas baixo num lugar como o Peru.

À época do encontro em Boston, o projeto no Peru começara a estabelecer um novo paradigma. Ele representava um desafio para os adeptos da análise do custo-benefício, não só em termos filosóficos, mas em termos práticos. A Organização Mundial da Saúde havia declarado amplamente que o tratamento da tuberculose multirresistente era ineficaz, mas sem base em nenhuma experiência significativa. Agora Kim, Farmer, Bayona e outros membros da Socios provavam que o tratamento eficaz é possível, mesmo numa favela em um país relativamente pobre.

Especialistas em controle da tuberculose tinham afirmado que o tratamento da tuberculose multirresistente era absurdamente caro, mas ninguém havia tentado reduzir o custo principal, que eram os elevados preços dos medicamentos. Logo após o encontro em Boston, Jim Kim foi à sede da OMS em Genebra. Ninguém com quem ele conversara lá sabia que todas as patentes dos antibióticos de segunda escolha, à exceção de uma delas, haviam expirado anos atrás. Ninguém se interessou tampouco quando ele disse: "Podemos reduzir os preços de 90 a 95%."

Jim não sabia exatamente como conseguir o que queria. Lançar a afirmativa e depois estabelecer os meios – essa era a sua estratégia. "A grande estratégia", como Farmer chamava em tom de aprovação.

...

Jim nasceu na Coreia do Sul e cresceu em Muscatine, no estado do Iowa, na década de 1970. Pelo que se lembrava, o lugar parecia pequeno demais para suas ambições. Ele quase nem notava o Mississippi correndo pelo antigo centro da cidade, ou as fragrâncias dos grãos nas noites de verão, ou mesmo o famoso produto local, o melão de Muscatine. Só colheu milho uma vez. Entretanto, como todo garoto em idade escolar, ele sabia que Mark Twain elogiava Muscatine pelo seu pôr do sol – e durante anos ficou sem saber que Twain só disse aquilo para fazer piada de seu hábito de dormir até tarde: "Dizem que o amanhecer também é deslumbrante. Eu não sei."

O pai de Jim havia planejado e conseguido sair da Coreia do Norte à custa de muita lábia. Quando chegou aos Estados Unidos, ele se tornou, com muito orgulho, o periodontista de Muscatine, com um consultório na Main Street. A mãe de Jim era da Coreia do Sul – o avô tinha sido ministro durante os últimos anos da monarquia coreana – e estudou no Union Theological Seminary, com Reinhold Nienbuhr e Paul Tillich. Tornou-se especialista em confucionismo, mas viveu durante anos como dona de casa em Muscatine. Baixa e elegante, ela atravessava o campo de golfe com os filhos – pequenos demais para jogar sozinhos –, tentando se inteirar dos esportes americanos e conhecer o ambiente que as crianças frequentavam. Sempre que possível, levava Jim e os outros filhos até Des Moines e Chicago para saberem que o mundo era maior do que a pequena Muscatine. À mesa da cozinha, ensinava aos três filhos a arte do debate, enquanto o marido, que teria compromisso cedo na manhã seguinte, ia para a cama resmungando que não sabia o que eles tanto tinham para conversar que fosse mais importante do que uma boa noite de sono. Ela lhes dizia que vivessem "como se fosse para sempre" e os informava sobre atualidades, traduzindo para Jim as imagens da fome e da guerra que o aborreciam no noticiário da TV. Desde muito cedo, Jim já se imaginava como médico, tentando aliviar tamanho sofrimento, e conhecer bem a ciência aumentou seu interesse.

Ele era quarto-zagueiro do time de futebol Muscatine High, pivô de basquete, representante e, ainda, orador de sua turma. Entretanto, os Kim eram a única família asiática da cidade além da que era dona do restaurante chinês. Quando iam aos shopping centers de Iowa, os adultos ficavam olhando para eles e as crianças os seguiam, as mais ousadas gritando "Iaaai!" e fazendo gestos com se estivessem dando golpes de caratê. Para Jim, o pior de tudo era a vergonha do "coreanismo" dos pais. "É isso aí, Hawkeye!", gritava o pai, fã de tudo o que fosse de Iowa, dando um toque coreano ao grito da torcida da universidade local. Jim então o corrigia: "Não, pai. É Hawk*eyes.*"

Jim ingressou na Universidade de Iowa e sentiu-se livre, até ouvir dizer que as escolas da Ivy League eram melhores. Ele se transferiu, então, para a Brown, onde descobriu uma organização chamada Third World Center, da qual se tornou diretor. Rompeu com a namorada católica irlandesa porque de repente achou que não deveria namorar uma garota branca. Fez amizade com negros, hispânicos e asiáticos. Aprendeu a andar feito malandro. Quando os pais dos alunos vinham visitar a faculdade, ele e os amigos se vestiam de preto e andavam pelo campus, uma tropa de cerca de 30 composta de afrodescendentes, hispânicos e um coreano, às vezes batendo papo, às vezes mantendo um silêncio ameaçador, e notando com prazer os olhares insistentes e as caras de pavor que alguns pais faziam.

Antes de ir para a Brown, Jim não sabia que americanos de origem japonesa haviam sido presos nos Estados Unidos durante a Segunda Guerra Mundial. Ele leu a respeito do assunto e depois fez um discurso. Levantou a bandeira da "solidariedade racial" entre os asiáticos. Na época, Jim não tinha percebido a complexidade de um assunto como aquele. Não sabia, por exemplo, que os coreanos deveriam odiar os japoneses. De vez em quando, dúvidas surgiam. Parecia que, para outros asiáticos da Brown, a ideia de identidade racial ia pouco além de comer com pauzinhos e também ter um amigo asiático, e a grande questão política parecia ser "o teto de vidro", a razão de os asiáticos ainda não terem alcançado o topo das instituições. Entretanto, a ideia de pertencer a uma minoria oprimida era atraente. Jim, então, resolveu aprender sua língua materna. "Queria aprender coreano, conviver com a minha gente, pertencer oficialmente ao Terceiro Mundo e poder dizer 'merda'." Conseguiu ajuda de custo para ir a Seul e casualmente soube de uma história interessante que serviria de objeto de pesquisa para sua tese de doutorado em antropologia – algo relacionado à indústria farmacêutica coreana. Em Seul, trabalhou em sua pesquisa e fez um esforço enorme para se enturmar, indo a bares com amigos coreanos e participando de caraoquês – antes, porém, ia até o banheiro e dava uma olhada nas letras de canções como "My way".

Jim saiu de Iowa psicologicamente preparado para encarar a etnicidade como a questão central de sua vida. Quando voltou a Harvard para continuar seus estudos de medicina e escrever sua tese, já estava cansado e um pouco indignado com o que era conhecido no meio acadêmico como política de identidade racial. Parecia um exercício de egoísmo. "Descobri que a Coreia do Sul estava indo muito bem e que os coreanos queriam, na verdade, que eu redigisse propostas de bolsas de estudos para que eles pudessem vir se graduar nos Estados Unidos. Eu havia observado alguns movimentos estudantis. Todos falavam de nacionalismo coreano, só para criar confusão." Quando conheceu Farmer, Jim estava pronto para mudar de direção. Numa de suas conversas na velha sede da PNS, composta de apenas um cômodo, Farmer lhe disse:

– Se for para o Haiti, vou lhe mostrar que você é *blan*, tão branco quanto qualquer outro branco.

Jim pensou nos companheiros negros, hispânicos e asiáticos lá da Brown e em como ficariam furiosos com aquele comentário.

Ele, então, disse a Farmer que estava liberto "daquele ódio de si mesmo e daqueles impulsos de etnicidade" que sentia em Muscatine.

– É bom que você tenha compreendido a questão, mas isso já é passado – disse Farmer. – E agora, o que vai fazer? Ser o primeiro asiático a fazer uma idiotice do tipo pisar na Lua?

Antes de ele dizer a Farmer que, a exemplo dele, também queria dedicar sua vida profissional aos pobres, os dois não haviam conversado muito.

Durante toda a sua vida, Jim sempre vibrou diante do novo, daquilo que poderia ser maior e melhor. Talvez fosse resquício do fato de ter crescido em Muscatine, ao lado de uma mãe cosmopolita. O próprio Jim chegou a dizer: "Geralmente considero o problema resolvido assim que penso numa solução para ele." Jim adorava um exagero, mesmo quando falava de si mesmo. Afinal de contas, já estava na PNS havia uma década, e tinha realizado grande parte das tarefas mais primárias, entre outras coisas. Acima de tudo, o que Jim tinha de sobra era entusiasmo. Para ele, fatos e possibilidades tinham o mesmo peso. Muitos acadêmicos haviam aderido à PNS depois de ouvir Jim falar. Mudar o mundo? É claro que podiam. Ele confiava mesmo nisso e acreditava que "um pequeno grupo de indivíduos comprometidos" poderia fazê-lo. "As pessoas pensam que somos sonhadores. Não sabem que somos loucos", costumava dizer a respeito da PNS.

...

Durante a sua pesquisa na Coreia, Jim descobriu que o valor de um medicamento pouco tem a ver com a sua utilidade ou com os custos de sua produção e distribuição. O que frequentemente eleva seu preço é o fato de apenas uma empresa fabricá-lo. Uma empresa pode assegurar o monopólio por meio de patentes, mas não era o caso dos medicamentos de segunda escolha para tuberculose. Havia, talvez, cerca de 750 mil tuberculosos no mundo. Tratar todos eles requereria uma quantidade enorme de remédios, em virtude da longa duração do tratamento. Assim, o mercado era potencialmente grande, mas a maioria dos portadores da doença era pobre e, por isso, a demanda era pequena. Poucos laboratórios fabricavam os medicamentos. Os que o faziam estipulavam o preço que queriam.

O laboratório Eli Lilly e a droga de segunda escolha capreomicina ilustram bem isso. Depois de muita insistência por parte de Farmer, o laboratório passou a vender a droga para a PNS no Peru por 21 dólares o frasco. Farmer e Kim a haviam comprado por 29,90 dólares o frasco no Brigham, em Boston. Foi então que ele descobriu que o medicamento custava apenas 8,80 dólares em Paris. Eles tentaram comprar em Paris, mas foram informados de que não poderiam.

– Há carência de capreomicina no mundo todo – disse o representante do laboratório a Farmer ao telefone.

– Por quê? – perguntou Farmer.

– Parece haver uma emergência.

– Onde?

– No Peru.

Jim procurou Howard Hiatt e contou-lhe o que havia acontecido. "Acho o preço um roubo", comentou Hiatt. Na verdade, a chamada oscilação de preços é comum no mundo da indústria farmacêutica de grande porte; o povo americano pagava muito mais pelos produtos do que qualquer outro. Hiatt, entretanto, imaginou que o Lilly talvez quisesse fazer uma propaganda positiva, doando medicamentos ao Peru. Ele conhecia um diretor de lá. Ele e Jim foram ao laboratório tentar qualquer coisa naquele sentido e, nesse ínterim, Jim começou a pensar em outras alternativas.

Jim conseguiu que a OMS concordasse em promover um encontro para incentivar os laboratórios a produzir mais antibióticos de segunda escolha – ele esperava criar uma concorrência, a qual levaria a uma redução de preços. A OMS deu para trás e Jim promoveu o encontro por conta própria, em Boston. Ele estava contido e não dramatizava a situação. Num determinado momento, colocou no projetor de slides uma lista com números demonstrando a enorme demanda em potencial de antibióticos de segunda escolha, com a intenção de impressionar os laboratórios farmacêuticos. Os números em si eram corretos, mas a demanda que eles indicavam era falsa, porque ninguém submetido a tratamentos de tuberculose multirresistente tinha dinheiro para comprar os medicamentos. A tática não funcionou como Jim planejara.

Na plateia havia um holandês de vinte e poucos anos chamado Guido Bakker. Ele trabalhava para uma instituição sem fins lucrativos, a International Dispensary Association (IDA), especializada em reduzir os preços de medicamentos básicos, consumidos em grande escala em países pobres. Bakker logo percebeu a manobra de Jim. Entretanto, ele ficou com raiva dos representantes dos laboratórios, que visavam apenas ao lucro. Eles começaram a argumentar que os preços dos medicamentos suplementares para a tuberculose multirresistente *tinham* que continuar altos. Bakker então, do seu lugar na plateia, avisou que a IDA faria todo o possível para reduzir os preços, recorrendo a fabricantes de medicamentos genéricos.

A estratégia do grupo holandês era ignorar os grandes laboratórios multinacionais, que confiam sobretudo em pesquisa, marca e proteção de patente, e trabalhar com os numerosos laboratórios menores que fazem e vendem a preços muito mais baixos medicamentos genéricos já produzidos com nomes diferentes (paracetamol em vez de Tylenol, por exemplo). Aos ouvidos de Jim, a ideia do holandês soou muito melhor do que a sua. A paixão pelo novo e pelo melhor era provavelmente a sua maior fraqueza, mas às vezes ela trabalhava a seu favor. Para Jim, não importava de onde a ideia vinha. Ele vivia lendo livros sobre gerenciamento corporativo para pegar dicas com os capitalistas. Abraçou a ideia de Guido. Finalmente, a IDA e a renomada organização Médicos Sem Fronteiras assumiram a tarefa de encontrar fabricantes de medicamentos de segunda escolha. A IDA ainda convenceu alguns laboratórios a produzir os medicamentos e eles assumiram a responsabilidade de fazer o controle de qualidade e a distribuição. A Médicos Sem Fronteiras, por sua vez, forneceu a verba para o transporte das primeiras remessas.

Foi preciso, porém, executar outras etapas primeiro. A missão de Jim parecia um desafio lógico. Para reduzir os preços dos remédios, ele deveria mostrar que vários programas de combate à tuberculose iriam utilizá-los. Para que fossem utilizados por vários programas, precisariam ter seu preços reduzidos. Para que os preços fossem reduzidos, os fabricantes de genéricos precisariam abraçar a causa. E, para isso, a OMS precisaria incluir os antibióticos de segunda escolha na sua lista de medicamentos essenciais. Entretanto, por definição, medicamentos pouco utilizados em tratamentos não são considerados essenciais. A fim de quebrar esse círculo vicioso, Jim começou a fazer lobby para que a OMS incluísse os medicamentos em sua lista.

A Organização Mundial da Saúde funciona como um órgão regulador dos ministérios da saúde do mundo todo. Assim, estabelece diretrizes e padrões, publica procedimentos recomendados, atua como conselho consultivo. É ela que concentra todas as informações sobre saúde e recebe todas as reivindicações, além de exercer algumas funções de suma importância, como divulgar dados epidemiológicos coletados no mundo inteiro. Entretanto, a OMS sofre de carência financeira crônica e, como boa parte dos órgãos ligados à ONU, é vergonhosa e inevitavelmente travada pela burocracia e tende a não reagir diante de uma polêmica. Os que a criticam dizem que ela possui dois lemas: "Calma!" e "Não é culpa nossa". Mesmo o principal aliado de Jim na OMS ficou assustado quando vários respeitados especialistas em tuberculose escreveram para Genebra alegando que não poderiam aprovar a inclusão dos antibióticos de segunda escolha na lista dos medicamentos essenciais. Alguns declararam por escrito que o programa não daria certo. Outros disseram acreditar que, uma vez incluídos na lista e com preços reduzidos, os antibióticos suplementares ficariam disponíveis *demais* no mercado.

Tal preocupação tinha fundamento. No mundo real, muitos lugares nem sequer dispunham de uma assistência médica rudimentar, e outros possuíam postos de saúde e hospitais abarrotados de gente ignorante, preguiçosa e irresponsável. No mundo real, médicos e enfermeiros vendiam remédios no mercado negro, pacientes desesperados vendiam seus próprios medicamentos para comprar comida e farmacêuticos imbecis misturavam medicamentos básicos contra a tuberculose com xarope para tosse. Começar a distribuir antibióticos de segunda escolha, a então chamada "medicação reserva", em locais assim seria cultivar espécies de bactérias que droga nenhuma poderia curar.

Mas isso tudo já estava acontecendo, disse Jim inúmeras vezes. Ele falou sobre os pacientes no Peru que tinham recorrido à Socios apresentando resistência à medicação suplementar, alguns deles com bactérias efetivamente resistentes às mais conhecidas drogas usadas no combate à tuberculose. A única forma de se evitar que aquilo continuasse era um sólido tratamento contra a tuberculose multirresistente, com todo o suporte financeiro e associado ao DOTS. Embora concordasse com esse argumento, Jim sabia que precisava encontrar um mecanismo para assegurar o controle efetivo sobre as drogas baratas. Ele e Paul tinham enviado um rapaz para trabalhar na OMS, em Genebra. Jim o chamou e lhe mostrou a necessidade de um mecanismo de controle.

– Veja se você consegue encontrar um precedente – recomendou.

Dias depois, o rapaz ligou dizendo que encontrara uma entidade internacional chamada Green Light Committee (Comitê Sinal Verde), criada para controlar a distribuição de vacina contra meningite.

– Fantástico! – exclamou Jim. – Vamos fazer o mesmo. Vamos criar um comitê para controlar a medicação de segunda escolha.

– Que nome vamos dar? – perguntou o rapaz.

– Bem, Comitê Sinal Vermelho pegaria mal – disse Jim. – Que tal Comitê Sinal Verde mesmo? Vai deixar transparecer que estamos de fato seguindo um precedente.

A ideia era simples. O comitê atuaria como o principal distribuidor de medicação de segunda escolha. Uma vez que os preços tivessem de fato caído, o comitê estaria fortalecido. Qualquer programa de combate à tuberculose que quisesse ter acesso à medicação de baixo custo teria de provar ao comitê que tinha um bom planejamento e um bom programa de apoio do DOTS que não viesse a gerar uma futura resistência. Boa parte dos especialistas em tuberculose aprovou a ideia e, selando o acordo, a OMS colocou os antibióticos suplementares num anexo à lista de medicamentos essenciais.

A redução nos preços aconteceu em etapas. Até o ano 2000, os programas que compraram medicamentos por meio do Comitê Sinal Verde adquiriram quatro dos antibióticos de segunda escolha a preços 95% menores do que os praticados em 1996, e outros dois custaram 84% mais barato. Howard Hiatt e Jim tinham conseguido convencer o Eli Lilly a doar grandes quantidades de dois antibióticos para a PNS. Além disso, o laboratório se comprometera a oferecer vários medicamentos a preços baixíssimos a outros programas de combate à tuberculose multirresistente. A capreomicina custa hoje 98 centavos o frasco, 97% menos do que na época em que Jim e Paul pegaram uma amostra emprestada no Brigham, pela primeira vez, para levar para o Peru. Os medicamentos usados para tratar um caso de tuberculose resistente a quatro drogas custam agora à PNS cerca de 1.500 dólares, em vez de 15 mil dólares. Os preços continuam caindo rápido e de forma significativa. As discussões acerca do assunto estavam longe de terminar, no entanto ninguém mais poderia dizer que os preços dos medicamentos excluíam os países pobres do tratamento da doença.

Um membro da divisão de tuberculose da OMS que inicialmente foi contra a criação do Comitê Sinal Verde passou a intitular-se "o arquiteto". Outros – entre eles alguns membros da Médicos Sem Fronteiras aos quais Paul e Jim haviam pedido ajuda – se diziam responsáveis pela queda dos preços. Entretanto, Guido Bakker, que esteve engajado em todo o processo, disse:

– Para mim, foi Jim que realmente fez tudo. Ele insistiu até o fim; 85% do sucesso foi obra dele.

...

Desde o início do projeto em Lima, Jim e Paul se viam cada vez menos. Mantinham contato na maioria de vezes por e-mail. Foi num congresso sobre tuberculose em Salzburg, na Áustria, que os dois se reencontraram. Jim adorou o evento, mas Paul quase dormiu. Depois eles saíram para jantar. Jim e Paul sempre dividiram certas preferências: pelo uso da sigla OPP no lugar de "opção preferencial pelos pobres", por filmes de ação e pela revista *People*, que eles chamavam de "Revista de Estudos Populares". Seguiam também dietas parecidas. Dr. Farmer salgava tudo o que comia. Dr. Kim gostava de dizer: "Só há dois tipos de verduras: as 'fritáveis' e as 'não fritáveis'." Como não haviam tido oportunidade de se encontrar por um bom tempo, eles comemoraram a ocasião pedindo uma pizza.

Jim tinha muito a dizer naquela noite. Alguns anos antes, Paul o havia convencido a trabalhar como infectologista. Meses depois, Jim desistiu. Gostava muito de clinicar, mas a experiência no Peru tinha lhe apresentado uma perspectiva diferente da medicina. Eram as questões que cercavam a saúde que o fascinavam, concluíra ele. Na verdade, Jim adorava passar horas em conferências, falando sobre pesquisa operacional no controle internacional da tuberculose. Entretanto, sentia-se meio constrangido em admitir que gostaria de participar da criação de políticas internacionais de saúde. Como acontecia às vezes, Paul parecia saber o que Jim estava pensando.

– O que você quer fazer agora? – perguntou.

Jim sentiu que a pergunta estava carregada de interesse, como se fosse um verdadeiro convite para que ele fosse sincero.

– O trabalho político sempre me interessou e tem de ser feito de qualquer maneira. Prefiro isso a clinicar. É OPP em escala internacional.

– Bem, então vá em frente.

– Mas como, se nós sempre dissemos que quem opta pelo trabalho com política na verdade opta por seus próprios interesses?

– Sim, Jim, mas confiamos em você, mesmo investido de poder. Sabemos que você não vai virar as costas para os pobres.

Às vezes a autoconfiança de Paul parecia impregnar todo o ambiente em volta dele e de Jim. Antigamente, quando Paul chegava do Haiti e queria conversar com Jim, mas tinha uma consulta marcada, dizia "Ande comigo", como se tudo em sua agenda fosse mais importante do que qualquer coisa que Jim precisasse fazer. Durante anos, Jim o pegou no aeroporto, mas Paul nunca fez isso por ele, nem uma vez sequer. Quando brigavam, o que acontecia com frequência, Paul sempre saía ganhando – ou, se acaso não saísse, Jim quase sempre se sentia compelido a fazê-lo achar que tinha saído. Se Jim o elogiasse, Paul logo dizia algo do tipo: "Obrigado, Jimbo. Eu estava precisando ouvir isso". Uma vez, quando Jim respondeu "Sim, mas por que você nunca diz isso para mim?", Paul perguntou: "Eu não digo?"

Jim gostava de dizer que ele e Paul eram "irmãos gêmeos de mães diferentes". Se fosse o caso, Jim teria sido o segundo a nascer e agora, comendo uma pizza ali em Salzburg, ele havia chegado à maioridade, com a bênção de Paul.

...

Jim tinha aprendido muito com Paul. Com o passar dos anos, seus pontos de vista se tornaram praticamente indistinguíveis, sobretudo no conjunto de ideias que, para eles, a saúde internacional adotara como sagradas. Jim me disse uma vez:

– Houve mudanças fundamentais em relação àquilo que os seres humanos consideram moralmente justificável ou não. Não se atam mais os pés das mulheres; a escravidão é inconcebível. Eu e Paul somos antropólogos. Sabemos que as coisas mudam o tempo todo. As culturas mudam o tempo todo. A publicidade força mudanças culturais o tempo todo. Por que *nós* não podemos fazer isso? Os profissionais envolvidos com saúde internacional se recostam e dizem: "A mudança vai ser para melhor? Quem sabe? Esses Farmers da vida um dia vão desistir e, quando isso acontecer, nós, que de fato estamos engajados nessa luta, estaremos aqui tentando achar a melhor maneira de gastar 2,27 dólares per capita em assistência médica."

"Os recursos são sempre limitados." Esse ditado tem um peso enorme no campo da saúde internacional e norteia a maioria das análises de custo-benefício. "Sejam realistas" é o que normalmente quer dizer. Kim e Paul, no entanto, sentiam que tal ditado era proferido sem se refletir sobre como, em determinados lugares, os recursos vieram a ser limitados, como se Deus tivesse imposto a pobreza a locais como o Haiti. A bem da verdade, todos os recursos sempre foram limitados em qualquer lugar, dizia Farmer em suas palestras. Depois acrescentava que hoje estavam menos limitados do que em qualquer outro momento da história da humanidade. Ou seja, a medicina agora dispunha das ferramentas necessárias para conter muitas doenças e ninguém poderia negar que havia dinheiro suficiente para isso.

Na PNS, o ditado era bastante verdadeiro. Eles gastaram alguns milhões dos dólares doados por Tom White na compra de medicamentos para o Peru. Ophelia vinha juntando boa parte das doações recebidas pela PNS, na intenção de criar um fundo de reserva para a entidade. Ela conseguira acumular cerca de 1 milhão de dólares. Agora, as economias se foram, gastas no Peru. White tinha quase 80 anos e, conforme havia previsto, não estava muito longe de zerar sua fortuna. No começo de 2000, Ophelia, que ainda era responsável pela parte financeira, escreveu para Paul e Jim:

> Rapazes:
>
> Precisamos desesperadamente de uma grande soma de dinheiro. A questão é basicamente a seguinte: o dinheiro do Tom não vai ser suficiente para bancar 40 mil dólares mensais de salários, mais 60 mil para o Haiti e outros 35 mil para o Peru. Isso sem contar com outras despesas, como hipoteca, seguro saúde, luz, água, etc., etc., etc... Alguma sugestão?

Os três, então, delinearam o que vieram a chamar de "estratégia de desmontagem", ou – que Tom White não os ouvisse – "o plano pós-Tom". Em virtude da queda dos preços dos medicamentos de segunda escolha, eles poderiam continuar o tratamento dos pacientes em Lima, mas dali a um ou dois anos não haveria mais condições de manter o programa. Teriam também que parar de custear o setor de pesquisa da PNS, fundado por Paul com o Prêmio MacArthur, e que se mantinha como uma pequena instituição de caridade, lutando para conservar um sistema de saúde em um canto do Haiti. "Gritando por socorro no deserto", como Jim costumava dizer.

Jim tinha uma alternativa, é claro. Segundo ele, a PNS se tornaria um instrumento para aumentar os recursos para o tratamento da tuberculose e, nesse processo, salvar a si mesma. Eles haviam conseguido deter o avanço da tuberculose multirresistente nas favelas do norte de Lima. O projeto agora era erradicá-la de todo o território peruano. Ganhariam então visibilidade no cenário internacional. Mostrariam ao mundo que era possível combater essa doença terrível e indicariam também como fazê-lo. E, uma vez que estava dando certo com a tuberculose multirresistente, por que não tentar com a aids?

Jim passou mais de um ano procurando o que ele chamava de "patrocinadores poderosos". O maior deles era a Gates Foundation, que tinha um patrimônio de cerca de 22 bilhões de dólares e pretendia gastar metade da receita, cerca de 550 milhões de dólares por ano, em projetos de melhoria da saúde do planeta. Howard Hiatt havia apresentado Paul e Jim ao conselheiro-chefe para assuntos científicos da entidade, um homem chamado Bill Foege, um dos responsáveis pela erradicação da varíola, famoso por lançar mão de métodos anticonvencionais no trato de problemas de solução aparentemente impossível. Foege os incentivou. Jim, então, começou a elaborar uma proposta de doação. Encontrou-se novamente com Paul, dessa vez em Moscou. Eles sentaram na beira de suas respectivas camas no Holiday Inn e discutiram quanto pediriam. Discutiram pouco. Paul sugeriu 2 milhões de dólares, talvez 4.

– Não. Vamos pedir 45 milhões – disse Jim.

Paul comentou que nunca conseguiriam uma quantia daquelas.

Tomando emprestada a estratégia favorita de Paul em debates, Jim disse:

– Em que dado exatamente você baseia essa afirmativa?

PARTE IV

# UM MÊS TRANQUILO PARA VIAJAR

# CAPÍTULO 20

"Paul e Jim mobilizaram o mundo para aceitar a tuberculose multirresistente como um problema solúvel. Esse foi o comentário de Howard Hiatt, em 2000, em sua sala no Brigham. Isso não era pouca coisa, acreditava ele. Dois milhões de pessoas por ano, pelo menos, morrem de tuberculose no mundo. Se entre essas pessoas que morrem se incluírem portadores de tuberculose multirresistente, a menos que um programa eficiente seja implantado, esse número poderá aumentar significativamente.

A tuberculose multirresistente, porém, era apenas uma parte do enorme problema da saúde mundial. A tuberculose e a aids se agravaram ainda mais no novo milênio. Incluindo-se a malária nos prognósticos, parecia que o mundo enfrentava, no âmbito da saúde, uma situação catastrófica que por séculos não se via, desde a era das pragas na Europa e do extermínio de nativos no continente americano.

Hiatt costumava dizer que Farmer deveria estar comprometido exclusivamente com o combate àquelas doenças e num grau de envolvimento tão grande quanto sua gravidade.

– Se Paul convertesse os seis meses do ano em que cuida de pacientes individualmente no Haiti num programa abrangente para tratar presidiários com tuberculose na Rússia ou em outro país qualquer do Leste Europeu, ou a malária pelo mundo, ou ainda aids no Sul da África, não importa, com certeza ele faria um excelente trabalho. Veja só o que ele fez em relação à tuberculose multirresistente com apenas *parte* do seu tempo disponível. Veja o que fez com suas habilidades e com sua sagacidade política! Tenho tentado convencê-lo a trabalhar como consultor no Haiti e a dedicar a maior parte de seu tempo a projetos internacionais.

Farmer estava então com 40 anos e tinha os requisitos para assumir as responsabilidades que Hiatt havia imaginado, atuando apenas no âmbito executivo. Nos círculos acadêmicos, Farmer ganhava prestígio. Estava prestes a integrar o corpo docente vitalício de Harvard e encabeçava a lista dos indicados aos respeitados prêmios da antropologia médica; alguns de seus colegas chegaram a dizer que ele "redefiniu" a área. Quanto à sua reputação em clínica médica, tornou-se um dos profissionais que mais convites recebia de faculdades de medicina – tanto de universidades europeias quanto de americanas – para integrar suas equipes e dar palestras. No Brigham, os cirurgiões pediram que Farmer apresentasse uma palestra para eles, uma honra que não era conferida a um simples clínico. Também integrou conselhos dedicados à saúde internacional, fazendo com que suas posições fossem ouvidas. Entretanto, não parecia disposto a largar nenhuma de suas atividades profissionais, inclusive o atendimento individualizado de pacientes no Haiti.

Não que Farmer não quisesse fazer tudo o que fosse possível para livrar o mundo da pobreza e das doenças, mas ele tinha sua estratégia de como conseguir isso. Na verdade, ele parecia ser a única pessoa que compreendia aquele plano na íntegra. Uma vez, um jovem assistente dele, irritado, disse que Farmer não tinha prioridades. Não era verdade, respondera ele. Os pacientes vinham em primeiro lugar, presidiários em segundo e alunos em terceiro. É possível imaginar como o assistente deve ter se sentido perdido em meio aos detalhes!

Eu gostava de me sentar e observar Farmer lendo os e-mails, fosse em Cange, no avião ou nas salas de espera de aeroportos. Farmer tinha a mania de mover o dedo no ar quando estava pensando num modo de defender um ponto de vista e, quando percebia que alguém descobrira um bom argumento, ele batia com o indicador na lateral do nariz. O próprio e-mail em si era interessante para mim. Transmitia um pouco a compreensão da prática de Farmer, uma sensação da dimensão da mesma. No início de 2000, ele recebia cerca de 75 mensagens por dia. Lia a maior parte com satisfação; muitas delas eram respostas aos seus e-mails. Respondia a maioria.

Havia muitas perguntas sobre pacientes com tuberculose multirresistente no Peru que ele tinha que ler e responder com todo o cuidado; mensagens preocupadas e preocupantes sobre projetos em que a Parceiros estava engajada na Rússia, em Chiapas, na Guatemala e em Roxbury; saudações calorosas e pedidos de orientação de padres, freiras, antropólogos, profissionais da saúde e outros médicos de Cuba, Londres, Armênia, Sri-Lanka, Paris, Indonésia, Filipinas e África do Sul; e também algumas perguntas do tipo: "Só para criar confusão na sua cabeça: que tal trabalhar na Guiné-Bissau?" Isso sem mencionar os pedidos de orientação e de cartas de recomendação, alguns escritos por jovens voluntários da Parceiros e que agora queriam ingressar na faculdade de medicina, outros por jovens médicos e epidemiologistas que, de alguma forma, haviam abraçado a causa da PNS. Havia também questionamentos feitos por seu colega infectologista do Brigham e por um médico de Boston que havia pedido sua orientação para tratar um indigente portador do HIV, bem como de alunos de medicina, por quem ele nutria particular afeição. "Qual é o mecanismo patofisiológico da perda significativa da audição associada à meningite?", escreveu um deles.

Farmer respondeu prontamente:

> bom dia, David. a sequela causada pela meningite bacteriana está intimamente ligada à reação do organismo infectado à inflamação. células brancas. de forma que as meningitides purulentas que atacam a base do cérebro causam uma inflamação quase total na região. o que percorre a base do cérebro? os nervos cranianos. e qual é a sua função? permitir que menininhas ouçam. mas o que acontece com eles quando estão cercados de uma massa gelatinosa de inflamação (pus)? ficam comprimidos e anóxicos. assim, vai-se a audição e, muitas vezes, a capacidade de abrir os olhos, etc. até a hidrocefalia, que é frequentemente causada por resquícios de inflamação que bloqueiam a foramina... é anatomia, meu amigo. anatomia e pus. é sempre anatomia e pus.

Quando Farmer viajava, e-mails escritos em crioulo entupiam sua caixa de mensagens. Uma vez, fomos de Cange para os Estados Unidos, numa viagem de um dia e meio, para angariar fundos. Quando paramos em Miami, a caminho do Haiti, ele checou os e-mails. Lá estava uma mensagem de um funcionário da Zanmi Lasante: "Caro Polo, estamos muito felizes por poder revê-lo dentro de apenas algumas horas. Sentimos sua falta, assim como o solo seco e rachado sente falta da chuva."

– Depois de 36 horas? – indagou Farmer para a tela do computador. – Haitianos, cara. Eles são o que há! É desse tipo de gente que eu gosto.

Farmer tinha um grande problema logístico. Ophelia o definiu sucintamente: "Onde quer que ele esteja, está sempre fazendo falta em algum outro lugar." A solução temporária que ele encontrou foi dormir menos e viajar mais. No início de 2000, eu o acompanhei durante o que ele chamou de "um mês tranquilo para viajar".

Havíamos passado duas semanas em Cange e, no meio daquele período, fizemos uma curta viagem à Carolina do Sul para visitar um grupo religioso. Depois seguimos para Cuba para participarmos de uma conferência sobre aids. Passamos a semana seguinte em Moscou para tratar de assuntos relativos à tuberculose e, no caminho, fizemos uma breve parada em Paris.

– Quem está pagando a viagem para você? – perguntei.

– O grupo religioso, o governo cubano e a Soros Foundation – respondeu. Em seguida, sorriu e acrescentou: – Capitalistas, comunas e cristãos estão pagando.

...

Quando era mais jovem, Farmer costumava ir a Cange e voltar de lá vestindo jeans e camiseta, até perceber que seus amigos haitianos, que sempre colocavam sua melhor roupa para viajar, ficavam chateados com aquilo. Então, Père Lafontant lhe disse que, caso ele fosse representá-los em eventos internacionais, teria que vestir um terno. De qualquer maneira, ele preferia o preto, porque permitia, por exemplo, que ele limpasse a ponta da caneta na perna da calça enquanto escrevia as receitas no Brigham, pegasse um voo noturno para Moscou ou Lima e ainda continuasse apresentável ao chegar.

Por volta das seis da manhã, saímos da Zanmi Lasante em direção ao aeroporto. Dez habitantes de Cange subiram no caminhão, amontoando-se na boleia e na caçamba, em meio às malas. Farmer, vestindo terno, deu instruções de última hora aos funcionários que o acompanharam até o caminhão e sentou-se no banco do motorista – ele ficava enjoado durante as viagens e estar ao volante diminuía-lhe a sensação de náusea. O caminhão, como um pequeno barco saindo do cais, deixava o asfalto liso do complexo e seguia pela Rodovia Nacional 3.

Era muito cedo. Não havíamos tomado café da manhã. Minhas costas já estavam tortas. Sacolejando dentro da boleia do caminhão, eu fazia uma narração mental e pessoal do Haiti. Aquela estrada fora construída no início de século XX, durante a primeira ocupação norte-americana. A obra foi supervisionada pelos fuzileiros navais. Para executar o serviço, foi preciso restabelecer uma prática chamada *corvée*, um sistema de mão de obra compulsória que datava dos tempos da escravidão. Os camponeses do planalto central fizeram um levante, que os fuzileiros combateram de forma violenta. Uma vez, Farmer me mostrou num livro a foto de um operário que, provavelmente por ter resistido ao sistema, recebeu um corretivo dos *gendarmes* haitianos, supervisionados pelos fuzileiros. Na foto, o homem aparece no chão com as duas mãos decepadas.

As cenas que se viam agora ao longo dessa estrada eram menos chocantes, mas, às seis da manhã, nada agradáveis de se ver – mendigos famintos, crianças descalças puxando água... Pelo para-brisa trepidante, vi um homem magro de chapéu de palha montado num pônei haitiano igualmente faminto. Ele estava sentado sobre uma sela tradicional haitiana, feita de palha, projetada – parecia – para irritar o lombo dos burros e dos pôneis até sangrar. Com os calcanhares, ele chutava as costelas protuberantes do animal, apressando-o, para chegar mais rápido ao trabalho em alguma roça pedregosa e infértil, imaginei, e poder garantir aos filhos pelo menos uma refeição naquele dia. Comecei a procurar mentalmente um lado positivo daquelas cenas ao longo da estrada, algo que servisse de consolo e que também pudesse impressionar Farmer. Um resquício da minha educação religiosa veio à tona:

– Se fizestes algo ao menor deles, a mim o fizestes.

– Mateus 25 – disse Farmer. – "Em verdade vos digo, todas as vezes que fizestes a um destes meus irmãos menores, a mim o fizestes" – e continuou: – "porque tive fome, e me destes de comer; tive sede, e me destes de beber; fui peregrino, e me acolhestes; estive nu, e me vestistes; enfermo, e me visitastes; estava preso e viestes ver-me." *Então,* vem o seguinte: em verdade vos digo, todas as vezes que *não* o fizestes, estareis ferrados. – E sorriu, desviando de mais um buraco na estrada.

A conversa seguia incoerente e a viagem monótona, até começarmos a descer o Morne Kabrit e avistarmos o outrora fértil e hoje alcalinizado planalto Cul-de-Sac e, mais adiante, Porto Príncipe. Aquele era o trecho mais perigoso da estrada, território *kwazman*. Farmer explicou o significado do termo:

– Quando se dá de cara com outro caminhão ou algo como aquele pedregulho que nós passamos, trata-se de um *kwazman*.

O resultado do *kwazman* estava logo ali adiante, um caminhão capotado na beira da estrada, não muito distante de onde Paul e Ophelia haviam encontrado o corpo da vendedora de mangas 17 anos antes. Farmer parou e olhou pelo para-brisa do caminhão destroçado. Não havia ninguém, nenhum corpo estendido no chão dessa vez. Ele então comentou em inglês comigo, traduzindo depois para o crioulo para os habitantes de Cange que ficaram mais atrás:

– Parece que ninguém se feriu.

Um dos homens respondeu:

– Bem, rogaram praga para alguém aí nesse caminhão morrer.

Às gargalhadas, Farmer traduziu o comentário do haitiano e seguiu viagem. A primeira parada foi no presídio em Croix des Bouquets, um subúrbio de Porto Príncipe. Em sua lista de afazeres, ainda faltava um *bwat*: "extração carcerária". Um dos homens na caçamba do caminhão, um camponês de Kay Pin, tinha um filho que fora para a cidade trabalhar como segurança; havia pouco tempo, o rapaz tinha sido preso por suspeita de assassinato. Farmer havia arrumado um advogado. Parou na cadeia só para que o pai pudesse conversar com o rapaz.

Um sargento disse:

– Vocês não podem entrar.

Farmer colocou a mão no ombro do oficial e convenceu-o a deixá-los entrar. A cela onde o rapaz definhava era escura, sombria, compartilhada por pelo menos 30 homens. Mais perto da luz, uma dúzia de semblantes olhou por entre a grade.

– Oi – cumprimentou Farmer.

– Oi, doutor – responderam várias vozes. Muitos levantaram as mãos e movimentaram os dedos em cumprimento. Um odor insuportável vinha de dentro da cela: suor, mau hálito, urina e fezes. O rapaz se aproximou da grade para conversar com o pai. Farmer também conversou com ele e lhe falou sobre o advogado.

Deixamos a penitenciária. O caminhão não queria pegar. O pessoal de Cange e eu descemos e começamos a empurrar. O motor pegou e subimos novamente.

– Tantas coisas para o cavaleiro branco dar partida! – disse Farmer. – Quando estava doente, quando estava preso, quando não tinha o que vestir, você veio em meu socorro, etc. Já demos conta dessa parte. – E continuou: – Uma coisa que me vem sempre à cabeça, com toda essa porcaria de custo-benefício, é o seguinte: se, durante minha vida inteira, eu salvei um paciente, não terá sido tão mau assim. "E aí, o que você fez da vida?" "Ah, eu salvei Michela, livrei um rapaz da cadeia. Tive sorte." Agora, ter a chance de salvar zilhões deles... Isso me atrai!

Depois de resolver alguns problemas no centro da cidade, Farmer seguiu para o aeroporto. Quanto mais perto chegávamos, mais mulheres e crianças surgiam, aos berros, vendendo refrigerantes, frutas e bugigangas no acostamento pedregoso. Mais adiante, Farmer avistou um carro enguiçado e os passageiros do lado de fora, empurrando. Ele passou direto.

– Será que estou pecando? Mateus 25 não responde...

Então, elevando a voz, cantou:

– Quando o meu carro enguiçou, você empurrou.

O trânsito estava caótico, como de costume. Uma multidão sempre se aglomerava nas imediações do aeroporto quando um avião grande estava para chegar, e a maioria das pessoas se postava ali na esperança de ganhar alguma coisa. Não eram apenas motoristas de táxi em busca de passageiros, mas crianças, idosos, mulheres com bengalas, gente sem braço, sem perna, todos se espremendo contra a barreira, gritando e acenando para os passageiros que chegavam. No muro do terminal principal, Farmer avistou um cartaz escrito em inglês, endereçado aos turistas durante o último feriado:

FELIZ NATAL E FELICIDADES NO NOVO MILÊNIO – 2000

Embaixo dos dizeres, a figura de uma rena.

– Veja só! – exclamou Farmer. – Um exemplar da fauna local. Coitados dos haitianos! Que Deus os abençoe. Eles são tão esforçados!

...

No avião, meu estado de espírito melhorou, mas Farmer – fui percebendo aos poucos – achava difícil deixar o Haiti.

– Eu e você podemos partir quando quisermos, mas a maioria dos haitianos jamais conseguirá ir a lugar algum, sabia? – disse ele quando embarcávamos.

Pouco depois, quando a aeronave se inclinou por sobre a baía de Porto Príncipe, ele olhou pela janela e virou o rosto. Por um instante, Farmer avistara o planalto central: uma paisagem marrom com apenas escassos e espaçados pontos verdes, uma cadeia montanhosa gasta pela erosão, que mais parecia as costelas de animais famintos, e rios que manchavam de marrom o azul-turquesa do mar, derramando nele o resto de solo fértil do Haiti.

– Só de ver me incomoda – disse Farmer, fazendo o que pelo jeito seria um dos seus últimos comentários sobre o Haiti durante algum tempo. – Não há condição de 8 milhões de pessoas se abrigarem ali, mas lá estão elas. Lá estão elas, sequestradas do Oeste da África.

Ele então se ocupou, redigindo mensagens de agradecimento para os colaboradores da PNS. Depois de terminar cinco delas, rabiscou um X ao lado daquele *bwat* e ficou todo satisfeito. Em seguida, o almoço foi servido. Eu estava prestes a começar a comer quando notei que a bandeja dele estava vazia.

– Ué! Cadê a sua comida?

– Talvez eles saibam que eu não consegui salvar a menina.

Na noite anterior, uma garotinha havia morrido no Pavilhão Infantil; uma menina que Farmer achava que poderia ter sido salva. Farmer passou a noite em claro, tentando de tudo para salvá-la.

– Sinto muito – falei.

– Morre muita gente no Haiti. Às vezes fico saturado dessa situação. É bebê morrendo...

Àquela altura, seu almoço já havia sido servido. Ele comeu um pouco e depois disse:

– Vejamos estes pacientes aqui.

E foi passando ficha por ficha de cada paciente do hospital para tuberculosos, do hospital central e do Pavilhão Infantil.

– E ainda tem a prematura que me deixou preocupado. A pobrezinha é do tamanho de um amendoim. Embora ela não pareça nada mal...

Finalmente, pôs um sorriso no rosto:

– Para um girino.

Quando aterrissamos em Miami, Farmer passou os olhos pela aeronave e arriscou o palpite de que aquela havia sido a primeira vez que 20% dos passageiros viajavam de avião. Dava para apontá-los: os bem magrinhos, os que tinham mãos calejadas e rosto de pele grossa, os que vestiam seus melhores trajes, como se nunca tivessem se arrumado tanto na vida, as mulheres com vestidos cheios de franjas e babados.

– Estamos prestes a ver uma coisa horrível.

– O quê?

– As escadas rolantes.

Farmer ficou na parte de cima da primeira delas. Alguns minutos antes, ele fora até a administração do aeroporto para pedir que alguém fizesse alguma coisa, mas obviamente ninguém lhe dera ouvidos. A cada grupo de quatro ou cinco haitianos, um parava no topo da escada e ficava observando os degraus em movimento. Paravam como se estivessem à beira de um lago fundo, depois começavam a correr, tentando acompanhar a aparente velocidade dos degraus.

– Não corra. Segure-se no corrimão. – Farmer gritou em crioulo para uma mulher aparentemente idosa que estava prestes a tropeçar. A senhora recuperou o equilíbrio. Farmer virou-se para mim, com o rosto sério:

– Quanto mais franjas e babados, mais tropeções.

...

Ophelia achava a personalidade de Paul complexa, construída de contradições: uma necessidade de atividade frenética que, segundo ela, beirava o desespero e um estranho misto de imensa autoconfiança e necessidade de afirmação. Paul vivia perguntando "Como vou indo?" e, se ela não elogiasse, ele ficava magoado. Ophelia achava que o entendia: ele assumia mais compromissos do que podia cumprir e, por isso, queria se sentir seguro. Ao mesmo tempo, parecia "terrivelmente simples". Ela acreditava que Paul jamais experimentara uma depressão de verdade. Era dono de uma liberdade tão invejável que chegava a lhe provocar raiva. Certa vez ele me escreveu: "Não sei o que é desespero e acho que jamais saberei." Era como se o fato de ele tentar achar focos de sofrimento em alguns dos lugares mais desesperados do mundo o tivesse deixado imune aos mais variados tipos de dor psicológica. Ele me disse quando ainda estávamos no Haiti:

– Talvez eu seja uma pessoa mais otimista e positiva do que você. Ninguém acredita que sou otimista, por causa do que digo e escrevo, mas eu só escrevo e digo essas coisas porque elas são verdadeiras.

É claro que ficava triste com frequência, mas não era preciso muito para alegrá-lo.

O aeroporto de Miami era onde ele geralmente descia para fazer conexão. Muita gente que viaja a negócios o considera um dos piores aeroportos do mundo, mas Farmer não compartilhava essa opinião. Dependendo de quanto durasse, a breve parada ali poderia ser "um dia em Miami" ou "um dia especial em Miami". Tanto um quanto outro incluíam um corte de cabelo com seu barbeiro cubano favorito – os dois batiam papo em espanhol – e o último número da revista *People*. Depois subia para o Admiral's Club, que ele chamava de Amirales. Lá, ele tomava uma ducha quente, depois acomodava-se num canto do lobby, processo ao qual ele se referia como a "construção da sua toca" ou "entocar-se no Amirales", e respondia aos e-mails sentado numa cadeira confortável, tomando uma taça de vinho tinto. Aquele era um dia especial em Miami, ou seja, além de todos aqueles prazeres, passamos a noite no hotel do aeroporto.

Farmer passou uma hora procurando o terminal para o nosso voo fretado para Havana. Tinha um novo assistente em Boston, recém-contratado, mas ele supostamente havia se juntado à Parceiros na Saúde para fazer trabalho social, não para servir de agente de viagem. Esse era um problema comum na instituição, como em qualquer outra que depende de trabalho voluntário e que não pode pagar muito aos funcionários. Em se tratando de administrar pessoal, Ophelia e Jim tinham pelo menos mais um problema. Ninguém podia ser despedido – regra de Farmer –, a não ser por roubo ou por bater em algum paciente por duas vezes. Antes, bastava um único tapa e a pessoa estava despedida, mas um empregado em Cange bateu num paciente e, em vez de despedir o funcionário, ele alterou a regra. "Dois tapas", frisou ele.

O jovem assistente merecia certa compreensão. Na época, havia uma fila interminável de gente querendo um minuto da atenção de Farmer, que por sua vez não gostava de decepcionar ninguém. Farmer sempre se queixava de não ter tempo livre e, quando algum tempo livre estava programado, ele o preenchia com uma reunião ou uma palestra. Nunca ninguém havia conseguido organizar sua agenda de maneira impecável. Sua última assistente, uma mulher de uns 30 anos, chegou perto disso. Ele então a promoveu.

Naquela noite, no hotel, Farmer levantou para ir ao banheiro e, para não me acordar, deixou as luzes apagadas. Em meio à escuridão, deu uma topada forte numa mala. Às quatro da manhã, quando levantamos, seu dedo estava roxo. Ele diagnosticou uma fratura; mesmo assim, caminhou por todo o terminal sem se queixar, a bolsa com o laptop pendurada no ombro, sua mais recente carteira – uma sacola plástica – numa das mãos e, na outra, a mala. Esta continha apenas algumas roupas – uns três blusões para dois dias –, mas estava abarrotada de slides para usar em palestras e de presentes para os anfitriões cubanos.

– Você acha que gosto de usar o mesmo blusão durante cinco dias seguidos? – perguntou-me uma vez.

Acho que algumas vezes ele gostava. Às vezes era como se ele dissesse que, se o mundo não estivesse nesse caos e se seus líderes cumprissem com suas obrigações, ele não estaria exposto àquele tipo de desconforto. Entretanto, ele não era de se queixar. Costumava dizer que era fácil escolher entre carregar blusões e carregar remédios.

– O segredo é manter-se limpo e trocar a cueca.

Descobri que ele tinha muitos segredos como aquele.

– Dica para viajante número 1.073: se você não tem tempo para comer ou não há outra escolha no avião, um pacote de amendoim e um Bloody Mary têm 600 calorias.

Naquela manhã, carreguei os presentes que não couberam na mala. Ele ficou muito agradecido. Acho que Farmer se sentia obrigado a comprar presentes até não conseguir mais carregar. Só assim ele percebia que já havia comprado o bastante.

Enquanto ele mancava pelo terminal, comentei sobre suas noites insones, suas semanas de 100 horas, suas viagens constantes.

– O problema é que, se eu não trabalhar desse jeito, alguém que poderia ser salvo vai morrer. Parece megalomania. Eu não lhe teria dito isso sem antes tê-lo levado ao Haiti para que você visse que é tudo verdade.

Em seguida acrescentou, sério:

– Mas quero entrar em forma. Hoje de manhã fiz umas flexões.

Ele realmente havia feito uma série de flexões, de barriga para cima, apoiado em duas cadeiras, de modo a proteger o dedão.

Mais adiante, avistamos o local do check-in do avião fretado para Havana. Era fácil de se identificar, pela pilha de malas, caixas contendo rádios e eletrodomésticos, sacolas cheias de coisas como fraldas descartáveis. A cena era semelhante à que se via no guichê dos voos para o Haiti; a diferença era que as pilhas não eram tão grandes e as malas não eram tão velhas. É possível saber a situação econômica de um país pela bagagem que se leva de volta dos Estados Unidos – o shopping center dos países pobres. Aquela cena era tão comum para Farmer que nem sequer lhe chamou a atenção. Durante 18 anos, ele fez para os haitianos o que se chama em crioulo de *commission*, ou seja, "Tenho umas coisas para você levar no avião". "Eles são a história da vida de Paul", Jim Kim disse-me uma vez. "Tenho um tio que mora em Poughkeepsie, poderia levar esta manga para ele?", ou "Poderia comprar um relógio para mim nos Estados Unidos?", ou "Poderia comprar um rádio e levar este pedaço de pão para a minha tia do Brooklyn?". E Paul respondia: "Claro!"

Depois que fizemos o check-in, sentamos a uma mesa no restaurante do aeroporto, onde Farmer redigiu mais mensagens de agradecimento. Ele sorria e deduzi que estava ansioso para chegar a Cuba, pois comentou:

– Por enquanto, chega de bebês mortos.

# CAPÍTULO 21

Quando o avião desceu em direção a Havana, Farmer olhou pela janela e começou a exclamar:

– Veja! Pouco mais de 30 quilômetros do Haiti e olhe só isto aqui! Árvores! Plantações! Tudo tão verdinho! E isso em plena seca! As mesmas condições ecológicas do Haiti e veja só!

O médico cubano que estava organizando a conferência sobre aids, um velho amigo de Farmer chamado Jorge Pérez, havia mandado um carro buscá-lo. Passando por Havana, vi pela primeira vez um cartaz de propaganda política cubana, mostrando uma versão gigantesca daquela famosa foto de Che Guevara de boina, e lembrei-me de que qualquer americano que falasse bem da Cuba de Fidel corria o risco de ser tachado de comunista idiota. Eu sabia que Farmer adorava Cuba; não exatamente por razões ideológicas, pensava eu, mas pelos resultados positivos que os dados estatísticos – estatística cuidadosamente avaliada pela OMS e considerada como uma das mais precisas do mundo – mostravam na área da saúde.

É claro que muitos fatores afetam a saúde pública – alimentação, transporte, criminalidade, moradia, controle epidemiológico, saneamento básico e medicamentos. Em Cuba, a expectativa de vida era praticamente a mesma que nos Estados Unidos. Desde a revolução, Cuba conseguiu manter sob controle doenças como dengue, tifo, tuberculose e aids, ainda presentes e proliferando a todo o vapor a menos de 30 quilômetros, no Haiti. Mais tarde, acompanhando o Dr. Pérez em uma visita ao seu hospital – o hospital público especializado em doenças infecciosas –, visitamos um paciente com malária e Pérez informou que os médicos de sua equipe, jovens, erraram no diagnóstico inicial, porque nunca tinham visto um caso de malária antes. E lá estava Farmer, que permanecera diversas vezes, durante 18 anos, junto ao leito de camponeses haitianos recém-chegados em lombos de burros – idosos, mulheres, homens e crianças –, sentindo as derradeiras dores da malária cerebral, já em convulsão.

– Para mim, admirar de perto a medicina cubana é um privilégio – disse Farmer.

Cuba era um país pobre, em parte por causa do embargo havia muito tempo imposto pelos Estados Unidos. Mesmo assim, quando a União Soviética se dissolveu, levando Cuba a perder o apoio político e financeiro, além de boa parte de seu mercado internacional, o governo atentou para o alerta dos epidemiologistas e aumentou o investimento em saúde pública. Para os padrões americanos, os médicos em Cuba careciam de equipamento e, mesmo para os padrões cubanos, eram mal pagos. Entretanto, eles eram bem treinados e havia mais médicos per capita lá do que em qualquer outro país – o dobro do que havia nos Estados Unidos. Ao que parecia, todos tinham acesso tanto a atendimento ambulatorial quanto a procedimentos cirúrgicos, como cirurgia cardiovascular. Na verdade, segundo um estudo feito pela OMS, Cuba tinha a distribuição de remédios mais equitativa do mundo. Além disso, o país parecia ter abandonado sua campanha de mudar o mundo por meio do envio de tropas. Em vez de soldados, o país enviava médicos para dezenas de países pobres. Cerca de 500 médicos cubanos estão atualmente trabalhando de graça no Haiti – não de forma eficaz, pois lhes faltam equipamentos, mas o gesto em si significa muito para Farmer.

Uma vez Farmer discutiu sobre Cuba com alguns amigos, colegas seus de Harvard, que disseram que o exemplo dos países escandinavos era melhor, pois mostrava como oferecer um eficiente sistema de saúde público dispondo de liberdade política. Farmer então rebateu que eles estavam falando de administração de riqueza. Ele, por sua vez, falava de administrar pobreza. O Haiti era um mau exemplo de como se fazer isso, ao passo que o exemplo cubano era bom.

Farmer havia estudado as ideologias vigentes no mundo. A análise marxista que norteou a Teologia da Libertação parecia-lhe inegavelmente correta. Como alguém podia dizer que a luta de classes não existia, ou que o sofrimento não era uma "invenção social", sobretudo nos dias de hoje, em que a humanidade já desenvolveu uma série de ferramentas para aliviá-lo? Ele queria mais denunciar as falhas do mundo capitalista do que catalogar os fracassos do socialismo.

– Todos devemos criticar os excessos dos poderosos, se pudermos demonstrar prontamente que isso prejudica os pobres e desvalidos.

Entretanto, há anos ele havia chegado à conclusão de que o marxismo não conseguia responder a questões impostas pelo sofrimento que ele testemunhou no Haiti. Tanto que contestou os marxistas que tinha lido:

– O que não gosto na literatura marxista é o que não gosto nas atividades acadêmicas. E não é a isso que o marxismo, em geral, se resume agora? Arrogância, pequenas rusgas internas, desonestidade, vontade de se autopromover, ortodoxia... Não suporto a ortodoxia e aposto que foi por essa razão que a ciência não floresceu na antiga União Soviética.

Farmer questionava todas as ideologias, inclusive a sua, ainda que parcialmente. Uma vez ele me escreveu a respeito da Teologia da Libertação: "É uma 'logia', afinal de contas, e todas as 'logias' falham em algum ponto. Num ponto, creio eu, não muito distante de onde os pobres haitianos vivem uma vida cercada de perigos."

Em que ponto está a falha? Ele depois me falou:

– Se alguém levar essa "logia" à sua conclusão lógica, Deus então deverá estar na luta contra a injustiça. Mas se os pobres enfrentam desigualdades tão absurdas, como facão versus metralhadora, burro versus tanque, pedra versus míssil, ou, até mesmo, tifo versus câncer, não é prudente, não é sensato, fazer com que eles reivindiquem o que é deles por direito? O que acontece quando os indigentes da Guatemala, de El Salvador, do Haiti, seja lá de onde for, são movidos, por meio de uma releitura do evangelho, a brigar pelo que é seu, a reivindicar o que um dia foi seu e que lhe foi roubado, a pedir apenas que os deixem viver uma pobreza decente e jamais a miséria que se vê diariamente no Haiti? Sabemos a resposta, porque estamos cavando e enterrando seus corpos na Guatemala.

Para mim, a primeira visão da Cuba comunista foi um grande alívio depois do Haiti. Ruas pavimentadas, carros americanos velhos em vez de lixo no *gwo wout la*. A comida em Cuba era racionada e o café era misturado com outros grãos moídos, mas ninguém passava fome, não havia desnutrição compulsória. Na rua principal, notei um grupo de prostitutas e conjuntos habitacionais que precisavam de pintura e reforma, como boa parte dos edifícios de Havana. Entretanto, eu ainda tinha em mente as favelas de Porto Príncipe e os barracos no planalto central; e Cuba era linda para mim.

Quando chegamos ao hotel, Farmer disse:

– Aqui vou conseguir dormir. Todo mundo tem médico.

Ele então se deitou e, minutos depois, já estava dormindo.

...

– Gostei de ter me afastado um tempo do Haiti – disse Farmer quando acordou. – Quer dizer, eu me sinto culpado. Sinto-me culpado por ter partido, mas vou aproveitar a minha estada em Cuba para levantar fundos para lá.

Ele contava com o apoio do Dr. Pérez para isso.

Jorge Pérez devia ter uns 55 anos. O topo de sua cabeça mal chegava à altura dos ombros ossudos de Farmer. A primeira vez que Farmer o viu, alguns anos atrás, um paciente, bastante alto, apontava o dedo para a cara de Jorge, dizendo em espanhol: "Escute bem. Eu é que tenho um problema para resolver com você." Pérez olhava para cima, fazendo que sim com a cabeça. Farmer se lembra de ter pensado na hora: "Isso parece ser o que se chama de um bom relacionamento médico-paciente." Eles se tornaram amigos desde então.

A principal razão da viagem de Farmer a Cuba era conseguir verba para formar um estoque de drogas antirretrovirais – uma quantidade suficiente para tratar, a princípio, 25 pacientes soropositivos de Cange, em estágio já avançado da doença. Na conferência sobre aids, ele conheceu uma mulher que talvez pudesse ajudar, se quisesse. Ela era responsável pelo projeto de HIV/aids, o Unaids, promovido pela ONU no Caribe. Durante dias, Farmer fez lobby e entregou a ela uma cópia de *Doenças e iniquidade*, com a seguinte dedicatória: "A Peggy McAvoy, com um abraço solidário e muita esperança em relação à sua ajuda ao Haiti." Ele então se virou para mim e disse:

– Minha sutileza. Ninguém provoca sentimento de remorso como eu.

No coquetel – repleto de todo tipo de autoridades da área médica –, ele tentou fechar o negócio. E parecia ter conseguido, com um pequeno empurrãozinho do Dr. Pérez, que se aproximou de Peggy e disse, a respeito de Farmer:

– Ele é meu amigo.

Ela pediu a Farmer que fizesse uma proposta por escrito. Com uma cara de felicidade, ele perguntou:

– Posso lhe dar um beijo? Posso lhe dar dois?

Ele também esperava resolver o problema mais frequente da Zanmi Lasante. À exceção de apenas um, todos os médicos haitianos moravam em Porto Príncipe ou no exterior – no Canadá, na Flórida ou em Nova Jersey.

– Pertenciam à "classe média haitiana"– explicou-me Farmer. – A classe média haitiana considera Cange inabitável, *nan raje*, o fim do mundo.

Permanecer no planalto central, longe da família, num lugar onde só se pode trabalhar e jogar pingue-pongue – Farmer havia acabado de comprar uma mesa de pingue-pongue para os médicos – era sem dúvida um sacrifício enorme para muitos. Vários deles, mais recentemente o ginecologista, tinham ido trabalhar nos Estados Unidos. Aliás, alguns foram trabalhar com Farmer com esse objetivo: serem treinados pelo *Doktè* Paul e depois emigrar. Paul sempre se sentia na obrigação de ajudar. Ele esperava poder formar médicos nativos de Cange. Ele e sua equipe no Haiti haviam escolhido dois jovens. Farmer esperava mandá-los para Cuba, para estudar numa grande faculdade de medicina que estava sendo aberta para estudantes latino-americanos.

Ele contou seu plano a Pérez, que agendou um encontro entre Farmer e o secretário do Conselho de Estado cubano, um médico chamado José Miyar Barruecos, conhecido como Choumy, um homem de aparência distinta, de cerca de 60 anos. Eles conversaram por um tempo e depois Farmer lhe disse em espanhol:

– Posso lhe mandar dois alunos este ano?

– Dos Estados Unidos?

– Não, do Haiti.

– *Por supuesto*! Claro! – respondeu ele.

Luc Montagnier, o homem a quem de forma geral se atribui a descoberta do vírus da deficiência imunológica humana, participaria da conferência. Isso significava que o embaixador francês em Cuba, em algum momento, iria aparecer. Quando o embaixador chegou, Farmer foi falar com ele e com Montagnier. Ao que me pareceu, os dois ficaram surpresos, impressionados com o francês de Farmer. Ele lhes disse que sonhava com uma espécie de "triângulo", médicos de Cuba e dinheiro da França entrando no Haiti. Era claro que ele estava brincando com o termo *comércio triangular*, o tipo de relação comercial que criou a colônia escravista francesa que mais tarde virou o Haiti. Farmer convidou Montagnier para ir a Cange. Depois de hesitar, Montagnier aceitou o convite. O embaixador disse a Farmer:

– Nós também vamos ajudar os haitianos.

Talvez fossem promessas vazias, feitas só por educação, mas Farmer era particularmente talentoso como pedinte. A ideia era imaginar que cada promessa nova era verdadeira e que obteríamos o maior número possível delas, para aumentar as chances de uma ou duas serem de fato reais. Ele então ligaria, mandaria cartas e e-mails e, se nada desse resultado concreto, pelo menos provocaria um certo constrangimento, o que poderia abrir caminho para a próxima promessa se tornar realidade.

Farmer também tinha alguns compromissos formais em Cuba. Ele havia agendado duas palestras na conferência.

– Quais são os temas? – perguntei.

– Um deles é dirigido a clínicos: como lidar com infecção concomitante de HIV e tuberculose. O outro é "Por que a vida suga".

Ele começou a segunda palestra dizendo:

– Hoje vou falar do problema de uma infecção concomitante mais significativa, que é a pobreza. Pobreza e desigualdade.

Na tela dentro do anfiteatro do hospital de infectologia de Cuba, ao lado do amigo alto e de voz fraca, vestindo o terno preto, as águas azuis da represa de Péligre surgiram.

– Hoje em dia, nesse país onde eu trabalho há 18 anos, os *campesinos* perderam suas terras para uma hidrelétrica.

...

Farmer pediu que a plateia se recordasse do tempo em que especialistas relatavam diversas bobagens sobre quem pegava HIV e por que, quando o simples fato de ser haitiano já significava fazer parte do "grupo de risco". Ele e sua equipe planejaram um estudo em Cange para tentar chegar aos fatos locais. Duzentas mulheres participaram, metade infectada com o HIV e metade não. Praticamente nenhuma delas, tanto num grupo quanto no outro, foi exposta aos riscos comumente mencionados em relatos de especialistas – injeções intramusculares, transfusões de sangue, uso de drogas injetáveis. Nos arredores de Cange, Farmer notou que o vocabulário dos lavradores nem sequer continha uma palavra que se referisse a drogas ilícitas, as quais, aliás, ninguém ali tinha condições de comprar. Tampouco mulher alguma tinha tido qualquer tipo de comportamento promíscuo; em média, tinham tido relações sexuais com dois homens, consecutiva mas não concomitantemente, praticando o que podemos chamar de "monogamia em série". Entre os dois grupos de mulheres, apenas duas diferenças eram flagrantes. Ao contrário das não infectadas, muitas das contaminadas com HIV haviam trabalhado como empregadas domésticas em Porto Príncipe. É obvio que não foi o trabalho doméstico que lhes trouxe o HIV, mas ele demonstrava o desespero financeiro delas – trabalhar para a elite haitiana não era nem prazeroso nem financeiramente compensador. As mulheres infectadas foram unânimes em atribuir a esse desespero – extrema pobreza e ignorância – o fato de terem assumido o que parecia ser o verdadeiro risco de contrair aids: viver maritalmente com motoristas de caminhão e com soldados.

– Por que esse dois grupos? – perguntou Farmer da tribuna.

Será que eram mais viris do que outros homens haitianos? É claro que não. O fato de eles terem emprego fixo numa economia em que a taxa de desemprego era de 70% talvez explicasse, ainda que indiretamente, o problema. Os motoristas de caminhão, por um lado, em virtude da vida itinerante que levavam, podiam ter uma mulher em cada parte. Os soldados, por outro lado, naquela época de domínio militar, tinham o poder de coagir as camponesas.

De lá de cima da tribuna, Farmer continuou sua narrativa: depois de terminado o estudo, ele voltou aos Estados Unidos e acessou o site da Medline. Em seguida, clicou em "aids" e surgiram milhares de estudos na tela do computador. Depois, clicou em "aids e mulheres" e surgiram apenas alguns poucos estudos.

– Então, quando cruzei "aids, mulheres e pobreza", apareceu a seguinte mensagem: "Não há estudos incluindo essas especificações."

Farmer estendeu a mão em direção à tela que estava atrás dele, onde havia um gráfico gigantesco do estudo de Cange.

– Há razões para que as pessoas se sintam constrangidas em falar sobre o assunto. Está certo, mas, se quisermos impedir que a aids avance, é melhor investigar melhor a questão. Países com os maiores índices de desigualdade social e de pobreza são os que enfrentam os mais graves casos de aids, e tenho certeza de que o professor Montagnier vai concordar que, embora as coinfecções sejam fatores concorrentes significativos, não são tão importantes quanto os que acabei de citar. Precisamos acabar com a desigualdade social, e muitos países vêm conseguindo isso.

Ele então fechou o discurso de uma de suas maneiras prediletas, citando uma agricultora:

– Uma mulher em Cange me disse uma vez: "Se vocês quiserem impedir que as mulheres peguem aids, deem emprego a elas."

Naquele momento percebi que estava entendendo como Farmer combinava experiência e filosofia. Ao tentar manter a tuberculose e a aids sob controle no planalto central, ele entrou em conflito não com os mitos do Terceiro Mundo, como a crença em bruxaria, mas com os do Primeiro, como as teorias de especialistas que supervalorizaram o poder que as mulheres tinham de se proteger contra a aids. Era Cuba, obviamente, o pequeno e isolado iconoclasta do hemisfério. O anfiteatro, com cerca da metade dele ocupada, aplaudiu com todo o fervor por vários minutos.

...

Farmer me disse que gostaria de ficar na conferência, mas acabou permanecendo menos tempo lá do que em nosso quarto de hotel, deitado na cama, com um travesseiro atrás da cabeça, outro debaixo dos joelhos e o computador no colo. Às vezes, ameaçava cochilar, mas pulava da cama e caminhava, balançando os braços e dizendo para si mesmo: "Ânimo, Pel. Ânimo." Ele então voltou a digitar a proposta para a Unaids, uma proposta de financiamento para obter medicamentos antirretrovirais para a Zanmi Lasante (não era possível procurar muitas fontes de capital quando não se tinha capital) e uma resposta a um editorial que questionava a real necessidade de se tratar a tuberculose multirresistente na Rússia.

– Para quem é isso? – perguntei.

– Para *The Journal of Tuberculosis and Lung Disease* – respondeu ele, enquanto digitava. – Você recebe em casa, tenho certeza.

De vez em quando Farmer trabalhava em seu novo livro, *Pathologies of Power* (Patologias do poder). Ele tinha uma cópia encadernada do primeiro rascunho datilografado. Em um capítulo, ele comparava as duas maneiras como a aids fora administrada na ilha de Cuba – o método cubano e a quarentena americana imposta aos refugiados haitianos, no começo dos anos 1990, na base naval de Guantánamo. No quarto, Farmer lia em voz alta um trecho de um livro escrito por um respeitado cientista político norte-americano, que também havia comparado as duas quarentenas, chamando-as, grosso modo, de equivalentes.

– Isso faz meu sangue ferver! – exclamou.

Ele não aprovava a quarentena para tratar a aids.

– Nunca se provou que a quarentena é uma medida eficaz para controlar doenças sexualmente transmissíveis. Tanto o método de Guantánamo quanto o de Cuba eram quarentenas, mas é *mentira* dizer que não eram diferentes.

Ele havia entrevistado alguns haitianos submetidos à quarentena em Guantánamo que lhe contaram histórias terríveis do tratamento dos militares norte-americanos – de comida com larvas, exames de sangue compulsórios, injeções de um contraceptivo chamado Depo-Provera cujo efeito poderia prolongar-se por 18 meses, e das surras que levavam quando protestavam. Ninguém precisou acreditar nos haitianos. Em 1993, um juiz federal norte-americano havia criticado duramente a quarentena e pôs fim à prática, considerando-a inconstitucional.

A outra quarentena, a que os pacientes com HIV em Cuba foram submetidos, promovida pelo governo cubano, aconteceu numa localidade chamada Santiago de las Vegas, não muito longe de Havana – ficava a uma hora de carro, aproximadamente. Dr. Pérez desempenhou um papel importante nessa história toda. Ele nos levou até lá no seu Lada, um sedan de fabricação russa, em péssimo estado de conservação.

Adorei a paisagem rural – colorida, se comparada à do Haiti –, os fios da rede elétrica, os campos irrigados. Saímos da estrada principal e entramos numa outra mais estreita, porém asfaltada. Pouco depois, Dr. Pérez anunciou:

– Estamos nos aproximando agora do campo de concentração. Vocês vão ver o campo de concentração que temos aqui.

Foi esse o termo que um artigo publicado pelo *The New York Times* usou para se referir ao centro de tratamento da aids.

À direita ficava um terreno onde antes havia uma enorme propriedade. Descemos pela alameda. Um jovem, de boina preta, peito nu e musculoso, saía pelo portão, de bicicleta.

– Pare, por favor – disse Farmer ao motorista de Pérez.

Em seguida pulou do carro e gritou:

– Eduardo!

Eduardo deu a volta, pulou da bicicleta sorrindo e abraçou Farmer. Ele era um ex-soldado cubano que havia contraído aids na África. Era paciente de Pérez. Farmer tinha conhecido e cuidado um pouco de Eduardo numa viagem que havia feito anteriormente. Nunca ouvi Farmer reclamar de excesso de pacientes e era visível que se sentiria mal caso não tivesse nenhum. Por isso, em Cuba pegava emprestados alguns de Pérez.

Farmer entrou no carro e seguimos até uma velha *hacienda*, antiga propriedade de um cubano rico que fugiu na época da revolução. Tinha pé-direito alto e muitos quartos. As paredes estavam um pouco manchadas, mas não se podia dizer que estava caindo aos pedaços. Parecia ter sido uma construção imponente na qual puseram um arquivo cinza num canto que antes devia ter abrigado uma cômoda alta de mogno.

Durante o almoço no prédio da sede, Dr. Pérez nos contou sua versão da história da instituição. Disse que ele e seu chefe, Gustavo

Kouri, estavam apresentando a Fidel Castro um relatório sobre a malária na África quando o presidente perguntou: "O que vocês vão fazer para impedir que a aids entre em Cuba?"

Pérez continuou:

– Gustavo então disse que a aids não tinha a menor importância. Fidel coçou a barba e disse: "Você não sabe o que está dizendo. A aids vai ser o mal do século e a responsabilidade de impedir que ela se espalhe em Cuba, Gustavo, é sua."

As autoridades cubanas tinham resolvido isolar os portadores de HIV naquela antiga *hacienda*, em regime militar – primeiro soldados e depois um mistura explosiva de soldados e homossexuais, sem dúvida mais desagradável para os presidiários gays, embora todos recebessem tratamento médico e boa alimentação.

Quando Pérez assumiu a direção do hospital, permitiu visitas, derrubou o muro alto que cercava o local – "porque os repórteres que vinham aqui precisavam escalar as árvores" – e, aos poucos, foi mudando as normas, primeiro permitindo que os pacientes deixassem temporariamente o hospital, desde que provassem que praticariam sexo seguro, e, eventualmente, liberando-os definitivamente da quarentena. Pérez disse que chegou a achar que todos os pacientes aproveitariam aquela chance para fugir do tratamento, mas só 20% o fizeram, em parte porque o hospital oferecia muito mais conforto do que qualquer outro lugar.

Dr. Pérez nos levou para conhecer as residências dos pacientes: casas e apartamentos pequenos, construídos em meio a jardins e palmeiras. Parecia um bairro operário norte-americano. Fomos até a casa de Eduardo: três quartos pequenos. Sobre a mesinha, um retrato de Farmer tirado por uma dessas câmeras instantâneas. Ao vê-lo, Farmer passou um bom tempo olhando-o atentamente. Ficou com o rosto vermelho. Refeito da emoção, disse a Eduardo:

– Quer dizer então que você ainda fuma.

Eduardo lhe ofereceu o maço e, rindo, Farmer o empurrou para o lado e disse:

– Não. Eu ia justamente dizer que você deveria parar com o vício.

A visita chegou ao fim. Farmer continuou a elogiar o local, dizendo como era agradável.

– Achei meio deprimente – disse a ele, dando minha impressão.

– É mesmo? – perguntou surpreso. – Comparado com o lugar onde eu me criei, é muito bom. Eles têm fogão a gás, ar-condicionado, luz elétrica, televisão...

Na verdade, não eram as instalações do hospital que me incomodavam. Senti que Farmer estava segurando seu habitual senso crítico aguçado. Achei que ele só estivesse olhando o que merecesse elogio. Por isso, resolvi fazer o contrário. Talvez eu só quisesse provocar uma discussão. Ele, claro, não queria. Deixou que o assunto morresse.

À medida que caminhávamos pelo hospital, disse a mim mesmo que àquela altura dos acontecimentos era fácil julgar a maneira como muitos países tinham enfrentado a aids nos primeiros anos de pavor que uma emergência em saúde pública daquelas proporções provocava. Provavelmente também era fácil comparar as reações cubana e norte-americana à síndrome. Os dois países eram tão diferentes em tamanho e em complexidade! Eu tinha que pensar se eu teria as mesmas reservas, caso os resultados tivessem sido o contrário. Em 2000, o índice geral de pessoas infectadas com HIV e de mortes por aids estava caindo nos Estados Unidos, mas as mortes e infecções atingiram um percentual da população muito maior do que em Cuba, e a aids havia se tornado basicamente uma doença de homossexuais, concentrada na camada mais pobre da população norte-americana. Enquanto isso, Cuba tinha o menor índice de incidência per capita do HIV no Ocidente – a estatística de HIV cubana parecia estar entre as mais precisas do mundo, por uma simples razão: o exame era obrigatório e milhões de pessoas o fizeram. Numa ilha de 11 milhões de habitantes, constataram-se apenas 2.669 soropositivos desde 2000. Desses, 1.003 haviam desenvolvido a doença e 653 morreram. Apenas cinco crianças tinham contraído o vírus no ventre materno e todas elas estavam vivas. Só 10 pessoas contraíram o vírus por transfusão de sangue, pois Cuba fizera uma triagem em seus estoques de sangue. Pode-se dizer que o embargo dos Estados Unidos a Cuba protegeu a ilha, mas, por outro lado, assim que a epidemia começou, Cuba tinha fortes laços comerciais com a África.

Voltamos para Havana. Pérez disse que havia recebido um telefonema da embaixada de Barbados. Queriam que ele fosse ver a filha do embaixador.

– Mas eu nem sei quem é ela. Ontem me ligaram cinco vezes. De qualquer maneira, hoje estou com Paul Farmer.

...

Pelo jeito, Farmer e Pérez tinham um prazer em comum: visitar pacientes. Quando Pérez vinha a Boston, gostava de acompanhar Farmer nas rondas. Pouco depois de termos chegado a Havana, Farmer perguntou:

– Vamos visitar pacientes, Jorge?

– Claro!

Pérez também o levou para conhecer o chefe da patologia forense de Cuba, que liderou a equipe que descobriu a cova secreta de Che Guevara na Bolívia – ou, segundo alguns, dizia ter encontrado. O patologista ficou de pé à sua escrivaninha contando o episódio em voz alta, declamando em certos momentos. Relembrou como eles haviam proposto um modelo matemático, contando com os serviços de profissionais cubanos – arqueólogo, químico especializado em solo, geólogo e botânico –, e como, depois de vasculhar a área durante 300 dias, finalmente conseguiram encontrar os ossos, identificaram-nos e enviaram-nos ilegalmente para Cuba. "Nós estávamos encontrando heróis. Eu estava encontrando os *meus* heróis. Como pesquisadores, como cientistas, e por causa da revolução, estávamos orgulhosos. Era muito importante para a revolução. É uma mistura. Aquilo e o cumprimento do dever."

Fomos jantar na casa de Pérez, que era tão grande e bem mobiliada quanto uma unidade de um conjunto habitacional decente nos Estados Unidos – Farmer chamou a minha atenção para o fato de o motorista de Pérez comer junto com a família do patrão. No outro dia, à noite, fomos jantar em um restaurante tido como um dos favoritos de Hemingway – havia tantos restaurantes como aquele em Havana quanto em Key West. Homens tocando violão cercaram a mesa para cantar "El Comandante", uma balada fúnebre composta em homenagem a Che. No hotel, Farmer teve a oportunidade de fazer uma variação de sua "hortitortura". No saguão, havia umas cacatuas numa gaiola. Sempre que entrava e saía do hotel, ele parava para admirá-las.

– São psitaciformes, a propósito. Sei disso porque estão associadas a uma doença chamada psitacose.

O hotel também tinha um tanque de peixes e vários pequenos lagos sobre os quais ele curvava o dorso magro, citando os nomes: tricogáster azul, molinésia negra, tetra néon.

De acordo com os padrões de Farmer, a estada em Cuba era uma folga. Em quase todos os lugares onde trabalhou – na Sibéria, no planalto central do Haiti, nas favelas do norte de Lima, no sitiado estado de Chiapas, no México – ele enviava e recebia e-mails. Em Cuba, porém, sua rotina eletrônica fora interrompida por causa do embargo. Isso lhe custaria caro depois, mas, naquele momento, estava livre dos pedidos e tarefas que lhe eram diariamente enviados pelo correio eletrônico em todos os lugares, exceto lá.

Eu nunca vi ninguém que tivesse viajado tanto e visitado um número de pontos turísticos tão pequeno. Farmer jamais visitara Machu Picchu, no Peru. Nunca assistira a uma apresentação do Bolshoi em Moscou. Tampouco visitara os pontos turísticos de Cuba. Durante essa viagem, muito do que viu da velha Havana foi da janela do carro do Dr. Pérez. Uma cidade com uma herança arcaica, agradável – pelo menos, de uma visão externa –, com seus arcos, cornijas esculpidas e portais semidecadentes, e adorável nas noites quentes e ventosas, quando as ondas batiam na mureta e molhavam de leve os casais apaixonados ao longo do Malecón. Era como se Farmer tivesse instalado nele mesmo um sistema de alarme que, a cada coisa prazerosa, disparava o seguinte alerta: "Você está se esquecendo do Haiti." Ele olhou em direção às figueiras enormes ao longo da estrada que o motorista de Pérez pegou e disse:

– Trabalho no Haiti há 18 anos e tudo piorou.

Num determinado ponto da conversa, lamentou-se:

– Não fizemos o bastante pelo Haiti.

– E a Zanmi Lasante?

– A Zanmi Lasante é um oásis, a melhor clínica do Haiti, mas não se compara aos hospitais daqui. Os cubanos teriam feito coisa melhor.

•••

Durante toda a nossa estada em Cuba, Farmer ficou maravilhado com as atenções dispensadas a ele. Dr. Pérez tinha um hospital para administrar, uma conferência para organizar e ainda precisava entreter um provável ganhador do Prêmio Nobel – Luc Montagnier. Mesmo assim, ele passara grande parte dos dias e todas as noites com Farmer. Numa noite, no hotel, Farmer desviou o olhar do computador e perguntou-me a que eu achava que se devia aquilo.

Era raro Farmer fazer uma pergunta para a qual ele já não tivesse resposta. Por isso, para manter o clima de harmonia, eu deveria tentar achar a resposta que ele tinha na cabeça. Em vez disso, porém, eu disse que achava que os cubanos gostavam dos ataques que ele fazia publicamente à política norte-americana na América Latina, da sua simpatia declarada pelo sistema de saúde pública de Cuba e do seu esforço para criar laços entre Harvard e Cuba.

– E Jorge ainda o apresenta como "meu amigo" – acrescentei.

Olhei para Farmer e deparei com seus olhos azul-claros fixos em mim. Seu típico olhar, como se ele estivesse examinando um raio X de nossa alma, ou, caso estivéssemos irritados com ele, como se *ele* imaginasse estar examinando. Quis desviar o olhar, mas não consegui.

– Tenho a mesma recepção em todo lugar. Fico estupefato com o jeito como os russos me recebem e odeio o sistema de saúde deles. Por que é sempre assim em todos esses lugares tão radicalmente diferentes? Acho que é por causa do Haiti. Acho que é porque eu me dedico aos pobres.

Tive a impressão de que estava zangado, decepcionado, meio magoado até. Uma combinação perigosa de sentimentos. Farmer então voltou a trabalhar e eu me deitei na cama tentando dormir. Logo em seguida, ele me perguntou:

– Está pensando em quê?

Senti que estava perdoado e, embora não soubesse exatamente por que, de certa forma era um alívio. Não durou muito, porém.

Quando descobrimos que o voo para Miami estava atrasado cinco horas, fomos para um pequeno restaurante ali mesmo no aeroporto. Farmer se acomodou e abriu o computador. De onde estava, gritou em espanhol para a garçonete atrás do balcão:

– Senhora?

Ela estava de costas para nós e, sem se virar, respondeu:

– *Dígame, mi amor.*

Farmer riu. Em seguida, disse:

– É impossível não amar um país onde as pessoas fazem isso.

O atraso do voo não o tinha irritado. Na verdade, comecei a achar que ele ficava ainda mais feliz diante de adversidades, mesmo que pequenas. De repente, então, ele me disse:

– Se você for escrever sobre Che, essa opinião é sua, não minha.

– Por quê?

– Agora você sabe mais sobre a exumação dos restos mortais dele do que 90% dos americanos. Sabe, também, o sentimento que os cubanos nutrem por ele. O homem que o desenterrou estava praticamente em prantos – disse ele, lançando-me aquele seu olhar típico. – Posso ser sentimental, mas não sou nenhum idiota. Sou o inflexível pai do tratamento da tuberculose multirresistente, que também fundou um hospital voltado para isso – concluiu.

Foi então que ele chegou ao "x" da questão: o que eu ia escrever sobre Cuba e, especialmente, sobre a estada dele em Cuba.

– Quando se escreve sobre alguém que vive uma vida arriscada, tendo deixado para trás todo tipo de conforto e segurança, o que é o meu caso, normalmente o texto é escrito de forma a deixar uma saída para o leitor. Pode-se converter generosidade em patologia, compromisso em obsessão. Tudo isso está no repertório de quem está mais interessado em deixar o leitor à vontade do que propriamente em contar-lhe a verdade de uma forma contundente. Quero que as pessoas se toquem com a história de Lazarus e com a de todos os outros que são maltratados. Se não fosse por isso, por que eu o teria ao meu lado? A maneira como você me descreve não me compromete muito. Já levei esculacho de generais e fui denunciado por gente que não tem informação alguma, enquanto eu tenho um monte. Isso em nada me afeta, mas afeta os meus pacientes. Se a calorosíssima recepção que tive aqui em Cuba for descrita como resultado do fato de me considerarem um aliado parasita de Cuba, então o interesse dos médicos cubanos pelos pobres do Haiti estará perdido.

Ele continuou a seguir o raciocínio por um tempo.

– Se eu disser que Santiago de las Vegas parece uma linda fazenda cheia de laboratórios, clínicas e hospitais, estarei agindo como um instrumento dos opressores cubanos.

E então citou o caso do Dr. Pérez:

– Jorge é o diretor do Instituto de Doenças Infecciosas, diretor do hospital, chefe do programa nacional de combate à aids, professor itinerante em vários países, integrante do conselho diretor do nosso programa em Harvard. Ele é ouvido pelo presidente e pelo ministro da Saúde. É uma das maiores autoridades cubanas na área da saúde, mas vive como um americano de classe média baixa e não dá a mínima para isso. Não admiro qualquer um que leve uma vida modesta. O que me agrada em Jorge é que ele acredita que isso é o certo. Ele não gosta de desigualdade social. Acredita na medicina a serviço da justiça social. Isso me comove. Odeio que ridicularizem isso. Odeio!

Foi um discurso veemente e senti que eu era o alvo, como se alguma vez na vida tivesse ridicularizado o Dr. Pérez. Eu me senti ofendido, até magoado, embora, naquele momento, dificilmente fosse admitir isso. A emoção de Farmer aflorou e, como Ophelia disse uma vez, sua reação era normalmente de empatia. Chorava abertamente não só por seus pacientes, mas também por suas memórias. Cumprimentava todos em seu vasto círculo com entusiasmo desconcertante. Eu não estava menos imune ao seu charme do que a maioria das pessoas. Agora, parecia que todo aquele calor estava arrefecendo e eu sentia o gelo, a distância. Será que ele estava dizendo que preferiria não viajar mais comigo? Bem, então, a recíproca era verdadeira. O cara tinha posto na tela do computador o equivalente a um adesivo enorme com a frase "Busque a justiça". Naquele momento, essa expressão traduzia todos os meus problemas com ele.

Ele começou a falar do nosso próximo destino, a Rússia. Disse que não era tão importante quanto o Haiti.

– Bem, você acha que eu não deveria acompanhá-lo? – perguntei, tentando dar um tom de indiferença à minha voz. Não sei se consegui.

Ele demonstrou surpresa.

– Não, imagine! É importante que você vá.

A bronca, se é que se podia chamar assim, terminou. Ele disse que nossa conversa tinha sido apenas o "desmonte" da nossa temporada em Cuba. O termo havia sido tomado emprestado pela família de Farmer de uma apresentação de ginástica olímpica a que assistiram na televisão do barco. Sua rechonchuda irmã Peggy estufava o peito, imitando a postura que as atletas miúdas assumiam ao finalizar um exercício. Todos os internos, residentes e companheiros do Brigham conheciam o termo. "O.k., vamos executar o 'desmonte'", Farmer dizia, e eles terminavam a discussão de um caso.

Era difícil ficar com raiva de Farmer, principalmente num momento como aquele, em que ele se encontrava sentado, vestindo seu terno preto amarrotado, aguardando num pequeno restaurante sem graça o voo que atrasou, preocupado com o fato de que sua admiração por Cuba pudesse ser usada contra a sua causa e acabasse por prejudicar os pacientes do planalto central. Não sei ao certo se o que houve entre nós foi de fato uma discussão a respeito de Cuba. Anos de propaganda negativa tinham certamente influenciado minha visão a respeito do país, porém, mais do que isso, tinham me deixado cauteloso ao tirar conclusões. Não havia dúvida de que Cuba conseguira algo difícil e, na perspectiva do Haiti, invejável: saúde pública de primeira linha, acessível a todos, apesar dos recursos extremamente limitados. Eu só questionava o preço que esse povo pagara em termos de liberdade política para ter aquele sistema de saúde. Contudo, entendi que Farmer daria à pergunta uma outra dimensão e indagaria que preço as pessoas estariam dispostas a pagar para se verem livres de doenças e de morte prematura. Para mim, Cuba envolvia uma questão bastante abstrata. Para Farmer, representava esperança, uma prova de que um país pobre podia oferecer à sua população um sistema público de saúde eficiente.

– Se eu pudesse transformar o Haiti em Cuba, eu o faria num piscar de olhos – dissera ele acaloradamente pouco tempo atrás.

Eu teria concordado, se não tivesse sentido que o alvo do disparo era eu.

Ficamos mais um tempo no restaurante. Perguntei a ele o que esperava para o Haiti.

– Nada baseado em análise, números ou acurada interpretação dos mais recentes dados, mas tenho esperança em relação ao país.

Essa esperança, porém, vinha parcialmente de fora do Haiti.

– Muita gente diz que as coisas vão piorar tanto no Haiti que o povo vai se revoltar. Mas não dá para se revoltar quando se está tossindo até botar os pulmões pela boca, ou passando fome. Alguém precisaria se revoltar pelos haitianos, inclusive gente da classe rica. Só que a esquerda iria achar isso tudo uma grande piada.

Ele se virou e ficou olhando pela janela. Havia um cartaz enorme em um hangar do outro lado da pista, no qual estava escrito "PATRIA ES HUMANIDAD". Uma afirmativa internacionalista – a única verdadeira nação é a humanidade.

– Acho aquilo ali adorável! – exclamou Farmer.

– Não sei. Parece um slogan para mim.

– Acho que você está certo – disse ele, desviando o olhar.

Foi como se eu lhe tivesse dado um soco. Dentre todas as armas de um covarde, o ceticismo é a pior delas.

– Não, é adorável, sim – resmunguei. – Se não forem apenas palavras.

Chegamos a Miami muito tarde e ele tinha tanta coisa para comprar, tantos e-mails acumulados na sua caixa de entrada – cerca de mil, dos quais pelo menos duas dúzias se referiam a pacientes e requeriam resposta urgente –, que quase perdemos o voo para Paris. Depois que fecharam o portão atrás de nós, Farmer comentou que tínhamos chegado na hora "exata". O avião, no entanto, estava cheio e não havia espaço suficiente para as nossas pastas. Eu me senti entalado no assento, e as pernas de Farmer eram ainda mais compridas do que as minhas.

Nos dois últimos dias, tive diarreia. A razão não era a água de Cuba, mas, provavelmente, os muitos *mojitos*. Resolvi não dizer nada a Farmer e mantive-me firme naquele meu propósito, até não poder mais.

Nós havíamos decolado. Farmer tinha tomado um tranquilizante, uma benzodiazepina de efeito rápido, que o deixou com as pálpebras pesadas. Elas se abriram imediatamente, entretanto, quando ele ouviu a minha queixa. Ele olhou para mim, sério.

– De agora em diante, quero um relatório completo de todos os seus movimentos intestinais.

Eu me senti imensamente mais seguro, na verdade já bem melhor, e os últimos vestígios de minha raiva em relação a Farmer se foram num instante.

Ainda me parecia que ele havia assumido uma postura muito convenientemente invencível. Ele incorporara sua opção preferencial pelos pobres. Consequentemente, qualquer crítica que se fizesse a ele recaía sobre as pessoas, já tão humilhadas, a quem servia. Entretanto, eu sabia que aquilo não era só pose. Sentia alguma coisa nele que mais tarde coloquei, para mim mesmo, da seguinte forma: ele dizia que em primeiro lugar vinham os pacientes, em segundo os presidiários, e os alunos em terceiro, mas aquilo não deixava muita gente de fora. Cada enfermo parecia ser um paciente em potencial, e cada pessoa sadia, um aluno em potencial. Na sua cabeça, ele estava lutando contra todo tipo de pobreza o tempo inteiro, uma empreitada cheia de obstáculos e fracassos inevitáveis. Para ele, a recompensa era a lucidez interior, e o preço, um ódio infindo ou, na melhor das hipóteses, um mal-estar em relação ao mundo, talvez nem sempre visível, mas sempre latente. Quando percebi isso, comecei a me sentir aliviado em relação aos pequenos desconfortos pelos quais às vezes passava em sua companhia, como aquele que tive no aeroporto em Cuba. Farmer não veio ao mundo para fazer ninguém se sentir bem, a não ser aqueles que têm a sorte de ser seus pacientes, e, por um momento, eu havia me tornado um deles.

# CAPÍTULO 22

Farmer amou Paris, como se fosse um garoto de Jenkins Creek cursando um semestre de faculdade no exterior. Quando levou a esposa à cidade, criou uma enorme expectativa em relação à emoção dela. Aquela era a primeira vez que Didi saía do Haiti.

– Não é a cidade mais linda do mundo? – perguntara ele à esposa.

A visão dos parques e construções parisienses tinha causado nela uma impressão diferente.

– Sabendo que todo esse esplendor é fruto do sofrimento dos meus ancestrais...

Didi agora estava pesquisando esse assunto em Paris, nos arquivos de documentos do período escravista francês, que continham registros detalhados sobre as transações comerciais da França na África Ocidental. Desde então, a cidade tinha perdido parte de seu charme, na opinião de Farmer.

Os tranquilizantes que ele havia trazido para nos ajudar a suportar os voos deixaram as minhas lembranças da nossa parada em Paris embaçadas, como se envoltas em tecido transparente. Lembro-me de um dia de manhã, Farmer reencontrando o Primeiro Mundo, olhando pela janela do táxi o prédio em formato de caixote, na periferia, onde, segundo ele, boa parte dos mendigos fora realocada. Quando entramos na cidade propriamente dita, naquela cidade imensa, símbolo do prazer, de um tom que varia do cinza ao bege, ele murmurou algo a respeito de quanto poderia ser feito no Haiti se ele pusesse as mãos no dinheiro que o Primeiro Mundo gasta para cuidar de seus animaizinhos de estimação.

O táxi nos deixou no Marais, um bairro de ruas e calçadas estreitas, bistrôs, pequenos hotéis e lojas. A residência da família Farmer era um apartamento de três quartos pequenos, cedido por um velho amigo da Duke. Didi – alta e elegante – recebeu-nos à porta com um sorriso enorme. Eu me lembro de achar Didi a mulher mais bonita de Cange. Eu me lembro de Farmer de terno preto, dançando com a filha, segurando-a contra o peito, balançando-a de um lado a outro, numa valsa sem ritmo e desengonçada. Lembro-me dos olhinhos escuros da menina, que, pequenos, ainda não harmonizavam com o restante do rosto, fixados em algum objeto invisível no teto. Mais tarde, Farmer se sentou no sofá e ficou observando Catherine brincar com os bichinhos de pelúcia. Da cozinha, Didi perguntou quando ele iria para Moscou e ele respondeu: "Amanhã de manhã."

Da cozinha também se ouviu o barulho de alguma coisa caindo no chão e, em seguida, uma exclamação gutural. Olhei para Farmer. Ele estava prendendo os joelhos com os cotovelos e tampando a boca com as duas mãos. Lembro-me de na hora ter pensado, apesar do meu estado de torpor, que aquela cena jamais me sairia da cabeça. Foi a primeira vez que o vi sem palavras e sem ação.

Que ironia do destino! Justamente quando cessaram os esforços de sua organização de ser teoricamente global para ser global de fato, uma criança entrou na vida de Farmer. Nos últimos tempos alguns amigos o têm criticado por não passar mais tempo com a família. Outros, quando falam sobre o assunto longe dele, parecem particularmente animados. Falam alto e sorriem de forma conspiratória. "Sabe-se lá o que é ser casada com ele?" Eu me pergunto se isso não é uma espécie de inveja moral. Jim chegou a dizer que Farmer tinha o dom de fazer as pessoas se sentirem culpadas. Farmer aconselhava os outros a tirarem férias, mas ele mesmo não fazia isso. Ele não condenava quem tivesse seus luxos, desde que fizesse algo pelos mais pobres. Era muito exigente com seus alunos e colegas, mas sempre relevava quando eles não atingiam suas expectativas. Por isso, acho que foi um alívio para alguns quando acharam o que se diria uma rachadura em sua blindagem moral.

No Haiti, falamos sobre sua filha. Um mês após seu nascimento, uma mulher chegou à Zanmi Lasante com eclampsia, uma doença típica da gravidez, de origem desconhecida, que normalmente atinge mulheres pobres. Provoca perda de proteínas pela urina, hipertensão arterial, convulsões e, às vezes, pode levar tanto a mãe quanto o bebê à morte. Para tratar, usa-se sulfato de magnésio e induz-se o parto. O hospital estava cheio. Farmer estava tentando fazer o atendimento de emergência.

– Vamos logo, mexam-se! Você aí, pegue uma IV. Quero induzir o parto imediatamente.

O bebê estava vivo. Dava para ouvir o coração batendo.

Ele então recordou o episódio:

– A mãe estava tendo convulsões. Eu dizia: "Rápido!" Tudo estava indo bem. O bebê nasceu morto. Todo formado, lindo. Então comecei a chorar. Pedi licença e saí. Eu me perguntei: "O que está acontecendo comigo?" Foi aí que me dei conta de que estava chorando por causa de Catherine.

Ele imaginou Catherine no lugar do bebê natimorto.

"Você ama sua filha muito mais do que essas crianças", disse Farmer para si mesmo.

Ele então continuou:

– Pensei que eu era o rei da empatia por essas crianças pobres, mas, se eu era o rei da empatia, por que essa mudança radical por causa da minha filha? Era uma falha na empatia a incapacidade de amar outras crianças tanto quanto a sua. O fato é que todo mundo compreende você, incentiva, o elogia por isso. O duro é o outro.

Por um tempo pensei no que ele tinha dito, tentando suavizar minha pergunta. Finalmente resolvi não fazê-la em primeira pessoa:

– Se lhe perguntassem "De onde você tirou a ideia de que é diferente dos outros e que é capaz de amar os filhos dos outros tanto quanto a sua filha?", qual seria a sua resposta?

– Veja bem, todas as principais religiões do mundo ensinam "Ama ao próximo como a ti mesmo". Eu então tenho que responder: "Lamento, não consigo, mas vou continuar tentando, *vírgula*."

Imagino que muitos gostariam de construir uma vida como a de Farmer, acordar sabendo o que devem fazer e sentir que o estão fazendo. Não creio, porém, que muita gente optasse por enfrentar dificuldades, abrindo mão do seu conforto e da convivência com a família. Não que a nossa parada em Paris tenha mostrado que tudo o que importa é a vida doméstica. Ele, Didi e Catherine passavam as férias de verão juntos em Cange e, sem dúvida alguma, uma vez que Didi terminasse seus estudos, aqueles períodos seriam mais longos. Entretanto, seus dias e suas noites estavam ficando mais difíceis e, de certa forma, solitários também. Durante aquele mês tranquilo para viajar, ele carregava duas fotografias. Uma era de Catherine, que ele exibia aos amigos como qualquer outro pai orgulhoso; e a outra, que ele mostrava às vezes, era de uma criança haitiana, da mesma idade, que sofria de *kwashiorkor*. No início, aquilo me parecia esquisito. Entretanto, a criança faminta não era uma abstração, como as imagens de crianças famintas que vemos na televisão. Ela era paciente de Farmer e acho que representava todos os outros, inclusive os presidiários tuberculosos russos, pelos quais ele estava deixando sua filha para partir na manhã seguinte num voo para Moscou. Não acredito que alguém que soubesse quanto Farmer ansiava por conectar todos os setores de sua vida pudesse vê-lo ali, sentado naquele sofá em Paris – todo coberto, como se estivesse tentando se esconder –, sem se sentir tocado por sua situação.

O momento passou. Farmer tinha ido a Paris mais por causa do segundo aniversário de Catherine. A festa foi um sucesso e a menina ficou entusiasmada com o presente – um pássaro mecânico que se movia ao longo de um fio –, batendo as mãozinhas ao ver o brinquedo se deslocar pela pequena sala de visitas. Farmer o havia comprado no aeroporto de Miami – uma das razões por que quase perdemos o voo para Paris. Entre os convidados, alguns membros da família francesa para quem Farmer trabalhara como *au pair*, quase 20 anos antes, quando participou de um programa de intercâmbio. Havia pouco tempo eles ajudaram a levantar fundos para a PNS. Na festa estavam também alguns amigos haitianos que já moravam na França havia tempo suficiente para não precisarem mais passar pelo que Farmer chamava de "teste da gordura" – ou seja, estavam bem alimentados –, embora o Haiti fosse praticamente o único assunto deles. Um amigo da família, de Burkina Faso, confidenciou-me que estava com saudades de casa. Eu então me lembrei do que Farmer costumava dizer: que a sede da PNS não ficava em Boston nem no Haiti, mas em qualquer lugar onde seus membros estivessem. Ele havia formado um círculo de amizades tão grande quanto o de qualquer político importante; a diferença é que poucos permaneciam como meros conhecidos e também poucos achavam fácil sair do círculo sem que se percebesse, ainda que quisessem. Para Farmer, o pior tipo de exílio não era o geográfico e sim o que ele comparava à excomunhão católica.

Antes de ir dormir, ele ligou para a mãe na Flórida para pedir que lhe telefonasse às sete da manhã, no horário de Paris, para acordá-lo. Didi fez um gesto negativo com a cabeça e disse sorrindo:

– Nós temos despertador.

Calculei, então, o fuso horário. Ela teria que levantar à uma da manhã para ligar para ele. Eu me perguntei se ela não se importava em fazer aquilo, mas alguns meses depois ela me disse o seguinte:

– Acho tão legal que aos 40 anos ele ainda faça isso que eu sentiria falta se não o fizesse.

...

Pela primeira vez, chegamos ao aeroporto cedo. Entramos num café. Quando achamos uma mesa, ele disse:

– O.k., hora de voltar ao trabalho.

Então retirou do bolso sua mais recente lista de *bwat*. Apenas dois terços dos quadradinhos haviam sido preenchidos.

– Isso é lamentável – comentou ele olhando para as folhas de papel. – Todos esses *bwats* deveriam ter sido feitos antes de sairmos de Cuba.

Entre eles havia um *bwat* duplo, que consistia em duas tarefas; caso cumprisse qualquer uma delas, poderia preencher o quadrado. Aquele *bwat* duplo dizia que ele deveria ou comprar cueca ou terminar a carta.

– Não comprei cueca, portanto...

Tratava-se de uma carta que havia começado a escrever durante uma caminhada ainda no Haiti. Ele retirou da pasta a folha por terminar. Tinha uma mancha de gordura, de alguma coisa que comera durante a caminhada. "Parece apropriado escrever-lhe daqui, sentado em plena zona rural haitiana", começava. Ele se curvou sobre a folha e continuou o texto.

– Isso é remoção ou embromação de *bwats*? – perguntei.

– Depende se você tem ou não uma "HG" pela empreitada – respondeu, sem tirar os olhos do papel.

Uma "HG" significava uma "hermenêutica da generosidade", que ele uma vez definiu num e-mail da seguinte maneira: "Tenho uma hermenêutica por você porque sei que é um cara legal. Por isso, vou interpretar o que diz e faz de forma favorável. Parece até que eu é que deveria esperar mais de você." Contabilizei pilhas de termos como aquele em seu linguajar, que era o vocabulário da PNS. Jim e Ophelia inventaram alguns e outros foram absorvidos pelo pessoal do Brigham, mas a maioria deles era de autoria de Farmer ou de sua família.

Uma vez, seu irmão Jeff, o lutador, enviou-lhe um cartão em que ele escreveu "hatianos" em vez de "haitianos". Por isso, na linguagem da PNS, os haitianos são chamados de "hati-anos", ou apenas "hatis", e o país, "Hatilândia". Os franceses são "fran-chises", a língua deles é "fran-chise", e os russos são "ruscos". Qualquer pessoa proveniente do Leste da Índia que falasse muito – havia algumas na PNS – era chamada de "tagajee" – uma combinação de "tagarela" com o sufixo "jee". Farmer se referia a si mesmo como "lixo branco" – ele tinha uma foto antiga que justificava o apelido: ele e sua família num piquenique em volta de um sofá no quintal. O homem que se indignava com as condições absurdas das mulheres pobres empregava, na intimidade, termos como "brotos", para fazer graça. "Não dou a mínima para nada disso; só para a questão em si", disse-me ele uma vez. Termos indelicados usados entre quatro paredes refletiam uma reação filosófica às preocupações sem propósito daqueles que acreditam na "política da identidade", na ideia de que todos os que fazem parte da minoria oprimida são igualmente oprimidos – o que encobria, de forma muito conveniente, o fato de que existiam diferenças reais entre os graus da "pancada" levada por pessoas da mesma raça ou do mesmo sexo. "Nem todo sofrimento é igual" era um preceito da PNS que surgiu como reação às inúmeras vezes em que tentaram levantar fundos e, em vez de dinheiro, receberam ofertas de palestras sobre a universalidade do sofrimento ou simplesmente respostas do tipo "Os ricos também têm problemas". (Farmer uma vez deu um curso em Harvard chamado *Variações do sofrimento humano*.)

"Quando as pessoas convivem com Paul, começam a falar como ele", disse uma vez o escritor Ethan Canin, velho amigo de Farmer da faculdade de medicina. Havia uma utilidade óbvia em usar siglas como "HG" para uma mente rápida, e para aqueles que tentavam acompanhar. Quando, por exemplo, ATAI ("autoridades transnacionais administrando a iniquidade") apresentavam argumentos inteligentes contra o tratamento da tuberculose multirresistente ou da aids, bastava dizer "Com amor, DI" e ser perfeitamente compreendido. Todos na PNS sabiam que "RD" significava "Rainha do Drama" e que uma proposta RD continha um grande apelo emocional. ("Poderíamos usar uma citação RD aqui e uma iniquidade genérica de epidemias ali", escutei Paul dizer uma vez a um jovem assistente que preparava um discurso com ele.) "Flores CDF" eram as pesquisas terminadas, apresentadas pelos membros da PNS a Farmer e a Kim, e "chadêmico" era uma abreviação de "chá de cadeira acadêmico", referente ao tempo gasto em pesquisa, já que era preciso comprovar que toda afirmativa assinada por Farmer vinha de fonte oficial. ("Ele tem mania de perfeição", disse um estudante de medicina que tomou muito "chadêmico" por causa de Farmer. "Não por ser neurótico, mas porque quando se faz esse tipo de coisa pelos pobres, em meio aos argumentos de que tratá-los não compensa, os contra-argumentos têm que ser perfeitos, senão vai tudo por água abaixo.")

"Baga" era bagagem. "Alfan" era alfândega. Cometer "um sete-três" era usar sete palavras quando três seriam suficientes, e "noventa e nove, cem" era abandonar um trabalho praticamente terminado. ("Nada me irrita mais do que um 'noventa e nove, cem'", Farmer costumava dizer.) Diversas vezes os membros da PNS diziam "obrigado" a pessoas que haviam feito alguma coisa pelos outros, ou melhor, por qualquer um que pertencesse ao numeroso grupo de pessoas conhecidas como "os doentes miseráveis", "os ferrados" ou "os pobres", sendo este último o termo preferido pela PNS, já que era, como dizia Farmer, o termo que os haitianos usavam para descrever a si mesmos.

Era possível transitar pelo núcleo da PNS por um longo tempo sem entender quais eram suas regras e sentindo-se excluído, e quanto mais deixada de lado a pessoa se sentisse, mais ela suspeitava não ser considerada tão boa quanto eles. Para mim, a PNS parecia um clube, ou melhor, uma família totalmente contrária ao conceito de membros e não membros, mas, mesmo assim, equipada com seu próprio regimento interno e sua própria linguagem. Quem dissesse isso a Farmer ouviria o seguinte: "Se isso é verdade, a PNS é o clube mais inclusivo do mundo, ora! Está cheio de portadores de HIV, de estudantes, senhoras devotas, pacientes que não acabam mais; é um clube que só faz crescer. Diminuir, jamais!" E Farmer ainda conseguia dar um jeito de criar um clube que consistia apenas em você e ele.

De volta ao Haiti, Farmer criou uma espécie de língua particular para nós usarmos durante o mês de nossa viagem. Conversando a respeito de malária comigo, ele me explicou que havia quatro tipos e que um deles – o *falciparum* – costumava ser fatal.

– Qual deles você acha que existe no Haiti? – perguntou ele.

Em seguida, acrescentou:

– Mas não é resistente a medicamentos como na África.

Depois sorriu e, adaptando sua fala preferida do filme *Clube dos pilantras*, disse:

– Bem, temos isso a nosso favor.

Ele então apontou para mim e logo percebi que eu deveria entrar e dizer a minha fala:

– O que é ótimo.

Quando peguei a manha desse "vai e vem", acabei gostando. Devo confessar também que senti então, ali no café do aeroporto, um certo prazer em saber o que ele queria dizer com "uma HG".

Ele continuou a escrever a carta. Olhei ao nosso redor. O Aeroporto Charles de Gaulle apresentava uma simplicidade angular, composta de aço e vidro, a qual me pareceu, naquele momento, assustadoramente complexa e me fez sentir projetado num futuro que eu não compreendia. Pensei no free shop de lá, onde se podia comprar patê de primeira, *confit d'oie* e vinho *grand cru*.

– Você começou a escrever essa carta numa caminhada pela zona rural haitiana – pensei em voz alta, imaginando aquelas montanhas áridas, com cabanas de camponeses típicas da Idade Média e ambulâncias puxadas a burro. – Parece outro mundo.

Farmer olhou para mim sorrindo e, num tom de voz animado, disse:

– Mas esse sentimento tem a desvantagem de ser... – ele fez uma pausa – errado.

– Bem, depende da maneira como você encara a coisa.

– Não, não depende, não – respondeu num tom de voz cheio de satisfação. – A coisa certa a se dizer nessa situação é: "Você tem razão. É um universo paralelo. Não há de fato nenhuma relação entre a riqueza acumulada numa parte do mundo e a miséria vergonhosa em outra."

Em seguida olhou para mim. Ele tinha me feito rir.

– Você sabe que estou brincando com uma coisa séria.

Uma vez, assisti a uma palestra de Farmer sobre HIV na faculdade de saúde pública de Harvard. Enquanto fornecia dados, ele citou a seguinte expressão haitiana: "Lutando por vida, destruindo vida." Ele então explicou:

– É a expressão que os haitianos usam quando uma vendedora de mangas cai de um caminhão e morre.

Senti como se, naquele instante, eu tivesse descoberto um atalho para entrar em sua mente, que parecia um local de hiperatividade. Em momentos como aquele, eu achava que Farmer queria apagar o tempo e a localização geográfica, conectando todas as partes da sua vida e unindo-as de forma útil a um mundo em que ele conseguia ver ligações estreitas e inevitáveis entre os luxuosos escritórios de Paris e Nova York e um homem sem perna deitado no chão de terra de uma cabana, na mais remota região do Haiti. Dentre os erros que se cometiam no mundo, segundo ele, o mais grave era o de "apagar" as pessoas, o de "esconder" o sofrimento.

– Minha maior revolta é como as pessoas conseguem apagar, não se lembrar mais, não se importar.

Eu me perguntava se havia lugar na sua filosofia para alguém exceto os pobres e as pessoas que faziam campanha pelos pobres. Uma vez, dentro de um avião, ele me confidenciou que via todos os outros passageiros como pacientes. Do interfone, ouvimos a voz da comissária de bordo perguntar: "Há algum médico a bordo?" Ele se levantou na hora e foi atender um senhor de meia-idade, evidentemente um americano de classe média, que verificou não estar enfartando.

Depois que voltou para o seu assento, Farmer disse que aquilo costumava acontecer com ele a cada 18 voos que fazia. Tive a impressão de que não se importaria se acontecesse em todos os voos.

Adotar uma continuidade e uma interligação que não excluíssem ninguém parecia outra liberdade peculiar de Farmer. Isso trazia muitos ônus, claro, mas também o libertava do esforço que muitas pessoas faziam para achar refúgio e distância do passado delas, assim como da massa dos demais seres humanos, seus companheiros.

# CAPÍTULO 23

O Banco Mundial estava pensando em conceder um empréstimo para frear a epidemia de tuberculose na Rússia. Farmer estava indo para Moscou pela quinta vez para acertar os termos do empréstimo. No avião, ele contou a história dessa missão.

Dois anos antes, Howard Hiatt o tinha enviado ao Open Society Institute (OSI), fundado por George Soros, para levantar verbas para continuar o projeto no Peru. O OSI não quis se envolver no assunto, mas disseram numa carta que entendiam a importância do projeto da PNS porque estavam fazendo um trabalho parecido na Rússia, e o explicaram em detalhes.

Farmer lembrou que foi lendo a carta enquanto caminhava para uma reunião e que, de repente, parou na calçada. "Cacete!" Ele já sabia que Soros havia injetado 13 milhões de dólares em projetos-piloto de combate à tuberculose na Rússia, mas, até então, desconhecia os detalhes. Eles só usariam a estratégia DOTS. Tratariam todos os pacientes como se tivessem tuberculose não resistente e aqueles que não apresentassem melhora seriam internados, para que tivessem uma morte menos sofrida. Entretanto, o fim da União Soviética tinha fornecido ingredientes ideais tanto para uma epidemia em larga escala como para uma resistência galopante a medicamentos: um sistema falho de controle do tratamento da tuberculose deixara muitas terapias incompletas; um aumento da taxa de criminalidade superlotara as penitenciárias.

Com a permissão de Hiatt, Farmer redigiu em termos amistosos uma carta de duas páginas ao diretor da fundação, explicando que o projeto deles era propenso a fracassar. Ele acabou indo ao escritório de Soros, em Manhattan. Farmer apresentou suas razões. A partir daí, George Soros mandou contatar imediatamente o diretor do seu programa de combate à tuberculose na Rússia, Alex Goldfarb, exilado político e microbiólogo. Soros gritou com Goldfarb ao telefone. Em seguida, pediu a Farmer que ajudasse a consertar os projetos-piloto russos.

Por um momento, Farmer hesitou. Na época, ele ainda precisava ir ao Peru com frequência. Ir à Rússia significava ficar semanas longe do Haiti, um lugar muito mais atingido não só pela tuberculose como também por outras doenças. Mesmo assim, a PNS poderia usar de forma legítima o dinheiro de Soros para pagar os salários. Além disso, a epidemia na Rússia estava devastando a população carcerária, que também compunha o público a que a PNS se destinava – conforme estava escrito na Bíblia, em Mateus 25. A Rússia também poderia ser o tipo de oportunidade pela qual Farmer e Jim ansiavam quando assumiram o problema no Peru: a oportunidade de mudar a política de saúde em âmbito mundial, por meio da população carente. Naquele tempo, a Rússia fazia fronteira com outros 12 países que, por sua vez, faziam fronteira com alguns dos países mais ricos do mundo.

– É muito mais difícil lutar por igualdade num país como o Haiti, que pode ser tão facilmente escondido. A Rússia, porém, é muito mais difícil de se esconder – ponderou Farmer.

A tuberculose na Rússia mostraria ao mundo as consequências de se negligenciar a saúde dos mais pobres, de se negligenciar o Haiti.

Foi então que ele partiu numa diligência pelas prisões siberianas, com Goldfarb, alguns outros conselheiros da Soros Foundation e algumas autoridades russas. Antes da viagem, Goldfarb se referia a Farmer como o "demônio do norte". Os dois voltaram da Sibéria amigos. Ao longo da viagem, Goldfarb teve oportunidade de conhecer Farmer melhor. Num determinado momento, ele perguntou a Farmer quanto ele cobrava. Farmer então respondeu:

– Alex, seu imbecil, quanto eu cobro? Eu cobro que se faça muito em favor de prisioneiros, prisioneiros de guerra e pobres necessitados. E brigo muito pelos refugiados.

O que mais os unia, porém, era o cenário lamentável que eles testemunharam no *gulag* russo.

Na maioria dos países, a população carcerária contraía tuberculose numa escala muito maior do que o restante. Na Rússia, porém, a incidência era 40 a 50 vezes maior. Além disso, boa parte dos presidiários apresentava bactérias resistentes a pelo menos um tipo de medicamento, e cerca de um terço em algumas penitenciárias contraíra tuberculose multirresistente. A tuberculose havia se tornado a principal causa de mortes nas prisões, embora nem todas as suas vítimas morressem por lá. Muitos conseguiam sobreviver até ganhar liberdade e levar a tuberculose multirresistente para fora dos muros da prisão. Além disso, uma vez livre, a maioria dos contaminados não era submetida a nenhum tipo de tratamento, sobretudo porque o imenso programa de combate à tuberculose patrocinado pelo governo russo já estava indo por água abaixo.

A situação era caótica, mas até então a reação internacional havia sido inexpressiva. Cerca de 12 organizações não russas tentavam encontrar uma forma de controlar a epidemia. A maioria tinha pouco para gastar – algumas, centenas de milhares de dólares; outras, 1 ou 2 milhões. Os projetos delas – alguns bem gerenciados, todos estabelecidos diante de grandes obstáculos – acabaram provando, sem querer, que o DOTS sozinho não apenas não funcionaria como ainda contribuiria para o alastramento da epidemia. Na região russa de Ivanovo, os U.S. Centers for Disease Control and Prevention (Centros Norte-Americanos de Controle e Prevenção de Doenças) haviam tratado pacientes com tuberculose multirresistente utilizando deliberadamente medicamentos a que eram resistentes e conseguiram curar apenas 5% deles. Farmer previu – corretamente, como se provou mais tarde – que muitos desses 5% teriam recaída. Mesmo a Médicos sem Fronteiras, elogiada pelo Comitê do Prêmio Nobel pelo trabalho desenvolvido na Rússia com pacientes tuberculosos, até o momento havia seguido tão somente os preceitos do DOTS e curado apenas 46% dos doentes tratados na Colônia Penitenciária 33, em Kemerovo. "Sucesso gerencial, fracasso clínico" foi como Farmer chamou o programa num trabalho que apresentou.

A epidemia que ele viu na Rússia era pior do que qualquer coisa que vira no Peru e, em alguns aspectos, do que o que testemunhara no Haiti. Assim, quando voltaram da inspeção nos *gulags* de Moscou, ele e Goldfarb convocaram uma entrevista coletiva para divulgar as péssimas notícias. Tal coletiva aconteceu, porém, no dia em que, em Washington, o promotor divulgou o relatório sobre o escândalo Monica Lewinsky. Apenas um pequeno punhado de repórteres apareceu.

Farmer e Goldfarb pegaram um avião para Nova York, para uma "reunião de emergência" com Soros. Para Farmer, as reuniões com ele eram revigorantes. Uma vez Farmer fez um cálculo estimado de quanto se gastaria para se manter a tuberculose sob controle no mundo inteiro – cerca de 5 bilhões de dólares, imaginou. Ele mencionou essa cifra para alguns profissionais da saúde pública, e eles disseram que era impossível levantar tal quantia. Entretanto, quando Soros soube do valor, perguntou:

– É só isso? Vocês só precisam disso?

Em Nova York, Farmer e Goldfarb pediram a Soros que injetasse logo mais dinheiro para o tratamento da tuberculose na Rússia. Soros disse que isso só iria atrasar a reação internacional. Então, entre outras providências, ele marcou uma reunião na Casa Branca, presidida por sua amiga Hillary Clinton. Farmer e Goldfarb anotaram os aspectos a serem abordados por Soros e reviram de forma crítica os que haviam sido preparados para a primeira-dama.

As coisas não saíram exatamente como Farmer queria. Ele havia imaginado que receberia doações de fundações e países ricos. Em vez disso, Hillary persuadiu o Banco Mundial a conceder o empréstimo à Rússia. Assim, o Banco Mundial organizou o que chamou de "missão para Moscou" – um grupo de economistas, epidemiologistas e especialistas em saúde pública que iriam acertar os detalhes do empréstimo.

Como já era de esperar, Farmer se envolvia cada vez mais com o caso, levando com ele o resto da PNS. A equipe inteira trabalhou num relatório supervisionado pela Soros, o qual, após sete meses, virou um livro de 177 páginas de texto, 115 páginas de apêndices, 976 referências, com capítulos descrevendo o problema da tuberculose multirresistente na Rússia, Azerbaijão, Peru e África do Sul, e o último capítulo dedicado a discutir como se criar um programa eficiente de combate à doença. Aquilo chamou a atenção da imprensa e a OMS endossou a obra acrescentando-lhe uma introdução. Farmer também concordou em ser o consultor-chefe da missão enviada a Moscou pelo

Banco Mundial para tratar a tuberculose no sistema penitenciário russo, desde que nada lhe fosse pago – ele insistiu nisso; Soros assumiu as despesas dele. Farmer detestava a política dos bancos.

...

Chegamos a Moscou no final da tarde. A maioria dos passageiros se levantou dos assentos antes de o avião chegar ao portão. Inutilmente, a comissária de bordo implorava pelo interfone: "Por favor, permaneçam sentados!"

Farmer olhou ao redor da cabine:

– Gosto dos russos. Levantam quando querem. Claro, durante os últimos 400 anos os russos vêm sendo usados como mobília. Não é de admirar que eles queiram ficar em pé.

É óbvio que Farmer concordava com a importância das intenções e a força de vontade, mas também acreditava na revelação, em "sinais". Tive a impressão de que na ocasião nem todos os presságios eram bons. Dentro do principal aeroporto de Moscou, que tinha todo o charme típico de um armazém, preenchemos os formulários de entrada errados e, pela primeira vez desde que comecei a viajar com Farmer, vi sua cordialidade falhar com um estranho. Ele sorriu para a mulher uniformizada na alfândega, carrancuda, e disse:

– Perdão. Da próxima vez, vou aprender russo.

– Da próxima vez, preencha o formulário em inglês – retrucou ela.

Contudo, ela nos deixou passar. Compreendendo a situação e sem ironizar, Farmer então teceu o seguinte comentário:

– Tudo bem. Afinal de contas, ela é funcionária de uma superpotência falida.

Do lado de fora, o sol da tarde era uma laranja partida sobre um horizonte coberto de gelo.

De manhã, do lado de fora do hotel, via-se sair vapor da boca dos pedestres e das tampas dos bueiros nas ruas. Das janelas via-se uma avenida larga onde se localizava o Kremlin, com suas ameias nos topos dos muros altos – a perder de vista –, tudo em perfeito estado de conservação. Mais além, as torres com topo em forma de cebola da catedral de São Basílio. Farmer dissera considerar aquela uma das mais belas construções do mundo, embora maculada pelo fato de ter sido erguida em comemoração à sangrenta vitória do império de Ivan, o Terrível sobre os tártaros. Apagar a história, como ele gostava de dizer, sempre serviu aos interesses do poder. Bem, de qualquer maneira, eu sabia que não iria com ele à catedral. Em Moscou, iríamos fazer o seu tipo de turismo, um passeio que se poderia fazer em qualquer uma das maiores cidades do mundo. Nós – Farmer, Alex Goldfarb e eu –, que tínhamos ido juntos a Nova York, íamos visitar um presídio.

...

A penitenciária central de Moscou, Matrosskaya Tishina, era o maior presídio da cidade, chamado de *sizo*, uma espécie de centro de detenção. O prédio era imenso, embora eu não tivesse conseguido ter uma ideia precisa de suas dimensões, em virtude da multiplicidade de curvas, das portas pelas quais passamos tendo que baixar a cabeça, das escadas de metal antigas que tivemos que subir, dos corredores que atravessamos, os quais me lembraram túneis subterrâneos abandonados, com tábuas de compensado amarelas pregadas aleatoriamente nas paredes.

– No verão o ar-condicionado não funciona tão bem – sussurrou Farmer ao meu ouvido. – Nos últimos anos, tenho feito especialização em penologia comparada.

Experimentamos os mais diversos tipos de clima, do calor ao frio, do frio ao calor, e também de odores – alguns de comida e outros difíceis de identificar (era melhor nem saber).

– Não vão se perder – advertiu um funcionário do presídio. – Este não é um bom lugar para se perder.

Passamos por uma fileira de internos, todos vestindo calças largas, casacos rasgados e bonés – fisionomias sombrias em meio à penumbra; um deles tinha o nariz mais adunco que eu já vira em minha vida. Chegamos, enfim, ao hospital do presídio.

– Pense em Cuba – sussurrou Farmer. – Olhe só que lugar horroroso!

Nossos guias eram médicos de uniformes verde-oliva opacos e funcionários da área de saúde pública também de uniformes verde-oliva opacos, todos criticando duramente, também, as condições do lugar. Eles abriram a porta da cela que era reservada a pacientes com aids.

– Há menos detentos aqui do que nas celas comuns – informou uma das médicas.

– Quantos?

– Só 50 nesta aqui.

Farmer entrou primeiro, seguido de um intérprete. Era um cubículo sujo, escuro, menor do que muitas salas de estar, cheio de beliches e roupas penduradas em cordas. A maioria dos presos era jovem. A fisionomia deles tinha um tom acinzentado, mas talvez fosse por causa da escuridão do recinto. Num momento, Farmer trocava apertos de mãos com eles, tocando-lhes os braços e os ombros, e, no outro, vozes elevadas a seu redor soltavam suas aflições no ar.

– Você tem que ir à Justiça e lutar pelos direitos dos soropositivos! – disse um dos internos.

– Diga a ele que eu faço isso nos Estados Unidos – disse Farmer ao intérprete. – Mas como não sou cidadão russo...

Um presidiário, mais velho do que os outros, agindo claramente como uma espécie de representante, informou que ele havia sido meramente testemunha de um assassinato, mas, como era portador de HIV, fora condenado a cinco anos de cadeia. O verdadeiro assassino, que foi a julgamento com ele, pegou apenas três anos.

– Quando eu sair daqui, vou cortar a cabeça dele.

Todos, presidiários e médicos, caíram na gargalhada, provocando um barulho ensurdecedor na cela apertada. Farmer tomou a seguinte nota: "Pacientes com aids pegam penas mais longas?" E disse que passaria para o especialista em aids do Banco Mundial.

Ele agradeceu aos prisioneiros.

– Queria que você viesse aqui mais vezes – disse o representante.

– Bem que eu gostaria.

Deixamos a cela dos 50 detentos infectados e ouvimos o estrondo da batida da porta assim que saímos. Aquele som de metal antigo e pesado batendo contra metal ecoou pelo corredor escuro.

– Já imaginou como deve ser ouvir esse barulho do outro lado da porta? – perguntei a Farmer.

– Já, o tempo todo – respondeu.

Não era mesmo difícil de se imaginar; de se cometer o tipo de erro que poderia levá-lo a uma cela num lugar como aquele. Na Rússia, naquela época, um jovem poderia ir para a cadeia por roubar uma bisnaga ou uma garrafa de vodca e, em virtude de a Justiça Criminal estar abarrotada de processos, permanecer num centro de detenção por um ou até mesmo quatro anos, até que seu caso fosse julgado. Enquanto aguardasse ou cumprisse a pena, ele provavelmente contrairia tuberculose – estima-se que 80% da população carcerária na Rússia apresentava bacilos nos corpos. Uma vez infectado, o prisioneiro teria muito mais chance de desenvolver a forma ativa da doença do que a população livre, por causa da falta de higiene, da alimentação inadequada e da incidência de outras doenças na cadeia. Além disso, o sistema penitenciário não contava com verba suficiente para obter os equipamentos e remédios necessários para atingir uma taxa de cura respeitável, nem sequer entre os portadores de tuberculose suscetível a medicamentos. Um presidiário jovem poderia contrair tuberculose suscetível e, sendo submetido ao tratamento inadequado, desenvolver o tipo multirresistente da doença. Mais provável ainda seria ele já contrair tuberculose multirresistente direto de outro presidiário e morrer antes mesmo de receber a sentença por ter furtado a bisnaga de pão.

Fomos conduzidos a um outro corredor sinuoso, descemos uma escada de metal em caracol, depois seguimos pelo que parecia ser um calabouço medieval. Passamos por um homem empurrando um carrinho com latas enormes. Via-se o cabo de uma concha imensa enfiada em uma delas. O homem parou em frente à abertura – uma espécie de portinhola – que havia na porta da cela.

– A comida daqui é muito boa – disse-me Farmer. – É salgada.

Grande elogio, vindo de um médico, como ele, com pressão alta.

Chegamos ao departamento de tuberculose.

– Os médicos aqui trabalham muito e praticamente não têm proteção. O equipamento de raio X está ruim. Também não há remédios suficientes para todos os doentes. Não temos apoio de Moscou para fazer exames de laboratório – informou um funcionário do presídio.

Eles não tinham certeza de quantos detentos apresentavam tuberculose multirresistente, mas certamente não eram poucos – dos 100 mil presidiários tuberculosos, talvez cerca de 30 mil.

Certa vez, Farmer deu uma entrevista ao programa de televisão *60 minutes* falando sobre a epidemia de tuberculose na Rússia e nas antigas repúblicas soviéticas.

– Temos que considerar a situação naquela região como uma emergência no âmbito da saúde pública mundial – declarou Farmer.

– Em quanto tempo a situação poderá vir a ficar fora de controle? – perguntou o apresentador.

– Acho que já está fora de controle.

Andamos pelo departamento de tuberculose. Um dos médicos russos disse:

– Não recebemos nenhuma informação das instituições de onde os detentos vieram. Essa é uma divisão da estação ferroviária. Metade não é de Moscou.

Farmer perguntou quanto tempo levava para se transferir um detento tuberculoso dali para uma cadeia na Sibéria.

– Um mês, mais ou menos. Eles são enviados para um local provisório. Não há como se manter o tratamento durante a viagem.

Farmer se virou para Goldfarb e cochichou:

– Transferir esses detentos vai ser um pesadelo.

Fomos a outra cela, dessa vez cheia de tuberculosos. Era parecida com a anterior, porém mais cheia e úmida – umidade exalada de tantos pulmões confinados. Vários homens tossiam ao mesmo tempo, cada um num tom distinto – baixo, barítono, tenor. Farmer parou próximo a uma cama, com o braço apoiado no colchão da cama de cima do beliche.

– Seu aspecto está bom – disse a um deles. – Alguém aqui está tossindo sangue?

– Não.

– Alguns de vocês têm apresentado melhora?

– Não temos piorado, pelo menos – disse um detento.

Ele então perguntou de onde vinham. Grozny, Volga, Baku.

– Diga a ele que já estive em Baku – pediu Farmer ao intérprete. – Estão melhor aqui. Diga também que estive na Colônia Três.

Um homem sentado na cama superior de um dos beliches disse:

– Vi você na Colônia Três. Estava com uma mulher.

– Isso mesmo. Eu estava com uma mulher! – exclamou Farmer estendendo a mão para o interno para cumprimentá-lo. – É um prazer revê-lo.

A visita tinha chegado ao fim.

– Boa sorte – disse Farmer por meio do intérprete. – Diga a eles que torço para que todos melhorem.

Voltamos para a sede administrativa da penitenciária.

– Gostei da equipe médica daqui. São esforçados – comentou Farmer. Depois, virando-se para o intérprete: – Diga a Ludmilla [uma das médicas russas] que encontrei alguns médicos realmente dedicados aqui.

Farmer destacou Ludmilla porque ela havia lhe contado que um italiano, ativista pelos direitos humanos, fizera uma inspeção no presídio e a acusara de maltratar os detentos com aids, isolando-os dos demais internos. Farmer então comentou:

– Num lugar como este, infestado de tuberculose? *Não* isolá-los é que seria uma violação aos direitos humanos!

Farmer falou baixo comigo enquanto caminhávamos:

– Eles têm 700 leitos hospitalares aqui e cerca de 500 estão ocupados por portadores de tuberculose. É um *sinal*, apenas um *sinal*, de que há algo errado.

Além da resistência a medicamentos, a incidência de sífilis estava aumentando. Dado alarmante, pois o aumento dos casos de sífilis indica a iminência de aids, que, por sua vez, aumenta sensivelmente a ocorrência de tuberculose multirresistente.

– Vai ser um desastre! – disse Farmer aos funcionários que nos conduziam ao gabinete central, uma sala de paredes em tom mostarda.

A mesa de reunião estava posta com um banquete.

– Obrigado! Tem tudo de que gosto! – exclamou Farmer.

Em seguida, murmurou no meu ouvido:

– Era tudo o que eu temia. Odeio vodca.

Entretanto, sentou-se e virou a bebida goela abaixo, fingindo habilidosamente prazer, exatamente como fizera com a gororoba no Haiti. Serviram torradas. Depois de um tempo, Farmer tornou-se enfadonho.

– Trabalho no Haiti há quase 20 anos, desde que era jovem. Há alguns anos, a pedido do estado de Massachusetts, tornei-me um "comissário de tuberculose". Foi então que me perguntei: "Que diabo estamos fazendo?" Eu estava no Haiti e havia alguns pacientes com tuberculose multirresistente. Então colhi algumas amostras de saliva e levei para Boston. Enviei-as ao laboratório e escrevi "Paul Farmer – comissário de tuberculose". Queria que analisassem as amostras do Haiti e, como eles jamais me fizeram qualquer pergunta, tornei a fazer o mesmo algumas outras vezes, chegando a levar, inclusive, amostras do Peru. Finalmente eles acabaram perguntando qual era meu objetivo. Então eu disse: "Massachusetts é um estado importante, com um *grande* laboratório para análise da tuberculose, *vários* médicos especialistas em tuberculose, *vários* enfermeiros especialistas em tuberculose, *vários* patologistas também especialistas em tuberculose. Só falta uma coisa: a tuberculose!"

O chefe da equipe médica russa – um coronel – caiu na gargalhada. Uma médica disse em tom sério:

– Temos vários casos de tuberculose e nenhum laboratório.

Mais torrada e vodca. O coronel enfiou a mão no bolso e começou a retirar um maço de cigarros. De repente parou e perguntou a Farmer:

– Os Estados Unidos são uma democracia?

A fisionomia de Paul ficou séria.

– Acho que quando um povo tem uma variedade de recursos fica fácil se autodefinir como democrático. Eu me vejo mais como médico do que como americano. Eu e Ludmilla, por exemplo, pertencemos à nação dos que se preocupam com os doentes. Os americanos são democratas relapsos. É a minha visão, é como se eu pertencesse à mesma nação de Ludmilla. Acho que é fácil para os ricos se autodefinirem como democratas, mas os doentes não estão entre os ricos.

Pensei que ele tivesse acabado, mas havia apenas dado uma parada para o intérprete acompanhá-lo.

– Veja bem, tenho orgulho de ser americano. Tenho muitas oportunidades por ser americano. Tenho a liberdade de ir a qualquer lugar do mundo, posso iniciar projetos, mas chamo isso de privilégio, não de democracia.

À medida que Farmer continuava a falar, a fisionomia do coronel mostrava sinais de cansaço. Depois, ele soltou uma gargalhada e comentou:

– Mas eu só queria saber se você permitiria que eu fumasse um cigarro.

Goldfarb fez uma expressão de desapontamento e disse:

– Paul, ele queria saber se você se incomodaria se ele fumasse um cigarro e você lhe fez um discurso sobre socialismo e democracia.

– Mas foi um discurso maravilhoso – disse o coronel sorrindo para Farmer, que parecia estar prestes a cochilar.

Goldfarb se virou para o coronel e informou:

– Amanhã Farmer vai representá-lo no Banco Mundial.

Farmer se remexeu, buscando despertar, e acrescentou:

– A única coisa errada é que não deveria ser um empréstimo. De qualquer forma, para a comunidade internacional de curandeiros vai ser bom. Rezo para que tudo dê certo – disse ele com as mãos postas como se estivesse rezando. – Vai dar certo.

...

No universo do controle da tuberculose, especialistas ainda brigavam por um tratamento de sua versão multirresistente, uma batalha em que os artigos publicados nos periódicos médicos eram as principais armas. Entretanto, como disse Howard Hiatt, Farmer e Kim haviam mostrado que a tuberculose multirresistente poderia ser tratada e com uma boa relação custo-benefício. Em parte graças ao trabalho desenvolvido por eles no Peru, o Banco Mundial chegou a um consenso: o empréstimo deveria ser utilizado no tratamento de todos os tipos de tuberculose na Rússia, ou seja, deveria ser utilizado tanto para a campanha do DOTS quanto para a do *DOTS-plus*.

Os representantes russos concordaram. Na verdade, aquela vinha sendo sua posição havia muito tempo. Contudo, as opiniões se dividiam em relação a como os recursos deveriam ser alocados. Considerando-se a natureza das partes envolvidas nas discussões, parecia se tratar de uma mistura explosiva, algo como o clima entre as nações europeias antes da Primeira Guerra Mundial – um caldeirão com consultores do Banco Mundial, detentores de currículos invejáveis, alguns com egos incomensuráveis, de um lado, e, do outro, coronéis, generais, ex-*apparatchiks* e velhos especialistas em tuberculose russos, membros de um império derrotado, todos buscando condescendência.

O próprio Alex Goldfarb fazia parte daquela complexidade.

Numa noite, enquanto tomavam uns drinques, um dos integrantes da equipe do Banco Mundial disse a Farmer:

– Gosto de Alex, mas, por favor, mantenha-o longe das reuniões.

Goldfarb era o maior aliado de Farmer nas negociações. Farmer representava o banco na questão da tuberculose na população carcerária e Goldfarb representava o Ministério da Justiça russo, que era o órgão governamental responsável pelo sistema penitenciário do país. Para Farmer e Goldfarb, o principal objetivo daquele encontro era assegurar que as penitenciárias recebessem uma parte justa do empréstimo. Farmer me disse que tinha uma tarefa extra: manter Alex sob controle.

Durante a semana que passamos em Moscou, Alex foi ao nosso hotel praticamente todos os dias e todas as noites para discutir a estratégia. Ele tinha um ar professoral, era barbudo, discretamente curvado, sempre vestindo *tweed* e calça de veludo cotelê.

– Sou um respeitado bioquímico – disse ele.

– Ele descobriu o gene responsável pela resistência – informou Farmer. – Fora isso, não fez lá grande coisa – acrescentou, sorrindo para Alex.

Em seguida, Farmer começou a fazer um resumo das reuniões para Alex. Ele escutou durante algum tempo, depois disse, referindo-se ao principal antagonista de Farmer na equipe do Banco Mundial:

– Quem é esse babaca? Estou bobo. Vai ser arrogante assim na China! Eu deveria publicar essa história no *Izvestia* amanhã.

– Sabia que você ia dizer isso – comentou Farmer. Depois, virando-se para mim: – Você está rindo, mas ele faz essas coisas.

Alex então continuou:

– O Banco Mundial trouxe um especialista indiano, de turbante, com toda esta neve. Ele desconhecia a Rússia em absoluto. Não serviu para nada. Essa gente não sabe o que está acontecendo neste país.

Farmer tentou continuar, mas Alex interrompia a toda hora. Ele então pediu:

– Quero terminar.

– Quero lhe dizer uma coisa. Essa gente com quem você vai se encontrar é totalmente *insigniificante*.

– Alex, deixe eu terminar, caramba! – exclamou Farmer.

Todos no restaurante do hotel se viraram em nossa direção.

Ele então baixou o tom de voz e continuou:

– Você não precisa me interromper. Basta mudar a nossa proposta a seu bel-prazer e pronto. Minha função é lhe dizer ao que eles vão fazer objeção.

– Gente *insigniificante*!

As reuniões, segundo Alex, tinham muitas nuances. Esta era a nuance política: estrangeiros cuidando dos detalhes do empréstimo geravam muitas animosidades. Por exemplo, os representantes da Organização Mundial da Saúde baseados em Moscou não gostavam da intromissão de organizações não governamentais – como a PNS e a fundação de Soros – no seu território. Segundo Alex, esta última continha facções que viviam competindo entre elas – espírito competitivo fomentado por seu próprio criador. Além disso, alguns desses membros da OMS eram poloneses, e não russos, e o ódio entre as duas nações continuava vivo.

Alex relatou tudo isso, a meu ver, com certa satisfação. Em seguida, comentou:

– Mas isso é *insigniificante*.

Antes de tudo, o que mais importava era o racha entre o Ministério da Saúde e o Ministério da Justiça russos. O ministro da Saúde, responsável pelo setor civil, queria ser o principal gestor do empréstimo. Segundo Alex, o verdadeiro propósito não era o controle da tuberculose, mas sim o apoio financeiro para o seu sistema debilitado. Havia também relações nebulosas entre o Ministério da Saúde e indústrias farmacêuticas russas, as quais não conseguiriam suprir as imensas quantidades solicitadas de medicamentos contra a tuberculose, caso preço e qualidade continuassem a ser os critérios. Além disso, as autoridades ligadas ao Ministério da Saúde sentiam-se insultadas por muitos dos internacionalistas – entre eles Alex, como Farmer assinalou. Alex os chamou de palhaços e de coisas piores.

Quanto ao Ministério da Justiça, de acordo com Alex ele provavelmente não tinha a mais nobre das razões, mas suas intenções eram boas. Quase metade de todos os casos de tuberculose e a maioria dos pacientes que apresentavam resistência a medicamentos morriam em alguma penitenciária. Os presídios estavam funcionando como o que Alex costumava chamar de "bomba epidemiológica", espalhando tuberculose entre os detentos e depois devolvendo-os para a sociedade.

– Essa bomba é trocada a cada três anos. Assim, a melhor maneira de limpar a sociedade é limpar as cadeias, do mesmo jeito que se limpa o filtro de óleo de um carro – comparou Alex.

Farmer concordou com tudo o que Alex expôs e, além disso, achava que os detentos mereciam prioridade.

– O que acontece é que os detentos estão sendo expostos a um risco maior. Por isso, acho errado não tratar deles primeiro.

Ele acreditava que a Justiça queria mesmo curar os detentos tuberculosos. Por que não? A epidemia dentro das penitenciárias era uma ameaça para os próprios funcionários deles; na verdade, para o próprio "império" deles. Farmer sentiu que estavam sendo sinceros, em parte porque a Justiça lhe dera acesso livre a todo tipo de documento. Na reunião daquele dia, porém, o consenso a que chegou a equipe do Banco Mundial era de que a Justiça – os detentos – ficaria apenas com 20% do empréstimo. Foi nesse ponto – sobre como mudar essa decisão, como fazer com que a Justiça ficasse com 50% – que as opiniões de Farmer e Alex se dividiram.

Farmer apoiava o Ministério da Saúde. Tinha procurado os velhos especialistas em tuberculose e muitos simpatizaram com ele. Farmer costumava dizer que diplomacia, informação e charme pessoal podiam apaziguar a situação e unir todas as facções contra o bacilo que, afinal de contas, era o inimigo comum.

Em resposta ao comentário, Alex disse:

– Paul, você é tão ingênuo!

Como sempre, o dinheiro e o poder é que prevaleceriam. Por um tempo, ele deixou Farmer conduzir as coisas à sua maneira.

– Temos um Plano B. Na verdade, o Plano B me agrada. Digamos que a coisa não dê certo. Os detentos são enganados. Todo o dinheiro vai para o Ministério da Saúde. Aí a gente toca um rebu e tem um trunfo perfeito para conseguir dinheiro da iniciativa privada.

– Mas você ainda não vai fazer isso, senão vou ter a sensação de que perdi um ano inteiro no Banco Mundial – disse Farmer.

– Por que você foi para lá? – perguntou Alex.

– Por quê? – Farmer repetiu a pergunta elevando o tom de voz. – Porque você mandou!

Alex deu uma risadinha.

– Claro que mandei.

...

Por um tempo, achei que Goldfarb tinha razão, que tudo estava indo contra a vitória de Farmer no sentido de conseguir metade do empréstimo para os detentos. No voo para Moscou, Farmer me confidenciou que estava cansado das reuniões com o Banco Mundial e das discussões. Nas salas de reunião, que ficavam cada vez mais abafadas, onde não havia pacientes, seus pensamentos voavam para Cange: quando a próxima vítima de meningite entrasse, será que um dos médicos presentes faria uma punção lombar na sua ausência? Além disso, ele parecia fisicamente exausto.

Na primeira manhã que passamos em Moscou, durante o café da manhã ele me disse:

– Ainda estou biologicamente desequilibrado.

Ele estava vestindo seu terceiro e último blusão. Um dos botões havia caído. Parecia que tinha dormido com o terno preto; na verdade, não tinha.

– Mas respondi a todos os 413 e-mails – disse ele, momentaneamente feliz.

Um quadrante do cabelo dele estava em pé, parecendo uma crista de galo, e o rosto e o pescoço estavam vermelhos, provavelmente porque em seus pensamentos já estivesse discutindo com alguém. Entre os e-mails que respondera na noite anterior, ele encontrou um que citava a opinião de um membro da equipe do Banco Mundial: "É ridícula e cara demais essa proposta para os presídios. É ridícula."

Agora o próprio Farmer dizia, enquanto tomava seu café:

– A batalha começou, mas a duração do programa é de 10 anos. É um processo muito longo. Dez anos. Acho que devo me comportar de forma pacífica por pelo menos um dia. Estou tentando me convencer disso. Estou me segurando para não dar um soco na cara dele. Os detentos estão morrendo e vão continuar a morrer.

Ele então olhou o relógio. Estava prestes a se atrasar para a reunião daquela manhã. Saiu rapidamente, colocando o sobretudo no caminho. O cabo do computador ficou para fora da pasta, arrastando-se pelo carpete.

– Senhor – disse o porteiro, pegando as luvas de Farmer.

– Oh, obrigado – Farmer agradeceu e em seguida perguntou, curioso, enquanto o porteiro segurava a porta e ele curvava os ombros para se proteger do ar gélido de janeiro em Moscou: – Será que vai nevar?

À noite, ele parecia um tanto refeito.

O líder da equipe russa enviada para as negociações erguera numa das mãos uma versão traduzida de um artigo de Farmer intitulado "A tuberculose ressurgente na Rússia" e dissera, em seguida:

– Você é o único que entende a tuberculose na Rússia.

Então, os negociadores tiveram uma discussão acirrada a respeito do plano preliminar apresentado por Farmer para os presídios, principalmente sobre a parte que previa mais alimentos para os detentos tuberculosos. Será que comida extra cura? Alguns achavam que não.

– Tivemos uma briga por comida – comentou Farmer.

Entretanto, ele não se deixara envolver em nenhuma outra.

Havia previsão de neve em Moscou. Ele ficou feliz com a notícia. Sempre adorou uma tempestade.

– Quero uma nevasca!

...

Farmer comentara comigo que não achava fácil participar do jogo da política internacional da saúde. Entretanto, ele evidentemente tinha talento para tal e, à medida que os dias em Moscou passavam, recuperou o sorriso, o vigor e, de alguma forma, com eles, a ilusão de um homem estilosamente bem-vestido.

Alguns membros da equipe de negociação insistiam em dizer que aumentar a alimentação seria uma medida de baixa eficácia relativa a custo-benefício. Foi então que outro integrante da equipe chamou Farmer a um canto e sugeriu que ele incluísse a comida no orçamento, mas que disfarçasse, chamando de "vitaminas". Funcionou. A equipe do Banco Mundial acabou concordando em conceder aos detentos cerca de metade do empréstimo. Nesse exato momento, a estimativa da primeira parcela era de 30 milhões de dólares; o valor estava prestes a ser elevado para 100 milhões ou mais. Entretanto, talvez não fosse haver empréstimo algum. O Ministério da Saúde provavelmente não ficaria nada satisfeito com sua parte. Mesmo assim, Farmer conseguira atingir seus objetivos principais e intermediários, e impedira que Goldfarb executasse seu Plano B.

No quarto do hotel, Farmer comentou:

– Sucesso total! Não dá para segurar a empolgação. E você, Alex, está feliz?

– Estou, sim, mas sou sempre *ambiivalente*. Isso porque vou ter que administrar esses 30 milhões. Impedir que eles roubem a grana.

– São todos seus amigos – disse Farmer. – Então um rouba para comprar vodca e outro para gastar com a namorada. Grande coisa!

Farmer estava apoiado no parapeito. As cadeiras do quarto estavam cobertas de documentos. Ele apontou para uma pilha de material da PNS que um assistente trouxera de Boston.

– Alex, você percebe a diferença entre a sua vida e a minha? Aquilo tudo ali são cartas de agradecimento por doações de 25 dólares à PNS.

– Você faz esse tipo de coisa? Como é que você faz lista de e-mails? Compra?

– Ah, pare com isso! A lista vem sendo organizada há 30 anos. *Você* tem que escrever "Caro George Soros, obrigado pelos 12 milhões de dólares".

Farmer pegou um bolo de notas de agradecimento ainda por fazer e disse:

– Tenho que escrever para, deixe-me ver, uma amiga da minha avó, um estudante, um economista de esquerda, um historiador, uma secretária e um administrador do meu departamento, um pediatra.

Citar toda aquela lista o deixou ainda mais empolgado. Acho que, na verdade, ele estava se gabando.

A visão de Alex em relação a Farmer me interessava.

– Paul é tão frágil! Tão magro... Parece Chekhov. É o sentimentalismo que o alimenta mais do que qualquer outra coisa. Mas nunca conheci nenhum indivíduo eficiente que não alegasse ser sentimental ou trabalhar por uma causa nobre. Isso até mesmo no mundo dos negócios; com certeza, em trabalho internacional – confidenciou-me ele.

Farmer, por sua vez, dissera sobre Alex:

– Só uma mãe poderia gostar dele. Eu gosto dele. Gosto mesmo! E essa coisa toda na Rússia vai dar certo. Sabe por quê? Porque ele gosta de mim.

Parece que a amizade deles era do tipo que se fortalece mediante uma discussão – e isso era o que não faltava. Ao falarem sobre Cuba, por exemplo, Alex comentou as estatísticas do país na área da saúde:

– Acho que o companheiro Fidel é muito bom em impor disciplina, então a saúde pública cubana tem que ser disciplinada. Acho que o companheiro Béria resolveria o problema nos presídios da Sibéria: bastava matar um punhado de gente.

Tratando de um assunto como o dos detentos russos, Farmer disse:

– Se a razão que os levou à prisão é perversão, então por que o número de detentos aumenta tanto em épocas de grandes mudanças ou crises econômicas e sociais?

Alex tinha uma visão diferente da questão. Uma vez, durante o jantar, disse:

– Presidiários. Não são gente boa. São *epiidemiiologicamente iimportantes.*

– Nossa maior divergência – disse Farmer.

– Bem, retiro o que disse – retrucou Goldfarb. – Cerca da *metade* deles não deveria estar na cadeia.

– Três quartos. Qual é, Alex? Todos os crimes de que são acusados são crimes contra a propriedade.

– E 25% deles mereciam prisão perpétua.

– Não; 10%. Você acha que sou ingênuo.

– Você não é ingênuo. Você enxerga o que está acontecendo. Só não quer aceitar.

– As pessoas não são legais.

– Não! São pessoas ruins. Você não é ingênuo. Você simplesmente ignora o que não é agradável e é por isso que não tem um comportamento científico. Você ignora a realidade.

– Mesmo assim, você gosta de mim.

– Claro que gosto de você! – respondeu Goldfarb.

Farmer adorava tempestade, mesmo que raramente dissesse isso sem acrescentar que as tempestades afetavam mais os pobres. Ele tinha dito que estava ansioso para ver uma nevasca em Moscou. Nevou de leve, apenas. Voltamos para o hotel pisando em calçadas escorregadias naquela noite gelada, Farmer com a echarpe vermelha sobre o nariz, as lentes dos óculos embaçadas. Tínhamos guardado três garrafas de vinho.

– Você parece mais magro do que quando partimos – comentei.

– A viagem tem sido longa.

– É interessante. Gosto de Alex – disse a ele.

– Estou feliz. Alex é ótimo. Fiquei com raiva dele quando disse aquilo sobre os detentos pela primeira vez, logo que o conheci. – E continuou, fazendo um sotaque russo: – "São pessoas ruins, mas *epiidemiiologicamente iimportantes.*"

Ensaiei a discussão final deles, com Farmer diminuindo o número de pessoas que ele achava que deveriam estar na cadeia. Se aquilo tivesse continuado, ele teria reduzido para 1%, ou até mesmo 0%.

– Você acha que sou maluco? – perguntou Farmer.

– Não, mas alguns desses detentos fizeram coisas terríveis.

– Eu sei. E acredito em correção histórica.

– Mas você perdoa todo mundo.

– Acho que sim. Você acha isso loucura?

– Não, mas acho que é uma batalha que você não pode vencer.

– Tudo bem. Estou preparado para a derrota.

– Mas existem as pequenas vitórias.

– É verdade. E eu as adoro!

Minha cabeça estava um pouco confusa; minha voz, um pouco embolada. Comecei a levantar uma questão hipotética a qual, ao meu ver, expressava uma boa dose de percepção sobre a sua vida peripatética.

– Você é um grande sujeito – falei, colocando a mão em seu ombro. – Mas sem a sua prática clínica...

– Eu não seria nada – completou ele.

PARTE V

# OPP – OPÇÃO PREFERENCIAL PELOS POBRES

# CAPÍTULO 24

Em julho de 2000, a Gates Foundation doou 45 milhões de dólares à PNS e a várias outras organizações para erradicar a tuberculose multirresistente do Peru – basicamente o que Jim Kim havia pedido. William Foege, consultor científico da fundação – o homem por trás da doação –, gostava de contar a seguinte história: vários grupos, todos interessados no mesmo problema internacional de saúde, passaram anos brigando entre si, até o dia em que ele procurou seus líderes e disse: "A Gates deseja oferecer um auxílio, mas somente um e pronto"; depois disso, levou cerca de duas horas para as facções discordantes fazerem as pazes. Jim usou a mesma estratégia. Incluiu como parceiros alguns antigos adversários e rivais em potencial, tais como a divisão de tuberculose da OMS. O dinheiro passaria pela faculdade de medicina de Harvard, mas a PNS administraria o programa de tratamento no Peru.

O auxílio duraria cinco anos. Nesse período, segundo os cálculos de Jim, teriam de tratar mais ou menos 2 mil pacientes com tuberculose multirresistente e curar pelo menos 80% deles. Assim, o Peru teria controle sobre aquela doença horrível, e o mundo teria a prova de que o controle em todo o país era possível, além de dispor de técnicas e ferramentas de baixo custo para tal. Isto é, se tudo saísse bem. A PNS e seus aliados teriam de converter um projeto de saúde comunitária em um projeto nacional. Inevitavelmente haveria problemas nessa conversão.

– Algumas vezes acho que minha cabeça vai explodir – disse-me Jim sem contudo duvidar da possibilidade de sucesso.

Farmer também estava confiante, embora estivesse um pouco preocupado, como ficava com todo projeto. Nesse caso em particular, temia que Jim se preocupasse também. Farmer tinha ainda outras preocupações. Será que quando as pessoas que vinham ajudando a PNS há muito tempo lessem a respeito do tal auxílio – a notícia foi matéria de capa do *The Boston Globe* – pensariam que a PNS não precisaria mais de suas doações? Seria possível que alguns viessem a pensar que a PNS havia vendido a alma? Em discursos a antigos aliados e doadores, Farmer passou a falar sobre "alianças incomuns". Para efeito de ilustração, ele mostrava um slide de fotos manipuladas, nas quais, por exemplo, Fidel Castro aparecia ao lado do Papa, de Bill Gates e da cantora Britney Spears. A plateia caía na gargalhada e Farmer dizia, referindo-se ao auxílio da Gates: "Embora seja maravilhoso para nós, esse auxílio destina-se especificamente ao projeto no Peru. E estamos focados nos problemas dos pobres: acidentes, ferimentos com facões, queimaduras, eclampsia. Imaginem só pedir o apoio de uma fundação para esses casos. Eis o que ouviríamos: 'Nossas normas não incluem essas coisas, como o senhor pode ver no volume três de nosso manual de auxílio.' Demos sorte, mas isso não vai resolver os problemas de nossas organizações irmãs – em Chiapas, em Roxbury, no Haiti." Então ele parava e, sorrindo lá de cima do tablado para seus velhos amigos da PNS, dizia: "Portanto, os senhores *não* estão dispensados."

Na verdade, as fundações de grande porte geralmente financiavam campanhas focadas especificamente em doenças amplamente divulgadas. Nenhuma delas se interessaria em simplesmente pagar as contas, ano após ano, para um sistema de saúde abrangente como a Zanmi Lasante. As doações individuais e a fortuna de Tom White, já quase esgotada, ainda representavam o apoio principal em Cange, onde, não obstante, Farmer continuou a expandir sua campanha de combate à aids. Em pouco tempo cerca de 250 pacientes já estavam tomando medicações antirretrovirais na região. Ele enxertara o tratamento da aids no programa de tuberculose da Zanmi Lasante, o qual incluía terapia diretamente observada e auxílio financeiro, e os primeiros resultados foram bons – muitas histórias de vidas restauradas e orfandades evitadas. Entretanto, a lista de espera de pacientes à beira da morte crescia a cada dia e os fundos para as drogas antirretrovirais ainda eram escassos. Embora a mulher que Farmer conhecera em

Cuba trabalhasse ardentemente a favor dele, a Unaids não aprovou sua solicitação, explicando que o programa não atendia aos "critérios de sustentabilidade"; ou seja, os medicamentos eram caros demais para os haitianos comprarem dentro de qualquer futuro concebível. Farmer recebeu a mesma resposta em todos os lugares e quando procurou as empresas farmacêuticas, buscando doações ou, pelo menos, descontos nos preços, sugeriram que ele fosse às mesmas agências e fundações que haviam considerado seu programa inviável por causa dos elevados preços dos medicamentos. Até aquele momento, ele ainda conseguia se virar. A Soros Foundation, que tinha uma divisão no Haiti, dera alguma ajuda financeira. Tom White oferecera uma doação especial. A PNS vendera o prédio de sua sede em Cambridge, e Farmer usou a maior parte do dinheiro da venda para comprar remédios para tratar a aids em Cange.

Amigos na faculdade de medicina de Harvard já haviam adotado a PNS e lhe dado um segundo nome: Programa de Doenças Infecciosas e Mudança Social. (Mais tarde, para não ficar atrás, o Brigham criaria uma divisão especial e outro apelido para a PNS: Divisão de Medicina Social e Desigualdades na Saúde.) Enquanto isso, Farmer convencera a faculdade de medicina a acomodar toda a crescente equipe em parte dos dois antigos prédios de tijolos na avenida Huntington, charmosos e bastante ocupados.

Sempre que eu ia lá, descobria mudanças, e logo já não conseguia memorizar todos os novos nomes e rostos. Parecia fazer tão pouco tempo que o típico membro da PNS consistia em um voluntário a executar todo tipo de tarefa – como, por exemplo, descobrir onde tinham ido parar as bagagens perdidas de Paul e depois voltar para analisar dados epidemiológicos. Para cumprir um prazo, praticamente viravam a noite, revezando-se para cochilar num sofá na antiga sede. Agora a equipe contava com profissionais das áreas de administração, computação e finanças, que não conheciam o linguajar nem sequer os costumes da PNS.

Durante anos Ophelia representara o espírito de referência da sede – a pessoa com quem todos podiam contar e que agia com justiça, compreensão e, normalmente, temperança. Agora ela estava tentando acomodar os novatos, tentando, como dizia Jim, "normalizar" a experiência de trabalhar como um associado da PNS: podia-se ter filhos, ir para casa às cinco da tarde em alguns dias e tirar férias.

Em uma visita, vi uma placa na parede da sala de um novo funcionário que dizia: "Se Paul é o modelo, estamos bem." De perto, dava para ver que a palavra "bem" estava escrita numa tirinha de papel. Quando levantávamos a tirinha, víamos o original: "Se Paul é o modelo, estamos ferrados." Essa era uma frase de Jim, uma frase tipicamente enfática, que parecia mais dura do que era de fato. Jim dizia que aquilo era um aviso aos muito jovens associados à PNS que imaginavam, como tantos outros, que o certo a fazer na vida era imitar Paul. Para Jim, as tentativas de imitação colocavam a ênfase em lugar errado. O objetivo era melhorar a vida de outros, não a sua própria. "A questão não é a busca da eficácia pessoal", como o próprio Paul gostava de dizer. Além disso, imitações evidentes não dariam certo. O que os associados da PNS deveriam extrair de Paul não era um manual para suas vidas pessoais, mas as provas que ele criara de que problemas aparentemente intratáveis podiam ser solucionados.

– Paul criou soluções técnicas para nos ajudar a chegar à decência, um mapa em direção à decência que todos podemos seguir sem tentar imitá-lo – disse Jim, explicando a mensagem na parede. – Paul é um modelo *do que* deve ser feito, não de *como* deve ser feito. Vamos celebrá-lo. Vamos garantir que as pessoas se inspirem nele. Só não diremos que alguém deve ou pode ser como ele, porque, se os pobres tiverem de esperar aparecer várias pessoas como Paul para terem acesso a bons tratamentos, estarão completamente ferrados.

Farmer não discordava. Eu estava ao lado dele uma vez em que ele lia e relia o e-mail de um aluno que escrevera que acreditava na causa, mas achava que não conseguiria fazer o mesmo que Paul. Farmer disse em voz alta, para a tela do computador:

– Eu não disse que você deveria fazer o que eu faço. Eu só disse que essas coisas *deveriam ser feitas*.

Então ele elaborou uma resposta amena.

A PNS não havia mudado por completo. Algumas das antigas sutilezas sobreviveram. No passado, Paul voltava de uma viagem ao Haiti, chegava ao escritório de um cômodo e, em questão de segundos,

Ophelia encontrava malas abertas espalhadas pelo chão e o pessoal corria em várias direções, fazendo alguma coisa relacionada ao projeto seguinte de Paul. Então ele viajava novamente, Ophelia olhava para Jim e perguntava: "O que aconteceu?!" Paul ainda provocava, como ela dizia, "pequenos furacões". Uma vez eu cheguei ao novo escritório, horas depois de Paul ter viajado, e encontrei Jim às gargalhadas, balançando a cabeça. Ele havia acabado de passar pelas mulheres encarregadas de tentar organizar a agenda, as viagens e a correspondência de Paul, e as encontrara se debulhando em lágrimas. Não que Paul as tivesse maltratado – "Ele nunca é cruel", Ophelia dissera, e, por experiência própria, eu sabia que era verdade. Aquilo era um caso de esgotamento nervoso, ou, segundo Jim, um caso de "descompressão de Paul".

A antiga parcimônia da PNS continuou. A instituição ainda usava apenas 5% das doações para sua administração interna e todo o resto para atendimento e serviço aos pacientes. Alguns meses após receberem o auxílio da Gates, Farmer escreveu uma carta aberta para a organização. Nela, expressou sua preocupação com a possibilidade de a PNS estar perdendo "moralmente" seu jeito. Isso porque, entre outras coisas, alguns funcionários esperavam receber pelas horas extras trabalhadas. Ele escreveu: "Não existem 'horas extras' quando se trabalha para os pobres. Estamos apenas lutando para compensar as nossas deficiências." Em princípio, Ophelia concordava. Ela não iria permitir que as regras de outras instituições limitassem e calassem a PNS. Entretanto, estava disposta a fazer algumas concessões, pois as ligações da PNS com outras instituições significavam que eles podiam tratar mais pacientes. A ligação formal que mantinham com Harvard obrigava-os a pagar hora extra a alguns dos funcionários de níveis salariais mais baixos. Ophelia, responsável por essa área, seguia tais regras. Ela simplesmente não contava para Paul.

...

Na época em que visitei a sede da PNS em Boston, no final de 1999, cerca de 20 pessoas trabalhavam lá. Agora havia 50, e outras

10 em Roxbury. Os números haviam crescido para cerca de 400 no Haiti e 120 no Peru, e eles estavam prestes a herdar 15 funcionários na Rússia porque, como se já não bastasse, a PNS se expandira para a Sibéria.

Isso não aconteceu de forma planejada. Talvez não houvesse nem acontecido se Alex Goldfarb não tivesse se envolvido em uma relação misteriosa com o oligarca russo exilado Boris Berezovsky. Segundo uma versão publicada da história, um ex-agente da KGB afirmou que recebera ordens para assassinar Berezovsky, mas não o fizera; em vez disso, avisou-o que estava em perigo e o deixou fugir da Rússia com suas cadernetas de contas bancárias suíças. Mais tarde o agente da KGB fugiu para a Turquia. Então, Goldfarb fez um favor para Berezovsky ajudando o agente a entrar em Londres. Enquanto isso, o governo russo alegava ter um legítimo caso judicial contra o ex-agente, e as autoridades ficaram furiosas com Goldfarb. Soros também ficou aborrecido por colocar seu projeto de tuberculose em risco. Precisavam mesmo de um novo diretor, pois Goldfarb não podia mais trabalhar na Rússia. Um jornal chamado *The Russian Journal* publicou uma frase sua: "Eu não seria louco de ir à Rússia nem para passar duas semanas. Não sou nenhum idiota."

Depois de uma enxurrada de e-mails, a fundação pediu à PNS que assumisse seus projetos no território de Tomsk, na Sibéria. Tomsk era o local do projeto-piloto de projetos que visavam estancar a epidemia de tuberculose na Rússia; o projeto que mostraria o caminho para o controle, nas prisões e nas cidades, tanto da tuberculose suscetível aos medicamentos quanto da multirresistente. "As coisas *têm* que dar certo em Tomsk", dissera-me Goldfarb em Moscou. Paul e Jim compartilhavam o mesmo sentimento. O projeto em Tomsk era vital. Jim não via a hora de incorporá-lo, embora já estivesse no comando do Peru e envolvido nos projetos em Boston. Paul se preocupava. A PNS já estava sobrecarregada. Se tentassem abarcar projetos em excesso e fracassassem, várias pessoas reagiriam falando mal, apontando as falhas, dizendo ter avisado que era impossível tratar tuberculose multirresistente e aids em áreas miseráveis. Paul, entretanto, concordou em assumir Tomsk, contanto que ele ficasse responsável apenas pela parte clínica e Jim assumisse a administração e grande parte da diplomacia.

Jim disse que começaria a trabalhar imediatamente; mas ainda não tinha ido para a Rússia quando, um mês depois, ele, Paul e Ophelia foram jantar em um restaurante em Cambridge. Eu os acompanhei.

– *Você* disse sim para a Rússia – ressaltou Paul, assim que nos sentamos. Falava com voz firme, aumentando o tom, quase gritando. – Você me prometeu, cacete! E você não vai.

Jim protestou. Planejara viajar para Tomsk naquele mês, mas precisou participar de reuniões sobre tuberculose em Bellagio, no prédio da Fundação Rockefeller no lago de Como. As reuniões eram de extrema importância, dissera Jim.

– Não quero saber! – rebateu Farmer, com o pescoço já todo vermelho e as veias saltando. – Que se dane Bellagio. Você precisa ir para Moscou e Tomsk, onde há trabalho de verdade. Você precisa fazer um trabalho efetivo em Moscou. Depois pode ir para Bellagio e fazer essa palhaçada de Harvard. – E então ele virou para Ophelia. – Min, eu só estou dizendo que ele tem que ir. Eu disse "Você não vai, eu sei... você vai cancelar e não vai". Agora ele vem com esse papo de... *Bellagio*. Que se dane Bellagio. Lago de Como. Pois eu gostaria de morrer e ser enterrado sem nunca ter ido a Bellagio.

Paul disse que Jim tinha ido a Moscou apenas uma vez na vida e nem sequer saíra do aeroporto.

– Não é verdade – protestou Jim, em voz baixa.

– Você foi ver a porcaria do Bolshoi.

– Quem dera. Eles cancelaram a apresentação.

Farmer virou-se para Ophelia e disse:

– Cancelaram o Bolshoi, Min. Mas ele teria ido. Este ano vou à Rússia umas duas vezes, mas gostaria de me concentrar nas coisas nas quais Jim disse que eu poderia me concentrar. – E virou-se para Jim. – Que coisas eram mesmo? Conte para Ophelia.

Jim sorriu e respondeu:

– O Bolshoi e...

– Adestramento – completou Ophelia.

Farmer não riu e disse a Ophelia:

– Estou pedindo a ele que limite os estragos na Rússia.

Ophelia disse suavemente:

– Ele sabe disso, P.J.

– E então? Obrigue-o a fazer isso.

Jim disse para Ophelia:

– Ele está tentando me irritar...

– Eu sei – respondeu ela.

Tornaram-se raros os momentos em que os três se encontravam no mesmo lugar, na mesma hora; mas até a conversa nostálgica já não soava nostálgica naquela noite.

– Jim costumava pegá-lo no aeroporto – disse Ophelia a Farmer.

– Costumava – retrucou ele.

– E quando foi que *você* me pegou? Nunca – reclamou Jim.

– Ele sempre disse isso – afirmou Farmer. – "Você nunca me pega." E você estava vindo de Los Angeles? Sinto muito.

– Você nunca me pegou – insistiu Jim.

– De onde você vinha? – argumentou Farmer. – Você vinha de Los Angeles ou de Chicago.

– Tá, tá – disse Ophelia, já cansada daquele papo.

– Eu vinha do Haiti – continuou Farmer. – Eu queria conversar com você sobre... Sobre o que eu queria conversar com você? Sobre nada? Sempre conversei sobre o Haiti.

– De qualquer forma... – disse Ophelia.

– Foi vacilo meu – disse Paul. – Não faço mais isso. Nunca mais vou lhe pedir que me pegue.

– A questão não é essa – retrucou Jim. – A questão é que você nunca foi me pegar.

Ophelia me disse que Paul nunca perdia a paciência em momentos que pudessem comprometer as missões da PNS. Ela não se importava que isso acontecesse de vez em quando, diante dela e de Jim. Na frente deles, tudo bem; podia até fazer bem à saúde mental de Paul. Depois do jantar ela me disse:

– Você achou *essa* discussão feia? Isso que ele fez com Jim não foi *nada*. Numa escala de 1 a 10, ficou perto de 5.

Percebi que ela estava certa. Vi quando Paul e Jim saíram do restaurante, um agarrado ao ombro do outro, às gargalhadas. Algumas semanas depois, Jim foi para a Sibéria. Eu o acompanhei.

...

De Moscou até lá, foram quatro horas de voo em um Tupolev 154 russo, que tinha uma privada com assento de madeira todo arranhado em seu irrisório toalete, o qual não podia ser mais velho que o avião. Tomsk era uma cidade de aproximadamente meio milhão de habitantes, parcialmente ocupada por construções soviéticas de aço, vidro e blocos de cimento, e ainda velhas casas de madeira assimétricas – resultado dos longos invernos –, casas cobertas de cornijas e esquadrias de janelas ornamentadas de forma fantástica. A cidade tinha diversos edifícios públicos enormes, com pórticos clássicos. A Universidade de Tomsk era a mais antiga da Sibéria. A cidade contava com uma faculdade de medicina de excelente reputação, além de fábricas de fósforos e lâmpadas. Havia bondes elétricos e cinco provedores de internet. Entretanto, a linha aérea de Tomsk – Tomsk Air – havia falido e o aeroporto, antes Aeroporto dos Trabalhadores, já não recebia os 47 voos diários como antigamente, mas apenas alguns. E a água, por causa da enchente que começava, não estava em condições de ser consumida quando chegamos lá. Tomsk era um lugar onde os monumentos de guerra eram bem conservados, e os quintais e as frentes das residências viviam cheios de tralhas que despontavam para fora da neve.

Ficamos num hotel com quartos superaquecidos e piso manchado. Na primeira noite que passamos lá, tive um sonho esquisito: uma paisagem cheia de monumentos, onde se viam veículos abandonados nos topos de pilastras de mármore.

Tomsk e o enorme território à sua volta enfrentavam uma grave crise de tuberculose multirresistente, a qual parecia, porém, controlável, em parte graças aos esforços de Alex Goldfarb. Entretanto, graças aos outros esforços de Goldfarb em favor do agente da KGB, havia boatos em torno de todos aqueles que trabalhavam no projeto da tuberculose – rumores de que eram mesmo espiões contra a pátria-mãe, parte de um esquema infame no qual os pacientes serviam como fachada. Para encerrar as suspeitas locais, eles esquematizaram a vinda do vice-ministro da Justiça – responsável pelas prisões da Rússia – a Tomsk, para apoiar o projeto e o novo papel da PNS neste, diante das câmeras de TV. O vice-ministro concordara em fazer isso – um general russo me contou – por causa de sua amizade com Farmer.

Foi planejado um banquete. Era para Farmer comparecer, porém ele ficou preso em Paris. Sua mais nova assistente em Boston, uma jovem, cometera um erro e ele só conseguiu tirar o visto no dia seguinte. Então Jim teve de ir sozinho.

O banquete foi realizado no que parecia um esconderijo VIP, um pequeno hotel de luxo privado, localizado na esquina de um complexo enorme de apartamentos e lojas ainda em construção; uma parte de Tomsk chamada, por alguma razão estranha, Paris. Era um evento importante. Não haveria chance de sucesso para o DOTS-*plus* na Rússia sem a fervorosa ajuda dos generais que administravam as prisões. O mesmo podia ser dito sobre o projeto em Tomsk caso os generais não confiassem em Jim, que eles nunca tinham visto até então. Entretanto, apesar dos vários brindes e das seis garrafas de vodca consumidas nas duas primeiras horas, o que prevaleceu foi um clima de muita formalidade.

Em um dos lados das mesas unidas sentaram-se o vice-ministro e 10 generais e coronéis russos vestindo uniformes verde-oliva pesados; do outro, os estrangeiros e os médicos russos que estavam trabalhando para a PNS. A divisão parecia inviolável. Entretanto, Jim avistara um aparelho de karaoke e, enquanto serviam o peixe, eu o ouvi sussurrar:

– Vou mandar ver. – E levantou-se, erguendo a taça: – Sou um desastre como cantor, mas na minha cultura, a cultura coreana, se você respeita alguém e tem profunda admiração e afeição pelas pessoas com quem está, você tem que passar pelo constrangimento de cantar para eles. Sendo assim, cantarei para vocês.

Jim soltou a voz e cantou "My Way", acompanhando a melodia do programa e seguindo atentamente a letra da canção que aparecia na tela. A TV enguiçou e Jim continuou sozinho, desafinando algumas vezes. Todos aplaudiram e, então, um membro da Merlin, uma organização de saúde da Inglaterra que também trabalhava em Tomsk, levantou-se e cantou "Summertime"; em seguida um general condecorado com duas estrelas buscou uma canção russa com uma melodia animada; os generais e o vice-ministro, Yuri Ivanovich Kalinin, bateram palmas seguindo o ritmo. Depois, um dos generais tirou uma das médicas da Soros para dançar e o chefe civil do projeto de tuberculose em Tomsk, um homem enorme feito um urso, dançou com uma jovem da Merlin; Jim cantou "La Bamba"; outro general seguiu com outra canção russa, enquanto imagens da Broadway e de garotas lindas de biquíni nas praias caribenhas apareciam na tela da TV. De repente aconteceu algo mágico. Sem avisar e sem nenhum recurso eletrônico, o vice-ministro Kalinin começou a cantar, com seu timbre de barítono, tão claro que parecia ensaiado, uma balada adorável, lenta e com um melodia triste, e todos os generais e coronéis juntaram-se em coro. Todos os representantes do cárcere russo unidos na música. Juro que foi possível, considerando a hora e a quantidade de vodca consumida, apreciar o espetáculo de camaradagem, tendo-se em mente praticamente apenas aquilo que os unia.

Não acredito ter sido mera imaginação minha o fato de os discursos de despedida terem revelado afeto. "Caros amigos", disse um general, "de fato eu os considero como amigos." E mais um brinde. Outro general se levantou. "Reunimo-nos em volta desta linda mesa. Todas as pessoas no mundo compartilham as mesmas emoções. Queremos apenas fazer algo de bom para o planeta" – e ergueu a taça. "Queremos terminar este trabalho de acordo com o programa DOTS." Ele apontou para uma garrafa de vodca na sua frente. "Terapia com observação direta."

Lá fora, os flocos de neve brilhavam no ar. Os generais foram embora, acompanhados por policiais em pequenos sedans com luzes azuis girando nos tetos. Jim parou para vê-los partir; o sorriso em seu rosto era como os flocos de neve no escuro.

– A noite dos *gulag-meisters* cantantes. Não veremos mais uma cena dessas tão cedo.

...

Na manhã seguinte, Jim foi embora e Paul chegou. Ficou apenas um dia, examinando pacientes com tuberculose multirresistente e dando entrevistas coletivas com o vice-ministro. Naquela noite haveria outro jantar no mesmo hotel, dessa vez mais íntimo. Num determinado momento, o vice-ministro Kalinin ergueu o copo e disse:

– A Alex Goldfarb, que foi incansável e honesto.

Farmer, por sua vez, ergueu o copo e disse:

– A Alexander Davidovich. Que ele não se envolva em confusão.

Antes do jantar, um homem de cabelo desgrenhado, que parecia uma daquelas figuras dos quadros de Goya que retratam bêbados – pele avermelhada, olhos contraídos –, entrou no recinto. O intérprete se inclinou para Farmer e informou que o homem era um oligarca, um dos donos do local e também de campos de petróleo e de gás na Sibéria. Enquanto isso, o tal oligarca se encaminhava para a cabeceira da mesa. Ele ajeitou os ombros e declarou:

– Caros convidados, eu gostaria de dizer algumas palavras. A energia é a força da vida. Tomsk tem petróleo, carvão.

Ele então cerrou os dentes, aspirou a saliva e, em seguida, corrigiu-se:

– Tomsk não tem carvão e, por isso, temos que usar cada vez mais petróleo. Seremos capazes de fornecer energia para várias regiões.

– Bravo! – gritou um dos generais.

– Ao programa de energia! – gritou Farmer.

– Moral da história: a energia é a chave de tudo na vida – disse o intruso bêbado. – Obrigado por terem vindo à Sibéria.

– Eu amo a Sibéria! – disse Farmer do outro lado da mesa.

O oligarca se afastou um pouco, cambaleando. A princípio, parecia que ia embora, mas estava apenas indo pegar uma cadeira que, com muito esforço, arrastou de volta à mesa, sentando-se nela de supetão, jogando o peso de seu corpo contra o assento.

– Peço desculpas por invadir a vida de vocês.

Ele pigarreou e continuou:

– Já ajudei bastante. Invisto muito na área da cultura e da saúde.

As conversas paralelas recomeçaram. O coitado parecia que estava falando sozinho.

– O que ele está dizendo? – perguntei ao intérprete.

– Está conjecturando por que a vida na Rússia é tão difícil.

Finalmente ele saiu. Logo os últimos brindes foram erguidos e começaram as despedidas. As pessoas se encaminharam para o saguão. Farmer, que usava um daqueles típicos gorros de pele russos, despediu-se do vice-ministro pela terceira vez.

– Fiquei chateado por não ter vindo ontem, mas agora vejo que está tudo bem. Estamos aguardando suas ordens para avançarmos.

Farmer erguia a mão para prestar continência ao ministro quando, numa porta lateral, o figurão do petróleo e do gás ressurgiu. Estava nu, apenas com uma toalha enrolada na cintura. Seguiu em direção à sala de bilhar, passando cambaleante pelo vice-ministro, que sorriu, encolheu os ombros e voltou a se despedir. Logo depois, a gerente do hotel, uma mulher de seios grandes, toda arrumada, de salto alto, visivelmente apavorada, atravessou o saguão depressa atrás do oligarca. Nem eu nem Farmer conseguimos entender o que estava acontecendo, mas ele, sorrindo, virou-se para assistir à perseguição.

No dia seguinte, pegamos o avião para Paris. Ao chegarmos à gélida cabine do Tupolev 154 – "Chegamos a este ponto? Será que estamos tão velhos assim?", comentou Farmer enquanto cobríamos nossas pernas com um cobertor –, fiz-lhe uma pergunta técnica a respeito do controle da tuberculose, mencionando uma opinião que ouvi.

– Estaria correto? – perguntei.

– Todo relato é parcial, a não ser o meu. Tenho que confessar que gosto desses "ruscos", viu?

– Já ouvi isso antes – observei.

– Os membros da PNS me acusam de dizer o mesmo em relação a todo mundo, mas isso está em conformidade com minha linha de trabalho. Gostar das pessoas.

Ele então citou quem não poderia ser médico:

– Gente mal-humorada, gente sádica...

Em seguida, começou a esmiuçar a nossa curta estada em Tomsk. O ponto alto havia sido um breve discurso sobre medicamentos. Antibióticos de segunda escolha, de baixo custo, logo estariam a caminho da Rússia, mas no momento alguns problemas atrasavam o processo. Outras organizações, agora interessadas no tratamento da tuberculose multirresistente na Rússia, também aguardavam os medicamentos baratos. Em contrapartida, Farmer e Kim recorreram a Tom White, pediram 150 mil dólares e compraram remédios a um alto custo, em quantidade suficiente para tratar de imediato alguns pacientes com tuberculose multirresistente em Tomsk. Por que fazer isso? Por que gastar 150 mil dólares em medicamentos para 37 pacientes se, caso esperassem um pouco, poderiam comprar pelo mesmo valor medicamentos para tratar 100?

– Bem, porque os gerentes dos projetos podem esperar para fazer aquela compra a baixo custo, mas isso não se aplica a todos os pacientes. É preciso dispor de recursos para deter essa epidemia. Se você quiser usar dinheiro para adquirir esses recursos, ótimo. Não estou nem aí para o que se utiliza; use conchas como moeda.

Logo em seguida, Farmer caiu no sono. Dormiu durante quase todo o percurso pelos montes Urais, enquanto eu procurava digerir o que ele tinha dito sobre dinheiro. Ocorreu-me que a PNS estaria sempre com problemas financeiros, porque seria humanamente impossível para Farmer e Kim deixar de utilizar os recursos – esperar por preços mais baixos, enquanto a tuberculose multirresistente matava detentos na Rússia; guardar os recursos para depois destiná-los à Zanmi Lasante, enquanto agricultores morriam de aids no Haiti. A posição deles, sobretudo no que se referia a dinheiro, para mim era absolutamente impraticável, mas, mesmo assim, parecia funcionar.

...

Farmer viajava mais do que nunca. Ia para lugares familiares, como Peru, Sibéria (incluindo uma viagem do Haiti até Tomsk, para participar de uma reunião de duas horas que, segundo ele, foi um sucesso), Paris (onde concordara em fazer uma série de palestras, aproveitando para passar mais tempo com Didi e Catherine) e Nova York (onde testemunhou a favor de um haitiano portador do HIV que corria o risco de ser deportado). Foi a várias universidades norte-americanas e canadenses pregar sua ladainha "OPP" ("opção preferencial pelos pobres"), e também à África do Sul, onde debateu com um representante do Banco Mundial numa conferência internacional sobre aids.

– Os africanos precisam controlar o apetite sexual – disse o representante.

– Quero falar de outros banqueiros; não dos que aqui representam o Banco Mundial, mas de banqueiros de modo geral. Minha suspeita é de que não têm praticado sexo com frequência, porque passam o tempo todo ferrando os pobres.

Ele foi também à Guatemala, para assistir a algumas exumações. (A Parceiros na Saúde conseguiu patrocinador para um projeto de saúde mental que consistia na exumação e no enterro digno de índios maias que haviam sido dizimados pelo Exército guatemalteco e enterrados em sepulturas coletivas.) Certa vez, não muito depois de ter levado um tombo e fraturado o braço e o cóccix em Cange, Farmer fez uma longa viagem à Ásia para tratar de assuntos referentes à tuberculose.

Mantive contato com ele por e-mail – Farmer escrevia quase todos os dias – e às vezes nos encontrávamos pessoalmente. Um dia, na cidade de San Cristóbal, em Chiapas, eu e Ophelia ficamos observando Farmer seguir por uma calçada estreita: um homem branco, alto, magro, de pernas compridas, vestindo um terno preto e passando por mulheres de fisionomia escura, com xales coloridos indianos, que vendiam bugigangas. Ophelia disse que o achava parecido com uma figura misteriosa descrita no início de um romance de Graham Greene. Quem era aquele homem metido num terno amarrotado e aonde ele ia com tanta pressa? Eu não tinha certeza de que a resposta certa seria suficientemente plausível, considerando-se o propósito do escritor. O objetivo da viagem era persuadir a minúscula sede mexicana da PNS a expandir seu empenho no campo da saúde pública nos pobres e atormentados vilarejos de Chiapas – empenho esse que, sendo bem-sucedido, exigiria de Farmer, Ophelia e Kim mais captação de recursos. A razão que o fazia caminhar às pressas pelas ruas de San Cristóbal naquele momento era que ele precisava voltar para o hotel a tempo de conceder uma entrevista por telefone, agendada com uma rádio de Los Angeles que queria ouvir sua opinião sobre a aids.

Ele retornou a Boston, como de costume, para passar um mês prestando serviços no Brigham. Eu o acompanhei em alguns casos memoráveis. Um operário, imigrante mexicano, havia sido transferido de um hospital do Maine para Boston, vítima de gangrena de Fournier – uma doença que foi descrita pela primeira vez na França do século XIX como "gangrena aguda do pênis". A equipe de cirurgiões teve que remover o tecido morto, deixando a área da cintura e da virilha como um pedaço de carne exibido num açougue. Parte da equipe achava que ele deveria ser enviado para um hospital de doentes terminais. Farmer, no entanto, afirmou, animado:

– Ele vai sair dessa.

E, um mês depois, foi exatamente isso que aconteceu.

Um rapaz, que fazia pós-graduação, chegou ao Brigham à beira da morte. Farmer foi chamado e, tão logo se inteirou do caso, corrigiu o diagnóstico feito pela equipe da casa.

– É choque tóxico – disse, e adequou a medicação ao caso.

Duas semanas depois, o rapaz estava deitado na cama, delirando de febre, tremendo tanto que da porta do quarto ouvia-se o ranger dos dentes. As pontas dos dedos das mãos e dos pés estavam pretas. Enquanto eu olhava para ele, pensando que não passaria da manhã seguinte, ouvi Farmer dizer aos pais:

– As próximas semanas não serão moleza, mas o pior já passou. Ele vai sair dessa.

Aos prantos, a mãe disse:

– Confiamos no senhor. Muito obrigada.

Duas semanas depois, o pai perguntou como ele poderia pagar o que Farmer havia feito pelo filho. Talvez um carro novo, quem sabe?

Certa noite, ele estava indo atender a um chamado, quando o celular tocou.

– Paul Farmer, infectologista – atendeu.

Percebi que era outro médico, pedindo orientação. Farmer então murmurou:

– Ahã. Sei. Você sabe dizer que espécie de macaco era?

O trabalho no Brigham era tão gratificante para Farmer que ele às vezes se perguntava em voz alta se deveria pedir demissão. Todo dia surgiam casos interessantes, e o prazer de trabalhar num hospital com equipe e equipamentos de excelência, onde se podia solicitar uma biópsia cerebral sem ter que levantar fundos para isso, não tinha preço. Durante suas estadas em Boston, recarregava suas baterias profissionais, mas não se podia dizer que chegava a descansar.

Ophelia notou que o terno dele parecia ter saído de uma lata de lixo, mas, como sabia que jamais conseguiria levá-lo a uma loja, deu aos seus assistentes uma fita métrica. Entretanto, ele nunca ficava parado por tempo suficiente para que conseguissem tirar suas medidas. Assim, deixou Boston com as mesmas roupas com que chegou.

Nem sempre a troca de e-mails era eficiente para acompanhar as viagens de Farmer porque às vezes ele se esquecia de dizer onde estava. No entanto, sabia-se que a maioria delas começava e terminava no Haiti. Alguns amigos e colaboradores ainda achavam que ele deveria ir lá com uma frequência muito menor e passar mais tempo distribuindo equipes médicas pelas campanhas de saúde mundo afora. Era essa a firme opinião de Howard Hiatt, até o dia em que foi à Zanmi Lasante. Era a primeira vez que via o lugar. Ao voltar para Boston, escreveu um editorial para o *The New York Times*: "Acabei de voltar de uma visita a um hospital num dos países mais pobres do mundo... Pacientes com HIV são tratados com tanta eficiência numa região do Haiti como em Boston, Massachusetts. Mais do que isso, o trabalho dos médicos é executado com eficiência e cuidado comparáveis aos de quem trabalha num hospital universitário." Hiatt me disse que a Zanmi Lasante o emocionara mais profundamente do que qualquer outra coisa que tinha visto na vida. Disse também que deveriam "replicar" o que Paul fizera em Cange e que estava disposto a dedicar todo o tempo que lhe restasse na vida a fazer o possível para que isso acontecesse.

Replicação e sustentabilidade; no caso de Cange, talvez esses termos fossem sinônimos. Na opinião de Jim Kim, a Zanmi Lasante não sobreviveria sem o apoio financeiro de uma grande fundação ou órgão internacional, e esse apoio só viria se a Zanmi Lasante fosse vista como um laboratório para o mundo e não apenas como uma fantástica anomalia. Às vezes, esse tipo de conversa incomodava Farmer. "É irritante. Trabalhar humildemente pelos pobres deveria bastar", disse-me ele, no inverno de 2002. No entanto, meses depois, replicar a Zanmi Lasante passou a ser sua maior preocupação.

Desde que surgiram os tratamentos eficazes contra a aids, lá pelo final dos anos 1990, houve debates de como e onde ministrar as drogas antirretrovirais. A polêmica ganhou grandes proporções e considerável complexidade, mas, fundamentalmente, assemelhou-se às discussões acerca dos tratamentos contra a tuberculose multirresistente – com vários especialistas sustentando que em lugares como o Haiti e os países africanos localizados abaixo do Saara só a prevenção, e não o tratamento propriamente dito, seria viável; outros, em especial grupos como o Act Up, admitem que o insucesso no tratamento é não apenas imoral como também estúpido, visto que a prevenção sozinha não impede o avanço da pandemia. Para Farmer, a diferença entre tratamento e prevenção é artificial, criada como desculpa para não se agir. Ele havia frisado isso muito tempo atrás, em palestras, livros e artigos. Em agosto de 2001, publicou um artigo no periódico médico inglês *The Lancet* falando sobre o tratamento e o programa de prevenção em Cange. Na mesma hora, a PNS começou a receber pedidos de orientação e de informação – num determinado momento cheguei a contar 100 solicitações. Vinham de ministérios da Saúde, consultores e instituições de caridade do mundo todo. O "Consensus Statement" de Harvard, uma proposta de tratamento em âmbito mundial assinada por 140 professores, citava o projeto em Cange. O novo chefe da divisão de tuberculose da OMS teceu elogios ao projeto numa carta endereçada ao *The New York Times*. Nesse ínterim, o economista Jeffrey Sachs começou a divulgar o artigo publicado no *The Lancet*.

Sachs visitou a Zanmi Lasante e ficou tão impressionado quanto Howard Hiatt. Ele me escreveu o seguinte:

> O trabalho de Paul (e sua ideia de assistência médica de alta qualidade para os mais necessitados) produziu um *enorme* efeito. Nos últimos anos, tive a oportunidade de citar seu trabalho como exemplo em vários fóruns importantes dos quais participei mundo afora, no Congresso norte-americano, na Comissão de Macroeconomia e Saúde da OMS, na Casa Branca, no Tesouro americano, para o secretário-geral da ONU, Kofi Annan, entre outros. Quando trabalhei com o secretário-geral no lançamento do Fundo Global da Luta contra a Aids, Tuberculose e Malária, o trabalho de Paul foi usado como referência.

– É constrangedor que projetos pequenos, insignificantes até, como o nosso sirvam de exemplo. E se servem é porque só nós trabalhamos nesse sentido – disse Farmer.

De fato, parecia mesmo um caso de gritante desproporção em termos de causa e efeito. No mundo todo, cerca de 40 milhões de pessoas estão infectadas com o HIV e um programa que atende apenas centenas de pacientes ganhara toda aquela dimensão. O programa da Zanmi Lasante era de fato único, pelo menos na época da publicação do artigo de Farmer no *The Lancet*. Outros programas de tratamento e prevenção contra a aids estavam sendo desenvolvidos em países pobres, mas o da Zanmi Lasante era o único a funcionar numa área rural pobre cujos pacientes haviam sido escolhidos exclusivamente por critérios médicos e não por suas condições financeiras, o único a oferecer tratamento especializado gratuito.

O Fundo Global, o qual Sachs ajudou a criar, era uma instituição recém-fundada, patrocinada por governos e fundações. A expectativa era a de se levantarem anualmente bilhões de dólares para o combate às três maiores pandemias do mundo. Até o primeiro semestre de 2002, a instituição havia angariado promessas de apenas uma fração do valor desejado. Ainda assim, o fundo começara a receber requerimentos de doação e aprovara, entre outros, o do Haiti, que a PNS ajudou a redigir. De acordo com o proposto, a Zanmi Lasante ficaria encarregada de um abrangente programa de tratamento e prevenção contra a aids, que englobaria boa parte do planalto central. Esperava-se que o projeto servisse de modelo para projetos similares nos oito departamentos do Haiti e em outros países pobres.

Cada etapa do processo era desestimulante. Além disso, a questão política prometia tornar a tarefa ainda mais difícil e estressante. Quando o presidente Aristide foi reconduzido ao poder em 1994, um grupo de países e de bancos internacionais de desenvolvimento ofereceu ajuda para reconstruir o Haiti. Entretanto, antes mesmo da reeleição de Aristide, no final de 2000, as contribuições financeiras ao Haiti já estavam minguando. Os Estados Unidos concentravam esforços para bloquear qualquer ajuda ao governo haitiano – não apenas ajuda americana, mas também doações e empréstimos provindos de outras partes do mundo, inclusive empréstimos concedidos pelas agências internacionais que haviam subvencionado suprimento de água potável, obras em estradas e melhorias no sistema educacional e no sistema de saúde pública. As razões oficialmente informadas para a adoção daquela política eram várias e transitórias. As reais, no entanto, provavelmente incluíam a descrença e o temor permanentes por parte das instituições em relação a Aristide, a expectativa de que os haitianos fossem culpá-lo pela contínua derrocada do país e um desânimo geral com relação aos problemas do Haiti. Farmer me escreveu a respeito do bloqueio aos empréstimos: "Às vezes acho que estou ficando maluco e que talvez *haja* um lado positivo em negar o acesso à água potável a quem não tem, em garantir que as crianças analfabetas continuem analfabetas e em vetar a revitalização do sistema público de saúde no país que mais precisa disso." Acrescentou ainda: "Isso se chama loucura!"

Pelo menos em Cange, os efeitos do corte na ajuda humanitária eram visíveis. Já em 2002, os hospitais públicos do planalto central fecharam as portas por falta de verbas. Famílias inteiras de camponeses não tinham outra opção de destino senão Cange. Eles partiam em direção à Zanmi Lasante em grupos imensos, em número quatro vezes maior que o que ocorria dois anos antes. No complexo hospitalar, todos os leitos, cadeiras e espaços no chão estavam ocupados. Na verdade, as pessoas do planalto central imploravam que a Zanmi Lasante fizesse o que o Fundo Global havia pedido.

Pôr em prática apenas uma etapa do projeto – estender o programa da Zanmi Lasante para a prevenção da transmissão do HIV da mãe para o bebê – parecia tão difícil quanto o projeto de combate à tuberculose multirresistente no Peru, e podia ser considerado uma das intervenções mais complexas realizadas na área da saúde de um país pobre.

Apenas 20% das mulheres da área rural do Haiti já receberam algum cuidado médico. Estima-se que cerca de 5% sejam portadoras do HIV. Para localizá-las, a equipe de Farmer, um grupo de médicos da PNS e da Zanmi Lasante, agentes de saúde e funcionários do governo haitiano teriam que fornecer informações a respeito da aids a meio milhão de agricultores, espalhados por uma área montanhosa de cerca de 400 quilômetros quadrados. Teriam que montar laboratórios e centros de teste num lugar cujas estradas principais, mesmo com clima bom, eram intransitáveis. ("Em relação ao transporte, acreditamos que serão usados jumentos, bicicletas, motocicletas e jipes", escreveu Farmer aos integrantes da PNS.) Teriam que treinar técnicos de laboratório para administrar aqueles centros, em lugares em que o fornecimento de energia elétrica era falho ou inexistente. Além disso, precisariam contratar agentes de saúde locais para distribuir medicamentos profiláticos duas vezes por dia, durante nove meses, para cada mulher grávida contaminada e durante uma semana para cada recém-nascido. Considerando-se que o leite materno poderia transmitir o vírus, cada mãe teria que receber fórmula láctea para seu bebê por pelo menos nove meses. Essa fórmula, por sua vez, teria que ser misturada à água, o que obrigaria a equipe de Farmer a limpar os suprimentos de água em vários lugares.

A verba do Fundo Global – 14 milhões de dólares para o planalto central, pagos ao longo de cinco anos – seria gasta basicamente na aquisição de drogas anti-HIV, na contratação de agentes de saúde haitianos e na reforma dos poucos hospitais públicos já existentes na região. Tratar e prevenir a aids implicaria tratar e prevenir a tuberculose também. Quando construíssem hospitais para tratar essas duas doenças, viria gente procurá-los para tratar outros casos, como perna fraturada, ferimento a facão, tifo e meningite bacteriana. Um projeto da PNS não poderia se recusar a tratar pacientes que não eram portadores das "doenças apropriadas". Assim, eles precisariam espalhar fac-símiles do complexo hospitalar de Cange por todo o imenso, montanhoso e esfaimado Département du Centre e, se tivessem sorte, 14 milhões de dólares permitiriam que começassem o projeto.

Farmer, porém, estava eufórico. Quando soube da verba do Fundo Global, ele escreveu para mim: "Estou com vontade de chorar. Os haitianos merecem muito." Disse ainda que cancelaria o máximo possível de compromissos para poder passar mais tempo no Haiti. Algumas semanas depois estava em Tomsk, visitando pacientes e acompanhando o andamento do programa. Logo em seguida estava em Barcelona, participando da conferência anual sobre aids.

Chegando a Boston, exausto após mais um de seus meses tranquilos de viagem, Farmer disse a Ophelia que em seus ouvidos soavam dois grupos de vozes. Em um, ele escutava os amigos e colaboradores dizendo que deveria se concentrar nos assuntos mais importantes referentes à saúde mundial; no outro, gemidos dos pacientes haitianos – a voz do mundo dizendo "Essa reunião é importante", e a voz do Haiti dizendo: "Meu filho está morrendo." De vez em quando, espremido num assento de avião, ele conversava comigo sobre se aposentar em Cange; sobre fixar residência lá e ser simplesmente "um médico do interior". Eu não acreditava muito nisso. Enquanto conseguisse viajar, pensei, iria do Haiti para lugares como Tomsk e Lima, atender pacientes individualmente e fazer a sua parte na luta pelo combate a doenças e injustiças na área da saúde; ou seja, praticar sua combinação pessoal de atacado e varejo da medicina.

Mas Farmer sempre voltaria a Cange. Minha impressão era a de que ele não tinha propriamente um plano para a sua vida, tal como tinha um *padrão*. Farmer parecia uma bússola, com uma perna a girar pelo globo e a outra fincada no Haiti.

# CAPÍTULO 25

Na época da faculdade, o deslocamento entre Cange e Boston deixava Farmer desnorteado. Ele saía dos casebres de camponeses cheios de bebês desnutridos e, chegando ao Aeroporto de Miami, escutava pessoas bem-vestidas falando sobre o esforço que faziam para perder peso. A viagem era inquietante em ambas as direções. Uma hora ele estava nos hospitais universitários de Boston, recebendo instruções sobre os mais altos padrões de cuidados médicos, e na manhã seguinte saltava de um *tap-tap*, com o rosto empoeirado, e entrava na comunidade carente no morro árido acima da represa, onde não havia remédios, muito menos padrões de cuidados. Com o tempo ele aprendeu a fazer a transição com mais tranquilidade.

"A certa altura eu me dei conta de que dava para fazer um bom trabalho com meus pacientes sem me aborrecer", disse ele. Na época, acho eu, ele estava transformando a raiva em algo mais ameno, um sonho de pôr fim nas disparidades – pelo menos na área médica – que separavam Boston de Cange.

O sonho parecia impossível, é claro, mas ele não desistia. "Não estou propondo realizar transplante de medula em Cange, mas terapias comprovadas", dizia ele em suas palestras. "A igualdade é o único objetivo aceitável."

Farmer havia feito progressos. A Zanmi Lasante agora contava com instalações decentes, inclusive com uma sala de cirurgia, sempre impecavelmente limpa. Entretanto, ainda faltavam muitos dos equipamentos mais sofisticados. Não havia banco de sangue, nem aparelho para tomografia computadorizada. Farmer pretendia dar um jeito nessas e em outras deficiências algum dia. Nesse ínterim, enquanto não dava para levar a medicina de Boston para Cange, ele de vez em quando levava um paciente de Cange para Boston.

No início de 2000, a PNS enviara um jovem chamado Wilnot para o Brigham. Ele sofria de um problema cardíaco congênito, muito raro, que uma equipe de cirurgiões curou, abrindo mão de seus honorários. Muitos meses depois, perto do início de agosto, uma mulher da cidade de Hinche, fugindo do terrível hospital público de lá – com assoalhos podres, esgoto aberto nos fundos, remédios pagos pelo doente –, levou o filho de *tap-tap* até a Zanmi Lasante. O menino se chamava John. Assim como as mortes, os nascimentos da maioria dos camponeses haitianos não são registrados, de forma que era impossível precisar-se a idade de John. Ele devia ter 11 ou 12 anos. John e a mãe eram os únicos membros que restaram da família. O pai e os três irmãos do menino haviam morrido ao longo dos últimos anos, aparentemente de males diversos. Quando perguntaram a Farmer quais eram, em sua opinião, as causas dos óbitos, ele adaptou uma frase irônica de *Os comediantes*, de Graham Greene: "Haiti. Eles morreram de Haiti." A mãe de John dizia que sua vida era uma "série de catástrofes". Embora longe de ser inédito, o histórico da família tornava o caso de John urgente. Os fatos clínicos o tornavam singular.

John apresentava calombos no pescoço, que a princípio pareciam escrófula – linfadenite cervical, ou tuberculose nos nódulos linfáticos do pescoço, muito comum no Haiti. No entanto, com a escrófula os nódulos tornam-se esponjosos, e os de John estavam duros, como Farmer verificou pelo toque. Além disso, a proporção de glóbulos brancos em seu sangue estava muito mais alta do que comumente se via em casos de tuberculose extrapulmonar. Farmer desconfiou que se tratasse de algum tipo de câncer.

Um diagnóstico que ficaria pronto em poucas horas em Boston poderia levar semanas quando realizado entre o Haiti e Boston. Serena Koenig, uma médica do Brigham de seus trinta e pouco anos, conseguira providenciar a operação de John e a captação de recursos para pagar pela viagem e pela internação dele. Serena encontrou um oncologista no Hospital Geral de Massachusetts que concordou em fazer o diagnóstico de graça. Obviamente, o oncologista precisava de uma amostra de tecido de John. A retirada do tecido envolvia um procedimento cirúrgico delicado, o qual Farmer preferia não realizar, se pudesse escolher. Ele entrou em contato com um cirurgião haitiano de Mirebalais, de sua confiança. O cirurgião concordou em ir a Cange por alguns mil dólares, valor extremamente alto para o Haiti. Chovia no planalto central, e pegar o cirurgião significava enfrentar lama e riachos transbordantes entre Mirebalais e Cange. A viagem levou 12 horas. A biópsia só terminou de madrugada. Farmer tinha que pegar um avião para Boston naquela manhã. Ele levou consigo amostras de sangue e tecido de John, e Serena encaminhou-as para o Hospital Geral de Massachusetts, em uma sacola plástica de compras. Zanmi Lasante não tinha equipamentos para preservar os espécimes em seções congeladas, de forma que eles foram colocados em formaldeído. Assim, o diagnóstico levou quatro dias em vez de um.

As notícias não foram nada boas. John estava com carcinoma nasofaríngeo, um tipo muito raro de câncer, que constitui menos de 1% da malignidade infantil. Diagnosticado logo cedo, entretanto, as chances de cura eram de 60 a 70%.

A princípio, Farmer achou que seria possível cuidar de John no Haiti, realizando a quimioterapia em Cange. Ele encarregou Serena de providenciar os procedimentos junto a seus contatos no Hospital Geral. Ela estava prestes a começar a comprar as drogas – cisplatina, metotrexato, leucovorina – quando um oncologista em Boston, amigo dela, lhe disse: "Serena, se você deseja matar esse menino, há outras formas menos dolorosas."

Na verdade, poucos hospitais nos Estados Unidos tinham os equipamentos adequados e a experiência necessária para lidar com a doença de John. Assim, Serena e Farmer decidiram levar o garoto para Boston. Farmer estava muito ocupado, é claro, e teve de acompanhar de longe boa parte do caso. Serena foi quem praticamente fez tudo. A conta do tratamento de John chegaria a aproximadamente 100 mil dólares. Serena bajulou e implorou sem parar por três semanas. Finalmente, as autoridades do Hospital Geral de Massachusetts concordaram em aceitar o caso de graça.

Àquela altura, porém, já havia se passado um mês desde que John tinha sido levado a Cange. Serena ainda precisava juntar uma série de documentos para o Hospital Geral de Massachusetts e para o consulado americano no Haiti, de modo a conseguir um visto para John. Ela não sabia nem os primeiros nomes dos pais do garoto – Jean Paul e Yolande. Serena não falava crioulo e imaginou que, sendo aquela a primeira vez que John viajaria para além do planalto central, era provável que ficasse assustado por pegar um avião para os Estados Unidos sem a mãe. Ela conhecia uma haitiana-americana que fazia residência clínica e pediátrica no Hospital Geral de Massachusetts e no Brigham, chamada Carole Smarth. Carole passara parte da infância no Haiti, falava crioulo fluentemente e era amiga da PNS – trabalhara algumas semanas na Zanmi Lasante. Ela concordou em ir a Cange com Serena para ajudar a levar John para Boston.

Serena ligou para Farmer, que estava viajando. Temendo que John tivesse piorado no último mês, ela perguntou a Farmer que circunstâncias os impediriam de levar John ao Hospital Geral de Massachusetts.

– Nenhuma – Farmer respondeu. – É a única chance que ele tem.

– O que devo dizer se me perguntarem por que estamos fazendo isso?

– Diga que ele nos foi trazido pela mãe e que estamos fazendo o possível para ajudá-lo.

...

À primeira visão do Haiti, Serena ficou horrorizada. A Zanmi Lasante a comovera. Ela sentia que toda aquela experiência de levar John para Boston havia mudado sua vida. Ainda trabalhava para o Brigham e para a faculdade de medicina de Harvard, mas agora passava a maior parte de seu tempo livre trabalhando para Paul e Jim.

Os membros da PNS não eram todos iguais, obviamente, mas muitos deles tinham credenciais acadêmicas impressionantes, muitos eram religiosos, a maioria era do sexo feminino e, entre as mulheres, muitas eram, como dizia Ophelia, "bem bonitas". A descrição era mais que adequada para Serena e Carole. Enquanto eu corria de um lado para outro com essas duas jovens médicas pelo Aeroporto Logan, percebi várias pessoas olhando em nossa direção.

Serena trouxera duas malas, uma delas cheia de bichinhos de pelúcia e brinquedos para o departamento pediátrico em Cange. Carole trouxera uma sacola enorme, típica daquelas carregadas por haitianos voltando dos Estados Unidos. Estava cheia de remédios que ela achava que poderiam precisar para não ter problemas com John durante o percurso. Carole trazia ainda um saco plástico com água. Dois peixinhos ornamentais nadavam lá dentro, peixinhos para o novo tanque da casa de Farmer em Cange. Ele havia pedido que trouxessem alguns, se não fosse dar trabalho.

Farmer não estaria lá quando chegássemos. Ele precisou ir à Europa para participar de uma reunião científica – o presidente da Soros Foundation pediu que fosse e ele sentiu que não poderia recusar. Naquele exato momento, Farmer ironicamente encontrava-se em um castelo na Alemanha. Suas jovens colegas, porém, eram médicas do mais alto gabarito, oriundas de dois dos melhores hospitais universitários do mundo, e tive a impressão de que elas tinham pensado em tudo. Serena estivera ocupada demais, tomando providências, para conseguir dormir na noite anterior. Agora ela repassava a lista do que havia feito e, ao entrarmos no avião, ela ainda a recitava.

O plano era conseguir um visto para John assim que chegassem a Porto Príncipe, pegar um carro até Cange e levá-lo para Boston no dia seguinte – de primeira classe, com Carole sentada ao lado dele. Farmer, sempre economizando para ter mais dinheiro a gastar, havia passado um e-mail insistindo que não comprassem passagens de primeira classe, apenas usassem suas milhas.

A primeira parte do plano deu certo, sobretudo graças a Ti Fifi, uma das melhores e mais velhas amigas haitianas de Farmer – a pessoa com quem, acima de tudo, ele podia contar para conseguir qualquer coisa para o Haiti. Farmer a chamava de "Madrinha Haitiana". Ti Fifi era pequena e tranquila, quase sempre sorridente. Quando nos encontrou no aeroporto, ela disse que conseguira um passaporte haitiano para John, mas que, primeiro, precisou providenciar uma certidão de nascimento. Serena disse:

– Se você conseguir mais uma, será que dava para colocar o nome da mãe dele de Yolande?

Todos riram. Eu, particularmente, senti uma descontração que deveria ter me deixado nervoso. Era como se estivesse entrando num clima de férias, induzido a embarcar em outra aventura moral, que parecia ser muito agradável. O consulado americano concedeu o visto logo de imediato. Então, no final da tarde, seguimos para o norte, em direção a Cange, na caminhonete da Zanmi Lasante.

Quase um ano antes, bem no sopé de Morne Kabrit, onde acabava o asfalto, eu vira uma placa anunciando as iminentes obras de renovação da Rodovia Nacional 3. Agora, a ferrugem dos pregos escorria pela placa, que, no entanto, ainda estava em melhores condições do que a estrada. Deslocaram algumas pedras no sopé da montanha, mas nem sequer um centímetro do caminho fora asfaltado. Todos os tratores deixaram o local, com exceção de um, estacionado no início da subida, já quase virando relíquia.

– O que houve? – perguntei a Ti Fifi.

Ela encolheu os ombros. Tinha ouvido dizer que os empreiteiros europeus e norte-americanos haviam gasto ou roubado todo o dinheiro.

Uma caminhonete velha e desmantelada capotara na subida da montanha, bloqueando a passagem. Havia um engarrafamento de *tap-taps* e *camions*, a carcaça da caminhonete no meio e uma porção de gente em volta. Depois de muita discussão e tentativas frustradas, nas quais algumas pessoas quase foram esmagadas, a multidão conseguiu rolar a caminhonete para um lado da estrada. Isso tudo levou tempo. Já estava escuro quando viramos no portão da Zanmi Lasante e voltei a sentir o alívio da estrada lisinha, a essa altura um prazer familiar, uma sensação de segurança, que dessa vez não durou muito.

Serena e Carole subiram direto para o Pavilhão Infantil. O lugar parecia diferente da última vez em que eu estivera lá. O hospital não estava tão limpo, as paredes não estavam tão brancas, o ar lá dentro estava mais quente e a quantidade de moscas era maior. Mas não acredito que algo tenha mudado de fato. Acho que era a ausência de Farmer que causava aquela sensação. O hospital parecia menos confiável sem ele. Além disso, fiquei chocado ao ver John na cama.

Nas fotos tiradas no mês anterior, ele parecia apenas abatido. Agora, seus braços e pernas estavam magrinhos – dava para ver os ossos dentro deles. Os joelhos e as articulações dos cotovelos pareciam enormes, e a pele estava toda enrugada. Ele fora submetido a uma traqueostomia. Um grampo redondo para acomodar um tubo de alimentação estava fixado na frente de seu pescoço, de cujos lados saltavam caroços enormes no formato de lâmpadas, que forçavam sua língua para fora da boca. Ele se virava de um lado para outro, tentando encontrar um jeito de aliviar a pressão no pescoço. O pobrezinho fez um som de gorgolejo – as secreções entupiam suas vias respiratórias. Uma enfermeira aspirou com um equipamento elétrico. Como se já não bastasse, ele estava com febre.

Não consegui olhar novamente para ele de imediato. Passei os olhos pelo quarto e, de repente, deparei com uma bebezinha com *kwashiorkor* no berço perto da escada. Os olhinhos arregalados davam-lhe a aparência de um animal silvestre assustado. Olhei para a mãe de John, uma criatura bem magra, de pele morena. Ela estava sentada na lateral da cama, olhando para o nada, pelo que parecia, sem a menor expressão facial. Olhei para Serena e vi que ela também estava desviando o olhar – olhava para a parede sobre a cama de John, apertando os lábios. Ficou calada por um tempo que me pareceu infinito. Então passou as mãos nos cabelos e disse:

– O.k., precisamos saber por que ele está com febre e que remédios está tomando.

Serena começou a folhear o prontuário e Carole foi para o lado da cama de John.

O menino gesticulava na direção da bolsa preta de Carole. Ele queria ver o que havia lá dentro. Carole a abriu e segurou para ele ver. John enfiou os dedos na bolsa e fez um gesto com a mão, afastando-a, como se dissesse: "Não tem nada de interessante aí."

Carole se inclinou sobre ele e falou baixinho em crioulo:

– *Pa pè*. (Não tenha medo.)

Nesse momento, as lágrimas começaram a rolar pelo rostinho de John, reluzindo sob a luz fraca do Pavilhão Infantil.

As duas médicas e Ti Fifi afastaram-se da cama para trocar ideias.

– O que me consola mais neste momento é que ele é bem novo – disse Carole. – Não há inchaço no baço nem no fígado. O único problema é a congestão.

– Acho que a congestão vai melhorar quando ele sentar – sugeriu Serena.

Ela estava pensando em tentar viajar com ele no dia seguinte. Talvez ela pudesse cobrir-lhe o pescoço com um cobertor; mas não conseguiu imaginar muito bem a cena.

– Não vai dar para levá-lo em uma linha aérea comercial. Acho dificil deixarem-no embarcar. Vamos pensar numa forma de levá-lo em outro avião. E aí, Carole? Levamos ou não levamos o John numa linha aérea comercial amanhã?

– Essas secreções é que são o problema – disse Carole. – Acho que seria uma irresponsabilidade transportá-lo sem sucção. Num avião.

Serena examinou a situação. O diretor da oncologia pediátrica do Hospital Geral de Massachusetts dissera-lhe que John tinha uma chance razoável caso o câncer não tivesse se espalhado para os ossos; mas não havia condições, ali em Cange, de determinar se tinha ocorrido metástase.

– Ele precisa ter sua chance de lutar – disse Serena.

Ti Fifi sugeriu:

– Talvez a gente consiga um helicóptero para Porto Príncipe e de lá um avião-ambulância. – Ela parou para refletir. – Não sei quanto custa um avião-ambulância.

– Talvez uns 20 mil dólares – especulou Carole.

– Vamos pagar – disse Serena. – Por mim, que se dane. O que são 20 mil dólares? Já pensou se ele morrer no avião? Já até imagino a história. Médicas de Harvard, da equipe da PNS, totalmente irresponsáveis. Jim iria querer me matar. Eu não devia ter deixado esse menino aqui um mês atrás. Estou me sentindo muito culpada. Da próxima vez vou agir mais rápido.

– Não tínhamos sequer um diagnóstico um mês atrás! – ponderou Carole.

– Só estou chateada porque eu devia tê-lo levado há um mês – disse Serena. – Perdemos tempo esperando por um diagnóstico.

Carole abaixou a cabeça. O saquinho plástico com os novos peixinhos de Farmer estava no chão.

– Droga! Ah, eu os trouxe até aqui. Só falta eles morrerem agora!

Elas cruzaram o *gwo wout la* com lanternas até a *ti kay* de Farmer e acenderam as luzes do tanque de peixes. Carole olhou para o saquinho e disse:

– Esses são Jean Claude e Yolande. Eu também vou sentir saudade, meus queridos, mas vocês precisam ir em frente e fazer novos amigos.

Ela os despejou no tanque e nós nos inclinamos para observar os peixes nadarem entre os outros.

...

Ao amanhecer, Serena e Ti Fifi voltaram para Porto Príncipe, em busca de um avião-ambulância e um helicóptero. Foi um longo dia.

Quando a caminhonete chegou à estrada asfaltada no sopé de Morne Kabrit, Alix, o motorista da Zanmi Lasante, acelerou para 110km/hora e entrou na cidade espantando galinhas e cabras nanicas. Misturou-se ao tráfego de *camions* e *tap-taps*, criando uma terceira pista na estrada, que só tinha duas, e às vezes até uma quarta, ao ultrapassar os veículos que também estavam se desviando para passar. Carole dissera que havia um toque específico que os motoristas davam nas buzinas em Porto Príncipe, anunciando: "Estou dobrando essa esquina na pista errada." Quando era menina, ela ouvia dizer que, ao se escutar aquela buzinada e depois outra vindo da direção contrária, era melhor rezar para morrer na batida e não ter que ir parar no Hospital Central.

Pensei com meus botões que, se eu fosse haitiano, competiria com toda a força para obter o mínimo de vantagem em qualquer coisa que pudesse, e provavelmente eu seria um motorista maluco também. Então pensei que ali estavam Serena e Ti Fifi tentando salvar a vida do garoto enquanto Alix, sorrindo ao volante, colocava várias outras vidas em risco; especificamente naquele momento, as vidas de dois meninos em uma bicicleta, com o espelho retrovisor da caminhonete quase a raspar nos ombros dos pobrezinhos. Quando emperramos no tráfego perto do aeroporto, senti um alívio momentâneo.

Passamos o dia todo entrando e saindo de congestionamentos, indo da casa da família de Ti Fifi na cidade, onde havia um computador conectado à internet, para o aeroporto, depois para o escritório de um amigo de Ti Fifi que tinha um aparelho de fax, em seguida novamente ao aeroporto e, por fim, retornamos à casa dela. Tivemos tempo de sobra para apreciar a vista nos arredores das estradas: barracas de madeira pintadas em cores berrantes vendendo bilhetes de loteria, cujos proprietários tiravam vantagem da esperança dos outros – "Bank Lotto, Nova York"; entulho nos acostamentos – pneus velhos, lixo, fragmentos de concreto, carcaças de caminhonetes e carros depenados, tão limpos quanto ossos no deserto; homens sentados com espingardas nos joelhos do lado de fora de cada posto de gasolina; moribundos pedindo esmola; gente de muleta; gente com o toco da perna enfiado no que parecia ser uma lata de sorvete. Mais adiante, no trânsito, vi um *camion* com uma inscrição pintada na janela traseira que parecia sintetizar o problema que Serena e Ti Fifi enfrentavam naquele dia: "Oh, Morne Kabrit!"

Foi relativamente fácil conseguir um voo num avião-ambulância de Porto Príncipe a Boston. Foi preciso enfrentar apenas alguns telefonemas e um engarrafamento. Mas o preço era 18.540 dólares. Serena estava pronta para pagar e levantar o dinheiro mais tarde, porém Ti Fifi achou melhor conseguir a aprovação de Farmer primeiro. Serena enviara um e-mail para ele, dizendo: "O quadro de John está cada vez mais delicado. Ele é curioso, um doce de menino, interage conosco, e não o deixarão embarcar. E, fraquinho do jeito que ele está, receio que não sobreviva à viagem ao aeroporto. Polo, sei que parece loucura, mas ele ainda tem uma chance de lutar. Isso ainda pode ser um tumor localizado com abscesso, que o incomoda e cresce cada vez mais. Eu me responsabilizarei pelo pagamento do voo. Prosseguiremos com o plano e aguardaremos sua resposta."

Farmer, entretanto, parecia preocupado com as despesas e talvez com o precedente de um avião-ambulância. Ele respondeu: "Serena, minha querida, por favor, considere outras alternativas."

Essa mensagem preocupou Ti Fifi, o que não era comum. Sentada ao seu computador, ela disse:

– Normalmente Paul diria: "Confio em você. Vá em frente." Ele jamais diria para não fazer, mas, se quisesse que fizéssemos, ele diria.

– Quer dizer então que, considerando os padrões de Polo, isso significa "não" – disse Serena.

– É mais ou menos isso – respondeu Ti Fifi. – Há outras implicações. O que vamos fazer se outra criança assim chegar até nós? Esse não é o único caso. Não vamos fechar o hospital depois disso. É muito complicado. Os funcionários vão perguntar por que se gastou esse dinheiro. É isso que preocupa Paul.

– Eu só estou cuidando de uma criança – disse Serena.

– É esse o ponto. Há muitas crianças aguardando por uma cirurgia cardíaca, e a equipe está pedindo mais dinheiro. Um transporte num avião-ambulância não é algo que se faça no Haiti.

Ti Fifi então abaixou a voz e acrescentou, como se falasse para si mesma:

– Tenho certeza de que as pessoas vão dizer: "Se seu filho está doente, leve-o a Cange e ele será colocado num voo para Boston." No planalto central, isso vai virar um evento.

– Tenho uma ideia! – exclamou Serena. – Deixe-me arcar com as despesas e espalhe entre o pessoal de Cange que fui eu que paguei. O fato de ele receber tratamento gratuito do outro lado torna a questão martirizante.

– Acho melhor fazer um levantamento dos custos e perguntar a Paul – disse Ti Fifi. – Eu conheço bem essa figura.

Serena estava a ponto de se desfazer em lágrimas. Ti Fifi se levantou e deu-lhe um abraço. Ti Fifi, cuja cabeça mal chegava ao ombro de Serena, esticou-se para cima enquanto Serena se inclinou, dobrando os joelhos para receber o abraço. Ti Fifi deu uma risada baixinha, dizendo:

– Cada vez mais pacientes. Cada dia é uma coisa. Uma crise. Como John. Isso não é nada. Todo dia, a cada minuto, a gente vê casos como esse. Há sempre alguém doente ou alguém em perigo.

Então Ti Fifi foi para o computador e escreveu para Farmer: "Você tem que dizer sim ou não."

Eu o imaginei recebendo essa mensagem, irrequieto num castelo da Bavária. Ele respondeu quase imediatamente. Sobre o custo do avião-ambulância, comentou: "Bem, poderia ser pior." Depois, continuou: "Estarei aí em 24 horas, mas não vou julgar todos vocês. Colocá-lo num avião é a única chance de salvar a vida dele, então, assino embaixo." E concluiu: "De qualquer forma, a esperança dele é sair do Haiti de um jeito ou de outro – como, infelizmente, é o caso de muitos outros haitianos."

Entretanto, ainda havia a questão de ser preciso transitar com John pela Rodovia Nacional 3 até Porto Príncipe. "Ele vai morrer na estrada", um dos médicos haitianos da Zanmi Lasante dissera na noite anterior.

Para mim, aquilo parecia muito possível. Ti Fifi procurara no aeroporto por alguém com um helicóptero, mas parecia não existir nenhum no Haiti, pelo menos nenhum disponível – e ela era uma pessoa extremamente bem relacionada. Talvez um avião pequeno servisse – mas não havia nenhuma pista de aterrissagem perto de Cange. Então, John teria de ser transportado pela estrada, passando pelos pedregulhos e buracos enormes, cruzando os riachos. Ti Fifi não gostava de pensar nisso.

– Eu não estou desistindo – disse ela a Serena. – Mas o que é melhor para John?

– Ele ficará no colo da mãe dentro da caminhonete. Ti Fifi, sei que ele parece estar muito fraquinho, mas acho um crime não tentar.

– Tudo bem – disse Ti Fifi.

– Estou decidida assim porque conversei com Paul sobre o assunto.

– Paul não está aqui – disse Ti Fifi. Ela suspirou e deu um sorriso. – Não faz sentido discutir. É como andar em círculos, sabe?

– Pena que não dá para levarmos sugadores manuais – lamentou Serena.

Esse agora parecia ser o problema insuperável. Sem um equipamento de sucção, John poderia asfixiar-se no caminho para Porto Príncipe, e os únicos aparelhos de sucção em Cange eram elétricos. Nenhum deles funcionaria na caminhonete.

Ti Fifi imaginou que talvez pudessem conseguir uma ambulância equipada. Entrou em contato com seus conhecidos e achou uma ambulância do governo que teria feito o trabalho de graça, se não estivesse na oficina. Ti Fifi balançou a cabeça em um gesto negativo e sorriu ao ouvir a notícia.

– Só Deus pode nos ajudar. Só Deus.

Em seguida, ela pegou o telefone novamente e localizou uma empresa particular de ambulâncias, sediada na avenida John Brown, chamada Sam's – Serviços de Ambulância. A companhia era proprietária de um veículo. Ele estava brilhando, mas era velho – um Kennedy, modelo americano reciclado dos anos 1970, sem tração nas quatro rodas.

Entretanto, Ralph, o proprietário, estava disposto a pegar a estrada para Cange. Ele era um sujeito fortão, musculoso. Tinha servido no Exército americano por 10 anos e voltara ao Haiti para abrir um pequeno negócio – na intenção, segundo ele, de fazer sua parte para ajudar seu país. Mas, enquanto o Haiti precisava desesperadamente de ambulâncias, pouca gente tinha condições de pagar por uma, de forma que Ralph se desmotivara. Naquele momento, ele parecia pensar: "Ah, quer saber? Por que não dar uma força?"

Ralph e quatro de seus rapazes se vestiram para a viagem. Colocaram camisetas com a estampa "Sam's – Serviços de Ambulância", capacetes brancos e entraram no veículo. Ligaram, então, a sirene e saíram de Porto Príncipe em alta velocidade gritando "Sigam-nos!" pelo alto-falante fixado no teto.

A ambulância enguiçou pela primeira vez na metade da subida de Morne Kabrit. Estava escuro e chovia bastante. Sentados na caminhonete da Zanmi Lasante estacionada na beira do penhasco, ficamos vendo um dos rapazes de Ralph derramar óleo, aos poucos, no motor da ambulância. Os faróis dos dois veículos apontavam bem para cima. Observei a água da chuva. Ela descia pelo que se chamava de *estrada* – um pequeno riacho, como se fosse um leito de rio antes seco que aflorara – e fiquei imaginando o que aconteceria se a chuva não parasse. E quanto aos *zenglendo*, os bandidos que assaltavam viajantes que paravam nas estradas? Até mesmo Ti Fifi, que era muito calma, tinha dito que evitava ficar no *gwo wout la* depois que escurecia, por causa dos *zenglendo*. Mas Farmer dissera que os haitianos não gostavam de pegar chuva e talvez isso se aplicasse aos *zenglendo* também.

Passamos mais ou menos meia hora ali dentro da caminhonete, esperando. Ficar sem ambulância significava ficar sem sugador. Por falta de uma simples ferramenta manual, todo o trabalho iria literalmente por água abaixo e colocaria em risco a vida do garoto. Eu estava perdido nesses pensamentos quando Serena disse:

– É, pessoal, conseguimos. Ele vai viajar amanhã.

Respondi:

– Serena, isso ainda não é certo.

– Mas precisamos nos animar um pouco – retrucou ela. Em seguida, começou a tentar resolver as coisas precipitadamente. – Temos que garantir que a ambulância esteja em Porto Príncipe quando o avião chegar amanhã, para que John chegue ao Hospital Geral de Massachusetts antes das cinco da tarde, se possível, porque...

Resmunguei, sinto dizer, que a Sam's – Serviços de Ambulância não conseguiria sequer subir Morne Kabrit, que dirá chegar a Cange, e Serena começou a chorar. Logo em seguida, assim que comecei a me desculpar, o celular de Ti Fifi tocou. Era Ralph, que estava a alguns metros dali.

– Eles ainda vão tentar? – perguntou Serena.

– Acho que sim – respondeu Ti Fifi.

– Ah, como eu gosto deles!

Ti Fifi deu uma risadinha e disse:

– Deus é bom!

Entretanto, a mais ou menos dois terços do cume, a ambulância parou de novo. Com as luzes dos faróis, dava para ver o vapor quente saindo sob o capô. Dois dos rapazes de Ralph saíram do veículo com seus capacetes e ponchos e empurraram um pedregulho para baixo de uma das rodas da ambulância. O celular de Ti Fifi tocou novamente.

– Eles tentaram – disse Ti Fifi para Serena –, mas agora ficaram sem óleo de novo e não há mais para repor.

– Mas talvez eles nos emprestem o sugador – disse Serena.

– Se emprestarem, teremos que pagar – disse Ti Fifi.

– Pague e *muito bem* – respondeu Serena.

Depois de uma rápida negociação, Ralph disse:

– Combinado.

Serena se animou novamente. Ela e Ti Fifi saltaram e entraram na parte de trás da ambulância para ver o pessoal trabalhando. Dentro da caminhonete da Zanmi Lasante, Patrice, um dos funcionários do hospital, balançou a cabeça.

– Essa Serena... acho que ela não desiste nunca.

Nesse aspecto, acho que ela era uma versão feminina de Farmer. Eu só não conseguia entender de que adiantaria transferir o sugador, que era elétrico. Aqueles rapazes não tinham conhecimento de mecânica para adaptar o equipamento à caminhonete da Zanmi Lasante, no meio da noite, durante uma tempestade, na subida de Morne Kabrit.

Horas – pareciam horas – se passaram. A chuva estiara. Saí da caminhonete e escutei Ralph e seus rapazes martelando aqui, raspando ali.

Parecia que estavam desmontando a ambulância toda. Enfiei a cabeça lá dentro, pela porta traseira, e ouvi quando Ralph disse a Ti Fifi: "Vocês deveriam me contratar para administrar o transporte do hospital. Vocês iriam ver só: os problemas acabariam." Pensei: "Imagine. Você ia destroçar tudo, como está fazendo agora com essa ambulância." É muito fácil, pelo menos para mim, confundir a riqueza material com a riqueza interior de uma pessoa.

Parei na beira do penhasco e olhei atentamente para as luzes de Porto Príncipe bem lá embaixo. Mais um tempo se passou e, então, vi a mão de Serena saindo pela traseira da ambulância com o polegar apontando para cima. Um instante depois, Ralph carregava o sugador para a caminhonete. Ele o montara numa placa e o ligara a um conector que se encaixava perfeitamente no isqueiro da caminhonete. Ralph se abaixou, conectou a tomada e o aparelho começou a chiar. Serena bateu palmas.

Ti Fifi disse, então, que deveríamos voltar, passar a noite em Porto Príncipe e pegar outra caminhonete, pois Serena, Patrice e eu não caberíamos naquela no dia seguinte. Serena então respondeu:

– Não. Não podemos fazer isso. Implicaria mais um dia de atraso. Era isso que Paul diria. Entre aí e vamos.

Eu e ela iríamos para o aeroporto na caçamba da caminhonete.

Os riachos que cruzam a Rodovia Nacional 3 estavam cheios. Pareciam corredeiras sob a luz dos faróis. Alix parou diante do primeiro, em seguida mergulhou a caminhonete. Por um instante nossas luzes brilharam na água; depois, já havíamos atravessado. Mais tarde Serena me disse que sentira muito medo. "E se eu morrer?", pensou quando os faróis imergiram na água. "Eu não posso morrer", respondera a si mesma. "Ainda tenho muita coisa para viver." Então, quando a caminhonete alcançou terra firme, estremecendo feito um bicho sacudindo a água do corpo, ela pensara: "O.k., lembre-se disto: se é a *sua* vida, é sempre a coisa mais importante."

...

O grupo partiu para Porto Príncipe logo de manhã cedo. Como sempre, havia uma multidão de pacientes no pátio. Eles observavam atentamente, com todo o respeito, Dr. Hugo Jerome carregar John nos braços até a caminhonete. Ele beijou o garoto e colocou-o no banco de trás, ao lado da mãe e de Carole. Dr. J., como eu o chamava, era um médico que, ao meu ver, jamais deixaria Cange por uma posição melhor – uma vez eu o vi erguer um copo de rum haitiano e dizer a Farmer: "Você é o melhor haitiano que conheço."

Alix surpreendeu a todos. Dirigiu bem devagar pelas crateras da Rodovia Nacional 3, pelos longos trechos cobertos de pedregulhos e pelas inclinações íngremes, onde a trilha de terra se escondia sob montes de pedras. Dentro da caminhonete, Carole e a mãe de John cuidavam do menino, que sentia dores a cada solavanco.

– Imagine a pior dor de garganta que você já teve e multiplique por mil – disse Carole.

Mas o sugador não falhou em momento algum e John chegou são e salvo ao aeroporto e a Boston – talvez o primeiro camponês haitiano a ter viajado em um Learjet.

Uma ambulância cruzou a pista de aterrissagem do Logan para nos pegar. Eu fui na frente, ao lado do motorista, que me disse:

– Vai ser brabo.

– Como assim?

– As estradas. Há diversas estradas terríveis até o Hospital Geral de Massachusetts.

Aquilo deveria ter soado cômico, mas eu não consegui nem começar a explicar o porquê para o motorista e, por algum motivo que não entendi, fiquei triste.

O jatinho havia aterrissado uma vez em Wilmington, Carolina do Norte, para que todos nós passássemos pela alfândega. O agente fez a pergunta rotineira a Serena:

– A senhora está trazendo alguma coisa do Haiti? – Em seguida, acrescentou: – Se bem que a única coisa que se pode trazer de lá é doença.

De volta ao avião, Serena dissera:

– Me deu uma vontade de amassar o nariz do infeliz! Mas eu sou totalmente da paz.

Em Wilmington, Serena havia colocado um vestido. Sua outra roupa estava coberta de poeira da *gwo wout la*.

– Não posso chegar ao Hospital Geral de Massachusetts deste jeito – dissera ela.

Serena estava preocupada com o que os médicos e enfermeiras iriam dizer ao ver John. Sua preocupação era uma espécie de pressentimento.

A equipe na UTI pediátrica foi rápida e hábil, e logo pôs John numa cama, mas Serena ouviu um dos médicos de plantão dizer ao chefe por telefone: "Nossa, o menino é puro osso!" Assim, quando Farmer ligou do Haiti, ela disse:

– Ei, nós fizemos o que era *certo*.

Percebi que Farmer concordava por completo. Serena repetiu:

– Então, Polo, fizemos o que era certo, não tenho dúvida disso.

Logo em seguida, Serena e eu fomos ao refeitório do hospital para jantar. Uma estagiária bem jovem se juntou a nós. Ela parecia realmente jovem, quase uma adolescente, e havia acabado de se formar em medicina, enquanto Serena era médica contratada pelo Brigham. A estagiária, entretanto, estava claramente abalada demais para respeitar quaisquer protocolos.

– Não alimentavam essa criança no Haiti? – perguntou ela. – Nossa, estou chocada – prosseguiu, como se estivesse dando um sermão em um aluno. – Morrer de quimioterapia é horrível, sabe?

Serena apertou os lábios. Começou a explicar – era preciso entender como era o Haiti, como foi difícil retirar alguém de lá, como era óbvio que John estava desnutrido, mas que Paul Farmer, médico famoso, havia ordenado que John fosse muito bem alimentado e chegara a arrumar um tubo de alimentação, o que não era nada comum no Haiti, embora até o chefe da oncologia pediátrica do Hospital Geral de Massachusetts tivesse dito que nenhuma quantidade de comida engordaria uma criança com aquele tipo de câncer, e John ainda tinha sua chance de lutar... – quando um sujeito baixo, de meia-idade, vestindo um terno preto, entrou na sala: era o Dr. Alan Ezekowitz, chefe da pediatria. Eu me perguntei se ele poderia ter escutado o sermão que a estagiária passou em Serena, pois a primeira coisa que ele lhe disse, em alto e bom som, com um sorriso no rosto, foi:

– Bem, esse garoto é um desafio. Mas já curei crianças mais doentes.

Serena deu um sorriso nervoso e disse:

– Neste exato momento ele está no *Man's Greatest Hospital* (Melhor Hospital da Humanidade).

Era assim que o pessoal chamava o local, fazendo uma brincadeira com suas iniciais: MGH – Massachusetts General Hospital (Hospital Geral de Massachusetts).

Dr. Ezekowitz deu uma risadinha.

– No dia em que passarmos a acreditar nisso, não seremos mais os melhores. – E virou-se, então, para a estagiária: – Não é mesmo? Podemos sempre fazer melhor, não é?

A estagiária abaixou a cabeça.

– Sim, Dr. Ezekowitz.

...

Na tarde seguinte, Serena me ligou e disse que uma formidável equipe de radiologistas, pediatras e oncologistas havia acabado de passar uma hora estudando os raios X, as tomografias computadorizadas e os exames ósseos de John. Então, aos prantos, ela disse, sem respirar:

– Espalhou-se por todos os lugares. Está na boquinha dele; espalhou-se por todos os corpos vertebrais. O pobrezinho tem sofrido uma dor absurda. Começou na cavidade nasal, como um único tumor sólido, crescendo pela coluna, pelo céu da boca. Não há como tratar quatro corpos vertebrais com radiação. Ele vai morrer. Apesar do tratamento que está recebendo... Mas é como se ainda nos perguntassem: por que vocês o trouxeram? Por quê? Número um, porque ele é um ser humano; número dois, porque eu não sabia que seria impossível tratá-lo; e número três, por que deveríamos negar a alguém o direito de morrer confortavelmente? Por que a mãe dele não teria direito a um quarto particular para passar por essa dor, sem ter que aturar um monte de moscas na cara? Será que não podemos oferecer a ele um lugar onde se encontram pessoas treinadas para aliviar a dor? Não seria importante o tratamento paliativo? E um lugar onde a mãe dele possa chorar sozinha, em vez de uma ala aberta com moscas na cara?

Obviamente, John recebeu todos os cuidados de primeira classe, assim como todos os medicamentos corretos, nas doses certas, de forma que sua dor foi aliviada. Serena e Carole passaram grande parte das duas semanas seguintes no quarto dele, revezando suas noites de sono numa caminha estreita. O brinquedo preferido de John era um gravador infantil, com um fone. Ele o levava à boca e dizia alguma coisa.

– Com quem você está falando? – perguntou Carole em crioulo.

– Minha mãe.

– O que você está dizendo a ela?

– *Vini, vini.* (Venha rápido.)

John fez um gesto para que Carole dissesse a mesma coisa no fone; ela atendeu ao pedido e ele se deu por satisfeito.

A mãe dele chegou dias depois, junto com Ti Fifi, que havia organizado tudo. Farmer passou muito tempo com John no quarto do hospital. Todos os membros da PNS visitaram-no, assim como vários integrantes da comunidade haitiana de Boston, e o quarto, que dava vista para o rio Charles, estava repleto de brinquedos. Serena preparou seu apartamento como um hospital domiciliar, para receber John. Dois dias depois que chegou lá, ele simplesmente não acordou. Carole sentou-se na cama ao lado dele, segurando-lhe o pulso. Sua respiração ficou irregular, curta e acelerada; seguiu-se então um minuto de apneia e, em seguida, ela parou de sentir sua pulsação.

Tive a impressão de que tudo correu da melhor maneira para John, considerando-se todas as circunstâncias no Haiti, às quais o pessoal da PNS referia-se com fervor. Alguns disseram entre si: "Obrigado por não deixá-lo morrer *lá*." Não que o pessoal estivesse contente com o desfecho. O fato era que o menino poderia ter sobrevivido se tivesse sido retirado do Haiti mais cedo. Mas houve outras consequências, surpreendentes e consoladoras.

Farmer convidou a mãe de John para trabalhar na Zanmi Lasante. Ti Fifi alertou que não lhe desse muito dinheiro, numa lição sobre os perigos das boas intenções em um lugar tão pobre como o Haiti. No planalto central, os boatos correm a uma velocidade impressionante; era óbvio que uma mulher cujo filho havia sido levado de jatinho para os Estados Unidos, a *peyi kob* – terra do dinheiro –, teria algum dinheiro. Sua casa, que ficava fora de Hinche, foi arrombada por ladrões; mas, graças a Ti Fifi, os bandidos não encontraram nada de valor para levar e não voltaram mais lá.

Quanto ao medo de Ti Fifi de que pais invadissem a Zanmi Lasante exigindo que levassem seus filhos doentes para Boston, nada disso aconteceu. Quando voltei a Cange, perguntei ao chefe de serviços gerais, Ti Jean, o que as pessoas da região estavam comentando sobre o caso. Ele disse que todos falavam no assunto.

– E sabe o que dizem? "Vejam só como eles se importam com a gente."

Serena temera que aquela fosse a última vez que o Hospital Geral de Massachusetts aceitasse tratar um paciente haitiano de graça, porém, menos de um mês depois da morte de John, ela voltou a Boston levando mais uma criança haitiana – uma menininha de uma aldeia do outro lado da represa de Cange, com um tumor maligno no rim, mas com excelentes prognósticos e em condições para viajar em voo comercial. O Hospital Geral de Massachusetts não cobrou nada para tratá-la.

A equipe da pediatria tinha se afeiçoado a Serena e Carole, sobretudo o Dr. Ezekowitz. Ele ficou impressionado com a atenção que elas deram ao paciente e ficou feliz por sua equipe ter presenciado aquilo. Ele procurou Serena e disse:

– Você é uma ótima defensora de seus pacientes. Deve se orgulhar disso.

Serena respondeu:

– Não me orgulho, não. Os pacientes estão morrendo no Haiti. Não há como se orgulhar do caos em que o Haiti se encontra. – E prosseguiu, para não perder aquela oportunidade: – Dr. Ezekowitz, eu gostaria de aproveitar para pedir sua colaboração. Gostaria de conhecer o Dr. Farmer?

Ezekowitz estava ansioso por conhecê-lo. Ele já havia ouvido falar em Farmer.

– Acho Paul excepcional – comentou mais tarde, acrescentando que achava que hospitais como aquele tinham o dever de oferecer atendimento gratuito a pacientes como John. – E acho que o atendimento gratuito cumpre um papel importante de sensibilizar as pessoas. É difícil imaginar exatamente como é a pobreza em um lugar como o Haiti. Mas, quando está bem na sua cara, torna-se uma realidade.

Assim, o tal encontro foi concretizado. Farmer disse:

– Se me permite, devo dizer com toda a honestidade que precisamos de ajuda. O que acha de cuidar de dois pacientes nossos por ano?

– Ah, para mim, esse número é o mínimo.

Ao observar os membros da PNS retirarem John de Cange, houve momentos em que temi que aquilo tudo tivesse mais a ver com eles do que com John; temi que a preocupação ali fosse provar a capacidade da organização de realizar façanhas, muito mais do que salvar uma criança. Mas depois pensei: "Uma ideia dessas jamais teria me passado pela cabeça se eu fosse o pai de John. Você faz o possível por um paciente. Se eu estivesse com alguma doença grave, não acharia aquela política absurda."

E mesmo assim fiquei com a sensação de que todo o episódio tinha servido de lição sobre a dificuldade do empreendimento de Farmer, talvez no ápice de seu fracasso. Eu pretendia lhe perguntar o que ele achava do caso, depois de um bom tempo.

# CAPÍTULO 26

É dezembro, dois meses depois do voo no avião-ambulância para Boston. Estou aqui novamente com Farmer, do outro lado da "grande linha divisória". Sob os últimos raios de sol do dia, a região nos arredores de Porto Príncipe continua na mesma: caótica, suja e miserável. Ao longo do percurso de carro, saindo da cidade para os *kwazmans* de Morne Kabrit, acompanhamos um *tap-tap* com umas palavras em crioulo pintadas no para-choque. A tradução delas seria: "Senhor, uma palavra sobre tudo isso." Farmer acha graça.

Enquanto ele dirige pelas montanhas, rápido como sempre, com os faróis cruzando as marcas de pneus e pedregulhos, eu lhe pergunto quantos e-mails ele costuma receber atualmente.

– Mais ou menos uns 200 por dia. Ainda consigo dar conta.

Foi exatamente isso que ele disse há um ano, quando recebia cerca de 75 por dia.

– Chega uma hora que cansa – diz ele. – Mas, como se pode notar, eu não estou debilitado.

À luz do painel, vejo quando ele aperta o maxilar, fazendo rapidamente uma cara de raiva.

– E nem estou exausto.

Chegamos novamente a Cange, bem depois do entardecer, mas sem nenhum percalço – sem acidentes e sem encontrar *zenglendo.* Farmer tira o terno, põe suas roupas do Haiti e sentamos sob o caramanchão repleto de videiras, do lado de fora de sua *ti kay*. Ti Jean nos traz o jantar e senta-se ali conosco.

Ti Jean é um sujeito musculoso, com um sorriso largo, filho de um fazendeiro local. Tem uns 30 anos e é maduro o bastante para ter testemunhado todos os estágios da transformação de Cange.

– É incrível – diz. – As pessoas viviam aqui feito porcos em chiqueiro, mas agora temos até que bater à porta.

É isso mesmo: ele está dizendo que agora eles *têm* portas.

Além de trabalhar como chefe de serviços gerais, Ti Jean é o principal confidente de Farmer, que o chama de "meu chefe de equipe". Ele possui atributos ideais. Doa parte do seu salário a pacientes carentes. Uma vez ele disse a respeito da Rodovia Nacional 3: "Eu preferiria que tivéssemos uma boa estrada e 100 mil pacientes extras por ano, porque é nossa vocação recebê-los." Disse-me ainda que, se fosse "*filosofe*" – ou seja, se sua família tivesse possuído um número suficiente de porcos para mandá-lo para a escola –, escreveria um livro sobre a burguesia haitiana. Segundo Ti Jean, um livro de indignação. Ele tem algumas noções de medicina e compartilha o desprezo de Farmer à crença de que há virtudes especiais nas velhas tecnologias de uma cultura; na ideia, por exemplo, de que se deve dar preferência a remédios herbáceos em detrimento das drogas manufaturadas. Ti Jean também é a principal fonte de informação de Farmer sobre as crenças locais.

Para Ti Jean, os animais não são sempre o que parecem.

– Está vendo aquele cachorro preto, Polo? Ele estava aqui ontem?

– Não.

– E ele latiu duas vezes?

– Sim.

Então Ti Jean faz que sim com a cabeça e diz:

– Ahã.

Segundo a cosmologia de Ti Jean, conforme entende Farmer, as pessoas se transformam em animais somente por motivos fugazes, ou então os feiticeiros as transformam em animais para puni-las ou, simplesmente, por necessidade de comida. Farmer interpreta tudo isso como "uma gigantesca peça moral, uma ilustração das desigualdades sociais". "Quase invariavelmente", acrescenta.

Depois de comermos, Farmer acende as luzes do tanque de peixes e fica olhando atentamente para eles, citando os nomes das espécies. Uma visita que se preze agora deve acompanhá-lo até o tanque. Digo que, pelo jeito, isso substituiu a "hortitortura".

– Nada disso – responde ele, sem tirar os olhos dos peixes. – É a mesma coisa.

Ti Jean comenta que o tanque custou muito caro e diz a Farmer:

– Até parece que eu não aprovaria. Não é uma única coisa que vai fazê-lo feliz. Se você só atendesse pacientes, acho que você não seria feliz.

– E quanto às viagens? – pergunta Farmer.

Ti Jean admite que Farmer viaja bastante.

– Você parece até um passarinho sem ninho – diz.

– Onde será que fica meu ninho? – indaga Farmer.

– Seu ninho é o Haiti. Você vai para tudo quanto é canto, mas aqui é o seu ninho.

...

Dos pacientes que conheci nas visitas anteriores, muitos já morreram faz tempo, outros tantos já foram para casa e alguns ficaram. Vários funcionários que hoje trabalham esclarecendo a população sobre prevenção de doenças foram pacientes antes. Eles geralmente são muito dedicados, de confiança e, além disso, alguns adoeceram sobretudo porque encontravam-se especialmente vulneráveis.

Um ano atrás, os cinco membros de uma família estiveram aqui tratando tuberculose multirresistente. Todos se curaram e receberam alta, exceto um dos filhos. Ele se considerava responsável por infectar o resto da família e sua culpa era tamanha, ele era tão neurótico sobre tantas outras coisas, que Farmer decidiu que não poderia mandá-lo de volta para competir por comida novamente. Assim, ele o contratou como um "voluntário da campanha contra a tuberculose". Ti Ofa, o jovem que disse a Farmer que queria presenteá-lo com uma galinha ou um porco, ganhou quatro quilos desde que começou a tomar as drogas para combater a aids. A senhora que acreditava que o filho havia matado o irmão por meio de feitiçaria mudou de ideia depois de várias consultas. O advogado que Farmer contratou finalmente conseguiu que retirassem as queixas contra um jovem guarda de Kay Epin e o tirou da prisão. Entretanto, num lugar onde faltam remédios e comida e o sistema jurídico é, no mínimo, rudimentar, sempre haverá cada vez mais consultas sobre feitiçarias e gente para tirar das prisões. Além de cada vez mais pacientes, é claro.

Alguns meses antes, um menino chamado Alcante chegou ao Pavilhão Infantil da Zanmi Lasante. Ele apresentava caroços no pescoço, como John, mas os dele eram, de fato, sinais de escrófula. A infecção foi combatida com medicamentos de primeira escolha. Os inchaços desapareceram, deixando apenas algumas cicatrizes pequenas, e o menino engordou 4 quilos, cerca de 10% do total de seu peso. Alcante tinha 13 anos, porém parecia mais novo, pois era muito pequeno e ingênuo. Era o tipo de criança que pega na mão de estranhos, e era bem bonito – um menininho perfeito, com os olhos escuros, brilhantes, e covinhas. Ele mudou o clima no Pavilhão Infantil, deixando o ambiente mais leve e afrouxando o aperto no peito que Farmer sentia quando subia as escadas para aquela área. Para ele, a ala pediátrica continha os sinais mais angustiantes e os fantasmas mais dolorosos da Zanmi Lasante, e acho que Alcante chegou como uma espécie de anjo da guarda do lugar, ou do próprio Farmer, que o manteve em Cange por algumas semanas a mais do que o necessário. Ele chamava o menino de "PDP" – Prisioneiro de Paul. Depois de um tempo, finalmente lhe deu alta.

Via de regra, a criança pega escrófula de um contato muito próximo, geralmente do pai ou da mãe. Assim, um dos agentes de saúde da Zanmi Lasante levou o resto da família de Alcante para Cange – eles foram "pescados", como diz Farmer. Vários estavam com tuberculose, inclusive o pai de Alcante. Farmer decide, então, ver com os próprios olhos o que significa *lar* para Alcante. Ele resolve caminhar até a casa deles.

– A família está completamente desesperada – explica. – Algumas pessoas chamariam esta abordagem de aleatória, como se estivéssemos dando um tiro no escuro. E nós responderíamos: de jeito nenhum. É indo ao encontro dos doentes que descobrimos seus problemas e necessidades.

Alcante mora numa cidade chamada Casse. A distância é maior do que a que percorremos na primeira caminhada longa que fiz com Farmer a Morne Michel, mas não há muitas subidas no percurso. Foi o que ele me disse ontem à noite. Assim, tenho apenas uma vaga ideia de quantas horas vamos levar para chegar lá, quando Ti Jean – que nos acompanhará – me pergunta, ao sairmos do portão principal, se eu havia pegado minha lanterna.

Não, eu não havia pegado. Digo que posso voltar para buscar. Farmer acha que não devo fazer isso. Se voltarmos, inevitavelmente encontraremos alguma emergência e ele vai acabar se enrolando por lá. Qualquer atraso agora implicaria atraso futuro. Farmer está com um boné de beisebol, um pouco grande para sua cabeça, e por um instante eu o imagino como um adolescente desajeitado indo jogar com o pessoal, acompanhado do pai. O que potencializa essa imagem mental é sua estrutura magra e seu rosto radiante, além de um toque de inocência que desponta de vez em quando – ele é capaz de, por exemplo, no meio de uma discussão séria sobre a distribuição econômica das doenças, nos surpreender com um comentário empolgado do tipo: "Pode me perguntar qualquer coisa sobre o Senhor dos Anéis." Farmer já leu os livros da coleção centenas de vezes desde os 11 anos de idade. Mas agora ele está nos conduzindo, em todos os sentidos de um homem no comando, e percebo que não estou preocupado com a lanterna. Acho isso meio esquisito. Sempre achei difícil confiar em alguém para me conduzir a qualquer lugar, mas confio em Farmer.

Seguimos pelas trilhas que vão beirando as colinas ao lado da represa de Péligre, e não demora muito para eu começar a subir uma colina erodida, todo desajeitado. Estou ensopado de suor quando chegamos ao cume, onde Farmer me aguarda. Lembro-me da caminhada épica até Morne Michel. Ao longo do percurso, Farmer grita para trás, com um tom que deixa claro que ele está brincando:

– Se você sentir alguma dor no peito, diga-me imediatamente.

Tomo um grande gole de água enquanto cruzamos um cume, em meio a um mato amarelo. Farmer comenta sobre a "colina particularmente íngreme e cônica" na qual ele se sentou sozinho, anos atrás, para escrever *Aids and Accusation*.

Ti Jean carrega uma garrafa de água bem grande, que ele encheu numa torneira do complexo médico. É água potável. Farmer e Ti Jean são imunes a quaisquer microrganismos que ela possa conter, mas os visitantes americanos que a bebem sempre acabam com problemas intestinais – nada graves, mas desconfortáveis. Por isso eu trouxe minha própria água filtrada, embora numa garrafa menor. Quando fazemos a primeira parada, já bebi a metade do conteúdo; Ti Jean, Farmer e o farmacêutico da Zanmi Lasante, que também está conosco, nem sequer abriram as garrafas deles ainda.

Farmer pretende fazer uma consulta numa outra casa antes de chegarmos a Casse. Em algum lugar nas montanhas, paramos num casebre – dois cômodos minúsculos, chão de terra, telhado de folhas de bananeira, cartazes pró-Aristide nas paredes, e um casal aparentemente velho, sentado num tapete de palha. Farmer trouxe o histórico médico do homem. Ele se senta numa cadeira perto da porta e lê em voz alta para eles:

– Desde 1989 ele vai à Z.L. e nós lhe damos medicamentos para hipertensão. A última vez que o vi foi em 1997 e ele estava com malária. Depois, está escrito: "Voltar na quinta-feira para uma avaliação." Ele não voltou. E... opa, vejam o que diz aqui: "O problema está se agravando." Seu filho tinha ido buscar remédios para a pressão.

Farmer se ajoelha no chão de terra, afere o pulso e a pressão arterial do homem, coloca um estetoscópio e ausculta o peito dele por um momento. Galos cantam lá fora. O ar ali dentro é parado e quente, cheio de moscas. O velho informa que sentiu uma dor no meio do peito e, em seguida, uma fraqueza nas pernas. Farmer me diz:

– Eu sei o que vou fazer. Normalizar a pressão, que está alta, e deixar duas muletas canadenses com ele. Acho provável que tenha sofrido um derrame, mas se Deus quiser vai conseguir se recuperar. Seu déficit é *mínimo*. Tenho que arranjar alguém que me consiga muletas canadenses por aqui. Normalizar a pressão seria fácil no Brigham. Não é fácil aqui; e como podemos checar e garantir que ele faça a fisioterapia?

A esposa do velho pede que verifiquem sua pressão também. Ajoelhado ao seu lado, Farmer diz em inglês:

– Ela tem 62 anos e parece estar chegando aos 100. – E acrescenta, como se falasse consigo mesmo: – Estamos longe do Brigham, meu amigo.

Ele constata que a mulher também está com a pressão alta. Enquanto isso, tento pensar no que Farmer comentou há um ano sobre a profunda diferença entre ficar acamado em uma casa decente nos arredores de Boston e ficar doente, deitado num tapete em um casebre como esse. Ao mesmo tempo, não consigo parar de pensar na pequena dor que estou sentindo no mamilo esquerdo, que de vez em quando dá umas pontadas, desde a subida da primeira colina.

Finalmente, falo da dor para Farmer. Peço-lhe, então, desculpas, e ele diz:

– Deixe de besteira. Fale mais sobre essa dor.

Ele me faz uma porção de perguntas e diz que imagina tratar-se apenas de uma azia.

– Mas, se piorar, você tem que me dizer. Você não está com tanta vontade assim de ver Alcante. Promete?

Várias criancinhas aparecem na porta e ficam ali paradas, espiando. Farmer diz a elas, referindo-se à mulher tristonha da casa:

– Vocês gostam muito dela? Ela sabe disso? Não mintam para mim.

As crianças dão umas risadinhas. A velha sorri. Farmer acena em direção a um menino bem novinho.

– Olhe só o brinquedo dele.

O menino está chupando o polegar de uma das mãos. Com a outra, segura um pedaço de corda de linho cru. Na ponta, uma pedra amarrada.

– Pedra é comigo mesmo! – diz Farmer, e eu começo a rir. Não dá para segurar. Farmer também começa a rir, dizendo: – Agora quem vai sentir dores no peito sou eu. Deus vai me matar.

Ele diz que vai me dar meio betabloqueador por precaução, e eu continuo sem conseguir parar de rir.

– Deus vai me matar – repete ele. – Por beber mais do que minha parte da água, por não viver modestamente, pelo meu *péssimo* senso de humor. A culpa é sua. Estou me apresentando para minha plateia.

Mas, penso, ele ainda não bebeu sequer um gole de água.

Farmer entrega os comprimidos e dá as orientações ao casal. As despedidas são sempre demoradas no Haiti. Ao sairmos, Farmer diz:

– Esta foi uma *bel kout nas*. Ou seja, foi um bela pescaria. Viemos ver o vovô e atendemos a vovó também. Bem a tempo. Antes que ela fosse atropelada por uma rena.

Eu já o vi usar a metáfora da pescaria muitas vezes. Quando descobre um doente por acaso, ele geralmente diz que teve sorte com a rede. Como se já não houvesse pacientes suficientes na Zanmi Lasante.

– Ainda falta muito? – pergunto enquanto caminhamos.

– E como! Só andamos um quarto do percurso até lá.

– Um quarto?

Desde a morte de John, venho tentando formular minha pergunta para Farmer sobre aquele caso. Lembro de um comentário que ele fez há um ano nestas colinas: "Você *deve* comparar o sofrimento. Qual sofrimento é pior. Isso se chama triagem."

O termo, do século XIV, é derivado do francês *trier* (apartar) e foi usado pela primeira vez para descrever a escolha da lã conforme sua qualidade. Na medicina moderna, triagem tem dois significados distintos, quase contrários. Nas situações em que os médicos, enfermeiras e ferramentas são limitados, como nos campos de batalha, por exemplo, realiza-se uma triagem atendendo primeiramente os gravemente feridos que aparentam ter mais chances de sobreviver. O objetivo é salvar o maior número de pessoas possível; os outros talvez tenham de morrer sem atendimento. Fora da guerra, entretanto, nos pronto-socorros norte-americanos, bem equipados e com um bom número de profissionais, a triagem não deve ter como objetivo negar atendimento a ninguém; pelo contrário: a triagem deve identificar os que se encontram em estado mais grave e dar-lhes prioridade.

Farmer construiu sua vida em torno do segundo tipo de triagem. O que mais seria uma "opção preferencial pelos pobres" em medicina? O Haiti, entretanto, parece mais um campo de batalha do que um local de paz. Andando atrás dele, digo que haverá sempre situações aqui em que a escolha de se fazer uma coisa necessária significa também a escolha de não se fazer alguma outra – não apenas adiar a outra, mas não fazê-la.

– O tempo todo – responde Farmer.

– Em toda a sua carreira você vem enfrentando isso, certo?

– Certo. Todos os dias. Faço uma coisa em vez de outra. Todos os dias, o dia inteiro, é tudo o que eu faço: não fazer algumas coisas.

Então, pergunto:

– E quanto ao caso de John? E quanto aos 20 mil dólares que a PNS gastou num avião-ambulância para tirá-lo do Haiti?

Pouco depois da morte de John, uma mulher, membro da PNS, relativamente recém-chegada, me disse que não conseguia parar de pensar na quantidade de coisas que poderiam ter feito com aqueles 20 mil dólares.

– O que você acha disso tudo? – perguntei, andando rapidamente atrás dele. E acrescentei: – Não estou perguntando isso de maneira crítica, de jeito nenhum.

– Ah, pare com isso – diz ele por cima do ombro. – Não sou hipersensível. Mas já discutimos isso várias vezes. Das duas, uma: ou eu não estou conseguindo ser claro, ou está sendo difícil mesmo convencê-lo. Talvez eu nunca o convença de que as escolhas que fazemos são boas.

Não quero irritá-lo. Em primeiro lugar, além de meu guia, ele é meu médico hoje. Mas já conheço seu tom de voz. Ele não está irritado de fato; só está dando início a uma discussão mais profunda.

Farmer continua, falando por cima do ombro enquanto caminhamos:

– Deixe-me dizer algumas coisas sobre esse caso em particular. Primeiro, você lembra, é claro, que John foi levado a Boston sob a suspeita de estar morrendo por causa um tumor tratável, um tumor muito raro. Nós só cogitamos mandá-lo para o Hospital Geral de Massachusetts depois de saber o que ele tinha. Assim, quando o encaminhamos para lá, foi para um tratamento gratuito porque ele estava com algo muito raro, tratável, cuja taxa de cura prevista era de 60 a 70%. Tudo bem. Foi nisso que se baseou a decisão. E não havia como ter certeza de que John não estava com uma doença localmente agressiva sem metástases, uma vez que para isso era necessário um teste diagnóstico que não pode ser feito aqui. Logo, o segundo ponto é, basicamente, por que interviemos com tanto empenho no caso dessa criança e não de outra? Porque a mãe dele o trouxe até nós e era onde ele se encontrava: em nossa clínica.

– Fico me perguntando se você teria deixado Serena e Carole levá-lo se estivesse lá. Ele estava tão magrinho e abatido...

– A magreza não teria me impedido. Se eu o tivesse visto e percebido a gravidade que seu caso atingira, eu não teria impedido o processo. Por quê? Baseado em quê? Só ficamos sabendo que o câncer tinha invadido suas vértebras depois que chegaram a Boston.

Subimos outra colina, e estou ofegando demais para falar. Depois de um rápido intervalo, ele diz:

– Preciso lhe dizer uma coisa. Fico um pouco incomodado com esses comentários da nova integrante da PNS, porque afinal eu tenho que *trabalhar* com essas pessoas. A última coisa que quero fazer é gastar minha energia tentando convencer meus próprios colegas de trabalho. Sei que é o que tenho que fazer, é claro. Mas não gosto nada disso. Os haitianos têm muito que dizer sobre o perigo de convidar pessoas erradas para entrar em seu círculo, sabe?

– Não quero deturpar. Sua nova colega não quis dizer que você não deveria ter levado John para Boston; mas somente que foi uma pena ter tido que gastar tanto, considerando o mundo de outras coisas que poderiam ser feitas com 20 mil dólares.

– É, mas há diversas formas de se dizer isso – responde ele. – Por exemplo, por que a companhia aérea, que ganha tanto, esses mercenários, não pagou pelo voo? É uma forma de se dizer isso. Ou que tal se eu dissesse que passei *a vida inteira* lutando contra uma longa derrota? Que tal? E se eu dissesse "Tudo se resume em derrota"?

– Uma longa derrota.

– Tenho lutado contra a longa derrota e trazido outras pessoas para lutarem contra ela e não vou desistir só porque não paramos de perder. Às vezes, realmente acho que podemos *vencer*. Não tenho nada contra a vitória. Nós dois já discutimos isso em diversas ocasiões.

– Desculpe.

– Não, não. Não estou reclamando. Sabe, as pessoas do nosso meio, como você, como a maioria dos integrantes da PNS, como eu, estão acostumadas a pertencer ao time dos vitoriosos, e, na verdade, o que realmente estamos tentando fazer na PNS é comprar a briga dos *perdedores*. São duas coisas muito diferentes. *Queremos* estar na equipe vitoriosa, mas sem correr o risco de virar as costas para os perdedores. Então combate-se a longa derrota. – De repente, ele para por um instante. – Como você está? A dor no peito passou?

Estou com um calor danado, mas a dor não voltou mais.

Farmer continua:

– Normalmente, quando as pessoas perguntam sobre triagem, não demonstram hostilidade, e sim profunda desconfiança em relação à nossa resposta. Já sabem a resposta e isso, é claro, desgasta, porque você sabe que boa parte das perguntas é feita de forma... qual é mesmo a palavra?

– Hostil?

– Isso mesmo!

Enquanto descíamos com dificuldade um trecho íngreme da trilha, Paul se manteve calado. De volta ao plano, ele retomou a conversa:

– O salário de um médico do Primeiro Mundo. O que você acha? Fale sobre todo o dinheiro que poderia ser gasto em outras coisas; o que você acha do salário de um médico?

– Nem tinha pensado nisso – respondi, rindo.

– É claro que não. Veja, quem é humilde de verdade pensa nisso antes de dizer qualquer coisa. Não sou humilde de verdade. Tento ser. Então, deixe que eu lhe faça outra pergunta: o que faz com que as pessoas não pensem assim? Por que um médico americano não diz "Caramba, meu salário é cinco vezes mais do que uma viagem de avião que Paul faz! E eu só tenho 30 anos"? Se você diz um troço desses em voz alta, vão chamá-lo de idiota; ao passo que, se repetir o comentário da nossa colega, vão dizer que você é sensato. Então, o que há de errado nisso? Onde está o problema? Se disser "Bem, fico pensando quanto poderia ser feito com 20 mil dólares", vão considerá-lo sensato, sensível, equilibrado, racional; enfim, alguém que se gostaria de ter por perto. Entretanto, se você apontasse a questão da seguinte maneira: "Espere aí... Um jovem médico ganha *100 mil* dólares, não 20, e isso equivale a *cinco* vezes mais do que o custo para salvar a vida de uma criança", você seria tachado de idiota. O mesmo mundo, os mesmos números, os mesmos dados, a mesma moeda. Simplesmente nunca consegui entender. Quer dizer, até entendo, só que leva *muito tempo* para chegar a essa conclusão e explicar isso sem ofender ninguém. E aí, o que você acha?

– Gosto do que você disse sobre a longa derrota.

– Vou encarar como sendo o princípio básico da OPP. Não me importo se a gente perder. Quero tentar fazer a coisa certa.

– Mas você vai tentar vencer.

– Claro! Não somos masoquistas. Toda vitória é bem-vinda. A outra opção é cansar desta luta contra a derrota que já dura 18 anos e, ao tentar acabar com ela, pelo menos conseguir salvar o cotovelo do Kenol.

Kenol é um paciente que ele está tratando neste momento, um menino de Cange que perdeu a mão numa máquina de moer cana – "um aparelho medieval", dissera Farmer – e acabou apresentando gangrena. Por fim, o braço dele teve que ser amputado acima do cotovelo. (Depois da cirurgia, ele disse que queria um rádio. Farmer comprou-lhe um no seu último dia em Miami. A Zanmi Lasante vai mandá-lo para a escola.)

– Como está o peito? – perguntou Farmer.

Bem. Entretanto, minha garrafa d'água está quase vazia e Farmer diz que prefere que eu não beba a água não filtrada que Ti Jean carrega. Então, por enquanto, é melhor eu ficar com sede mesmo.

Farmer continua:

– Se conseguíssemos identificar perdedores como John, e não precisássemos desperdiçar tempo nem energia com eles, então seríamos "tudo de bom", como se diz por aí. Certo? Mas a OPP prega que isso nunca seja feito. Nunca se arrisca a esse ponto. Porque, quando se vira as costas para alguém como John, você precisa ter muita, muita certeza do que está fazendo; além disso, quanto mais você conhece a família de John, mais percebe que ela está extinta; a família como um todo, entende? Ele era o último filho. Eles estão extintos. Sua descendência materna simplesmente acabou. Soa darwiniano, mas você sabe o que quero dizer. Puxa, como é que um médico OPP pode querer correr esse risco sem buscar todas as informações possíveis de se obter? Cada paciente é um sinal. Cada paciente é um teste. Assim como esse homem que nós acabamos de ver. Ele vive na miséria e precisa de muletas canadenses? Você tem ideia do que eu vou ter que engolir para conseguir isso? Muletas canadenses na zona rural do Haiti?

– Por não se tratar de "tecnologia apropriada"?

– É. Agora você entende a natureza das críticas. Só que eu não podia perder tempo explicando a história toda, senão eu ia ficar desgastado até a alma! Se eu passasse o tempo todo argumentando "Não, esse homem precisa de muletas canadenses *e* de um teto *e* de um chão", estaria só na defensiva. Se eu dissesse "Ah, cara, vá se danar! Eu já construí mil casas neste país; e você, quantas construiu?", também não chegaria a lugar algum. Mas é justamente esse perfil de médico que eles criticariam; o médico que já contribuiu com a construção de moradias e com sua prática nisso e naquilo. Se você passar o tempo todo brigando nesse sentido, saindo em defesa própria, você não consegue trabalhar. Não é à toa que Ti Jean não fala de coisas do tipo "tecnologia apropriada".

Estamos caminhando pelo que, segundo Farmer, havia sido território rebelde – tanto durante o período escravagista do Haiti quanto durante os anos em que os fuzileiros americanos ocuparam o país. É diferente dos arredores de Cange. Os trechos de plantio e mesmo o topo das colinas parecem mais férteis, menos desprovidos de solo e árvores. Entretanto, a área também é bastante povoada. Caminhamos com dificuldade por algo que está muito longe de ser chamado de estrada. Mesmo assim, o que não falta ali é gente percorrendo a trilha.

Atravessamos um trecho raso de um rio enorme – porcos fuçando as margens, nacos de terra mergulhados na água – e, irracionalmente, achei que pudesse trazer a terra à tona com os braços. Não sei há quantas horas estamos caminhando, mas imagino que pelo menos umas quatro. Atravessamos colinas após colinas e continuamos a nos deparar com obras da PNS. Algumas estão desativadas – como uma escola construída pela Zanmi Lasante aqui na serra –, mas a maioria constituía-se de pacientes. Já perdi a conta de quantos, mas continuamos a encontrá-los. Há aqueles de aparência relativamente saudável que dizem a Farmer em crioulo "Oi, meu doutor", ou então "Como vai, meu doutor camarada?". Isso sem falar nos pacientes que estão em recuperação. A paciente mais marcante para mim é uma menina que teve o pescoço e o peito queimados algum tempo atrás. Era como se a carne na parte inferior do pescoço tivesse derretido e depois se solidificado, formando uma espécie de barba. Essa barba ligava a mandíbula e o queixo ao peito e aos ombros e, à medida que ela crescia, essa ligação ficava cada vez mais firme. As cicatrizes horrorosas não são o pior; dentro de aproximadamente um ano, a boca estará permanentemente aberta, a menos que ela seja encaminhada a um cirurgião plástico. Farmer está tentando providenciar as cirurgias necessárias, nos Estados Unidos.

– É um *bwat* – diz ele.

– Estamos chegando a Casse?

– Bem, você ainda não está querendo saber isso, está?

Ele então dá um sorriso, para e aponta para uma colina ao longe.

– Espere até a gente atravessar aquela colina. Aí eu lhe digo. Estreito de Khyber. Serra Rubi. Desculpe. *Senhor dos anéis,* estreito de Redhorn. Sinta este cheiro. É *campêche.*

Tomei meu último gole d'água há algum tempo e, à medida que continuamos a caminhada, me sinto um pouco tonto. Minha boca está tão ressecada que, quando tento falar, minha voz sai abafada.

Farmer notou. A cada sítio por que passamos, ele grita: "Vocês têm laranja aí?" Acabo me sentando, recostado no tronco de uma árvore onde devoro seis laranjas, uma após outra. Quando finalmente chegamos a Casse, uma cidade de comércio poeirenta, com construções de madeira e zinco sobre ruas de barro, Farmer me dá uma Coca-Cola.

– Não dá nem para descrever como me sinto melhor.

– É hidratação.

A agente de saúde da Zanmi Lasante – descalça e de vestido – nos deu as coordenadas para chegarmos à casa de Alcante. (Farmer esperou que ela nos encontrasse. Em Casse, não pedia informação a estranhos, "porque aqui o que não vai faltar é informação errada. Você aprende isso depois de três ou quatro anos".) Mais meia hora de caminhada e chegamos à fazenda, constituída de uma plantação de painço, um barraco com um "fogão" composto de três pedras, que servia de cozinha, e uma cabana de pau a pique – uma trama de bambu preenchida com barro –, com telhado feito de casca de caule de bananeira, coberto de trapos.

– Alcante! Que prazer em vê-lo! – cumprimentou-o Farmer.

– E eu estou muito, mas muito feliz em ver o senhor! – respondeu o menino, radiante. Ele chamou as irmãs que saíam da cabana. – Temos mais cadeiras aí? Precisamos de mais cadeiras.

– Nosso pequeno diretor social – apresentou-o Farmer. – Ele é tão... – Ele tentou continuar, mas sentiu um nó na garganta e então deu um sorriso.

O pai de Alcante estava se barbeando quando chegamos – com um caco de vidro pintado servindo de espelho, uma navalha e sem água ou sabão. Ele terminou a tarefa. Aos poucos, a família emerge da cabana – o que me fez lembrar uma cena de circo em que saem diversas pessoas de dentro de um carro minúsculo. Estimo que a cabana deva medir cerca de 3 x 6 metros e conto 10 criaturas vivendo ali. Farmer a observa.

– Bem, acho que não preciso vistoriar a casa. – Depois de fitá-la mais um pouco, conclui: – Numa escala de 1 a 10, eu diria que é 1.

Segue-se um longo bate-papo. A partir daquela situação, Farmer me dá uma série de lições. Dos vários casos de tuberculose na família, só o do pai era detectável por amostra de saliva. Ou seja, o caso dele era o único que envolvia os pulmões e era contagioso, o único caso significativo do ponto de vista epidemiológico, o único que o DOTS trata.

– Então, temos aqui uma casa cheia de tuberculose, onde considera-se apenas um caso, de acordo com o sistema DOTS. Os outros têm a forma extrapulmonar da doença, que não conta. Mata, mas não conta – disse ele. – Longe de nós ignorar *las normas*! Só queremos estendê-las, dar a elas um pouco mais de flexibilidade – acrescenta em seguida, referindo-se à experiência no Peru.

Havia também uma lição sociopolítica para tirar dali, é claro.

– Veja o caso da família de Alcante. Está intacta: as crianças têm vivacidade, são inteligentes, mas o pai não pode andar. E eles simplesmente não podem fazer nada. É injusto, cacete! Aí me lembro do que a mulher me disse há alguns anos: "Você é incapaz de compreender complexidades?" Aquilo foi uma revelação para mim. Você vai punir quem pensa que tuberculose é bruxaria? É como o rapaz da nossa própria equipe, um sujeito bacana, que disse que ajudaria com um projeto de água para uma cidade daqui, mas só se as pessoas realmente demonstrassem querê-lo. E se esse padrão tivesse sido aplicado a mim, quando eu era criança, antes de eu saber que a água poderia conter organismos que causam doenças?

Ele conclui a "desmontagem", dizendo:

– Estou feliz que tenhamos vindo, porque agora conhecemos a gravidade da situação e podemos interferir com firmeza.

Sei o que significa isso: uma casa nova, com chão de concreto e telhado de zinco, providências para que a família tenha uma alimentação melhor e escola para as crianças. Eis uma grande façanha em andamento e um exemplo perfeito do método Farmer. Primeiro, põe-se em prática o que ele chama de "intervenção a distância" e cura-se a família acometida pelo bacilo. Depois, começa-se a mudar as condições que fizeram aquelas pessoas especialmente vulneráveis à tuberculose.

Tenho consciência de que alguns elogiariam essa viagem pelas boas intenções que ela carrega e, ao mesmo tempo, a descreveriam como um exemplo do que há de errado na conduta de Farmer. Eis aqui um influente antropólogo, médico habilidoso, especialista em administração hospitalar na área de saúde pública, epidemiologista, que tem ajudado a trazer novas soluções e esperança para alguns dos mais terríveis problemas do mundo, que passou sete horas atendendo em domicílio. Quantas famílias aflitas e desesperadas vivem no Haiti? Ele fez essa viagem para visitar duas.

Penso no amigo rico de Howard Hiatt que se recusou terminantemente a contribuir com a PNS porque, mesmo conhecendo o trabalho de Farmer no Haiti e considerando-o impressionante, ele duvidava que alguém tivesse a capacidade de fazer o mesmo. Já ouvi "variações sobre esse tema". Farmer e Kim fazem coisas que ninguém mais faz. A Zanmi Lasante não vai sobreviver a Farmer. A Parceiros na Saúde é uma organização que vive em função de um único gênio. Todas as críticas sérias e que demonstram empatia com a causa se reduzem a estes dois argumentos: subir uma serra para visitar um ou dois pacientes é um jeito estúpido de Farmer utilizar seu tempo e, ainda que não fosse, muito pouca gente seguiria o seu exemplo e isso não faria grande diferença.

Entretanto, a ideia preestabelecida de eficiência, o conceito de custo-benefício, em que só gente importante pode realizar coisas importantes, não é o que vem acontecendo na realidade. Há muito tempo, na Carolina do Norte, Farmer viu freiras realizando tarefas consideradas de menor valor em benefício de trabalhadores imigrantes. Ele então chegou à conclusão de que a disposição de se fazer o que ele chama de "trabalho menor e desprovido de glamour" é o segredo dos projetos bem-sucedidos em lugares como Cange e Carabayllo. "Outro segredo: a relutância em fazer o que se chama de 'trabalho menor' é a razão por que muitos colegas meus não se engajam nesse tipo de projeto."

Em projetos de saúde pública desenvolvidos em locais remotos é muito comum a teoria se sobrepor à prática. Os casos isolados são esquecidos e simplesmente ignora-se o que a princípio é um problema menor, até que atinja proporções maiores, como a tuberculose multirresistente. "Se nos concentrarmos nos casos isolados, não há como fazermos um trabalho ruim", diz Jim Kim.

Aquela linha de raciocínio vem funcionando com a PNS. Consigo até imaginar Farmer dizendo que não quer saber se seu exemplo vai ser seguido ou não. Ele afirma que vai continuar a subir a serra porque, se alguém diz que caminhar durante sete horas só para visitar duas famílias de pacientes é perder muito tempo, é porque acha que a vida dessa gente vale menos do que a de qualquer outra pessoa. Segundo ele, a ideia de que existem vidas que valem menos do que outras é a raiz de tudo o que há de errado no mundo. Acho que ele se encarrega do que hoje chamou de "viagens pelos doentes" em parte porque ele precisa disso para seguir em frente.

"O momento em que me sinto mais vivo é quando ajudo as pessoas", disse-me ele uma vez no avião.

Essas visitas são feitas regularmente e quase sempre sem nenhum *blan* como testemunha, quando ninguém de Harvard ou da OMS pode vê-lo de joelhos em chão de terra batida com o estetoscópio no ouvido. Isso tem importância para ele, acho – sentir, ainda que ocasionalmente, que está clinicando na obscuridade, de modo que ele sabe que clinica, antes de mais nada, porque acredita que isso é o certo.

Se você faz a coisa certa e bem, você evita a inutilidade. Os pacientes dele tendem a melhorar. Eles se sentem assistidos. E Farmer leva consigo, entre outras coisas, imagens dos pacientes e de suas cabanas medievais. Essas imagens renovam sua paixão e sua autoridade, de modo que ele consegue viajar milhas e milhas por ano, planejar e escrever sobre a saúde das populações de que cuida. Clinicar é sua fonte máxima de poder, acho. Sua mensagem básica é simples: essa pessoa está doente e eu sou médico. Potencialmente, todo mundo pode entender e sentir-se solidário, porque todo mundo já ficou ou já se imaginou doente. Também não é nada difícil imaginar o que é estar doente e não ter um médico ou nenhum tipo de assistência médica. Acho que Farmer toca direto em uma ansiedade universal e também num ponto fundamental de algumas consciências confusas – um ponto que ele chama de "ambivalência", a inquietação que alguns privilegiados não assumem ter em relação ao lugar deles no mundo; aquilo que uma vez ele me disse que dedicaria sua vida a evitar.

"A coisa que mais admiro em Paul são essas caminhadas que ele faz. Precisamos acreditar que pequenos gestos contam, que eles de fato acrescentam", diz Ophelia.

Hoje Farmer falou que havia trazido mais gente para "lutar contra a longa derrota". A quantidade de pessoas é impressionante. São padres, freiras, professores universitários, secretárias, empresários, senhoras ligadas à Igreja, agricultores como Ti Jean, estudantes de medicina e médicos que se dispuseram a trabalhar em lugares como Cange, Sibéria e as favelas de Lima. Parte dos alunos e dos médicos trabalha de graça, alguns ganham muito menos do que ganhariam trabalhando em outro lugar e outros são pagos com parte das doações. Uma vez ouvi Farmer dizer que esperava que um dia ele pudesse realizar um bom trabalho sem ter que estar presente o tempo todo. Parece que esse dia já chegou. Boa parte do que ele começou continua a ser realizado sem ele estar por perto, seja em Roxbury, em Tomsk, no Peru e, parte do ano, no Haiti. Enquanto isso, outras concepções do que se pode e é sensato fazer em medicina e saúde pública emanam dele. Elas continuam a se espalhar como ondulações num lago.

Como uma pessoa com talentos especiais pode exercer poder sobre o mundo? Acho que, no caso de Farmer, a resposta reside na aparente loucura – na absoluta inviabilidade – de parte de tudo o que ele faz, inclusive a caminhada a Casse.

...

Nós ainda temos que voltar à Zanmi Lasante. Quando finalmente saímos da casa de Alcante, o sol já está se pondo. Nuvens cinzentas cobrem as montanhas que atravessamos no início do dia.

– O sol está castigando a gente – comenta Farmer.

Ele e Ti Jean conversam. Dizem que não podemos voltar pelo mesmo caminho por que viemos. Sem uma lanterna, não poderíamos atravessar rios e colinas no escuro. O que querem dizer é que acham que eu não vou conseguir. Chegamos a Casse já à noite. Um homem idoso segue a cavalo por uma rua de barro, depois passa um rapaz de moto. Farmer faz sinal para ele parar e pede-lhe que dê uma carona até Cange a um membro do grupo, um farmacêutico. O rapaz aceita, mas cobra 100 dólares.

– Qual é o seu nome? – pergunta Farmer em crioulo.

– Jackie – responde ele, e pergunta em seguida: – O senhor é o *Doktè* Paul?

– Sou eu mesmo. Sabemos que o seu veículo consome gasolina e vamos pagar por isso. Trouxemos dinheiro para uma família daqui que, diferentemente de você, está vivendo na miséria. Se você ficar doente, não vou lhe cobrar 100 dólares.

Um grupo se aproxima para ouvi-lo. Todos, inclusive Jackie, caem na gargalhada. Fica tudo resolvido. O farmacêutico vai voltar com Jackie para Cange e de lá vai mandar um caminhão para buscar Farmer, Ti Jean e a mim. Durante as horas de caminhada, Farmer não derramou uma gota de suor. Agora quer continuar a caminhar.

– Todo mundo pensa que estou doente. Quer saber? Sou forte como um touro! – diz ele.

Então não vamos esperar pelo caminhão em Casse. Eu, Ti Jean e Farmer vamos caminhar por uma estrada de barro que liga Casse a Thomonde, a estrada que o caminhão vai ter que pegar.

Saímos do vilarejo ao anoitecer. O calor está mais ameno – um clima de que vou me lembrar nas noites de inverno em lugares ao norte, pensando que devo ter sonhado. Sem luz elétrica alguma por quilômetros e quilômetros, as estrelas se destacam em massa, brilhantes o bastante para iluminar a estrada, ainda que de forma precária.

– Que coisa boa! Descansar um pouco das consultas, dos aviões. Sei que seus pés estão doendo, mas, por várias razões, prefiro andar.

Um sentimento agradável parece emanar dele. Parecemos três crianças na rua, já tarde da noite; podemos dizer o que bem entendermos, mas nem precisamos. Cantarolo uma música que os soldados entoam para marchar, "Você tinha um lar legal, mas se mandou". "Você tinha um ônibus legal, mas se mandou", canta Farmer.

O canto dos galos enche a noite. Aqui e ali, ouve-se um latido. De repente, ouvimos um barulho estranho vindo em nossa direção. Parecia algo raspando o solo.

– O que é isso? – pergunta Farmer a Ti Jean.

– *Job pa-l.* – ele responde.

A tradução literal é "seu próprio trabalho". Ele quer dizer: "Não faça perguntas." Poucos minutos depois, surgem as silhuetas de dois homens arrastando umas tábuas pela estrada em direção a Casse. Logo em seguida, ouvimos um som estridente se aproximando. Farmer pergunta a Ti Jean o que é aquilo e ele responde mais enfaticamente "*Zafè bounda-l!*", que significa "Seu próprio rabo!". Ele quer dizer a Farmer que cale a boca e não se meta onde não é chamado. Depois, a silhueta de uma pessoa numa bicicleta barulhenta passa por nós.

A ação continua. Outra pessoa passa e Farmer resolve cumprimentá-la:

– Boa noite.

Ti Jean solta um "shhhhhhhhhhhhhhh", para que ele cale a boca. Em seguida, dá instruções: se alguém passar por você à noite e não falar, fique calado, mas, se a pessoa perguntar quem é você, você tem que responder "Sou quem você é"; se a pessoa lhe perguntar o que você faz, você tem que responder "Faço o que você faz".

– Qual é o perigo? – pergunta Farmer.

Ti Jean diz que talvez você esteja falando com o demônio que vai roubar seu espírito. Então, você vai levantar no dia seguinte com diarreia e vômito. O médico vai dizer que você tem tifo ou malária, mas, na verdade, o problema é mais sério.

– Você tem que tomar os remédios, mas tem que ir também a um sacerdote vodu – explica Ti Jean.

Continuamos a caminhada. Farmer diz que o discurso de Ti Jean fez com que ele se lembrasse de suas primeiras ardentes explorações do Haiti e das várias cerimônias de vodu a que assistiu. Ao contrário do que ele leu a respeito do horror dessas manifestações, ele as achou longas e chatas.

– A maioria acontecia por causa de alguém que estava doente. Pelo menos metade das cerimônias de vodu é para espantar doença, não é? – perguntou ele a Ti Jean.

– Três quartos – respondeu ele.

– Não é impressionante que esse simples fato tenha provocado todos esses comentários sobre vodu? – comentou Farmer comigo.

Estamos caminhando há três horas, desde que saímos de Casse. Onze horas ao todo, hoje, e finalmente começo a sentir que não consigo mais continuar. Quando digo que não aguento mais, Farmer sugere que paremos. Agradeço por ele não zombar de mim. Sentamos à beira da estrada acidentada, numa pequena lombada, de frente para o leste. Eu trouxe uma barrinha de chocolate. Dividimos entre nós, como três escoteiros numa noite estrelada. Ti Jean aponta para uma luz vermelha intermitente lá longe, uma torre de rádio do outro lado da fronteira com a República Dominicana. Com o olhar fixo na torre, ouço a voz de Farmer ao meu lado, a voz suave de um médico, perguntando-me como me sinto. Digo a verdade: cansado, mas bem. Então, livre das tarefas por ora, o último paciente do dia atendido, ele se deita no chão olhando as estrelas.

– Olhe lá a constelação de Órion...

De algum lugar no vale logo ali embaixo vem um som de tambores. Eu me recordo do período que passei aqui no planalto central com os soldados americanos. Lembro-me também do som dos tambores nas cerimônias de vodu, invadindo lentamente as barracas em Mirebalais à noite; o desconforto que sentimos ali sentados, sensação causada por aquele som misterioso. Tenho certeza de que teríamos tido outra impressão se soubéssemos que tudo aquilo tinha o propósito de curar os doentes. Agora eu até gosto deste som, gosto tanto quanto o som de tantos batimentos cardíacos que ouço pelo estetoscópio.

# EPÍLOGO

Em junho de 2002, sete anos após a morte do padre Jack Roussin, a OMS adotou os novos procedimentos para tratar a tuberculose multirresistente, aparentemente os mesmos que a PNS usou em Carabayllo. Para Jim Kim, isso marcou o fim de uma longa campanha. "Ontem o mundo mudou", escreveu ele a todos os membros da PNS. O preço dos antibióticos de segunda escolha continua a cair e os medicamentos agora são enviados com relativa facilidade do Green Light Committee para outros lugares, como o Peru, por exemplo, onde cerca de mil pacientes crônicos ou se curaram ou estão em tratamento. Cerca de 250 pacientes recebiam os remédios necessários em Tomsk e, em grande parte como resultado do empenho da OMS, o Ministério da Saúde russo enfim concordou com os termos do empréstimo do Banco Mundial – 150 milhões de dólares para começar a combater a epidemia no país.

As pandemias de aids e tuberculose se alastraram furiosamente, é claro, competindo entre si em termos de número de infectados na África e na Ásia, no Leste Europeu e na América Latina. Projeções matemáticas previam uma catástrofe mundial – 100 milhões de pessoas infectadas com o HIV no mundo por volta de 2010. Autoridades, algumas do governo americano, ainda insistiam em dizer que a aids não podia ser tratada em locais extremamente pobres. Essa visão, entretanto, parecia estar perdendo força. Os preços dos antirretrovirais estavam caindo de forma ainda mais drástica do que os preços dos antibióticos de segunda escolha contra a tuberculose. Isso graças às crescentes campanhas mundiais pelo tratamento da aids, onde quer que ela ocorra.

Jim Kim sempre disse que a resposta do mundo à aids e à tuberculose iria definir a posição moral de sua geração. Em 2003, um novo diretor-geral assumiu a OMS. Ele convidou Jim para ser seu conselheiro sênior. Em paralelo, o exemplo da Zanmi Lasante se difundia cada vez mais e Cange se tornou o destino favorito de profissionais engajados com a saúde pública mundial e de políticos norte-americanos.

O dinheiro do Fundo Global atrasou, assim como costuma acontecer com tantas outras verbas, mas Farmer resolveu não esperar e, em meados de 2002, deu início à expansão da Zanmi Lasante – a expansão de todo o sistema, inclusive do tratamento antirretroviral, pelo planalto central inteiro. Para cobrir as despesas até o recebimento do dinheiro do Fundo Global, a PNS fez um empréstimo de 2 milhões de dólares junto a um banco comercial em Boston – Tom White foi fiador e logo depois pagou parte da quantia; os funcionários da PNS que recebiam os salários mais altos assumiram o pagamento dos juros do restante.

Em essência, o plano de Farmer era de "reforçar" as unidades hospitalares e de assistência médica no planalto central, a começar pelas cidades próximas a Cange. Ele enviou equipes de médicos e técnicos haitianos e norte-americanos para três cidades. Uma equipe se dirigiu para um assentamento chamado Lascahobas, alguns quilômetros ao norte de Cange. Quando chegaram, encontraram um hospital privado – destruído e praticamente vazio – e outro público, também praticamente vazio, quase sem remédios, com falhas de energia elétrica e uma equipe composta de apenas um médico e cinco enfermeiras que iam para casa à uma hora da tarde. Serena Koenig, da equipe de Lascahobas, descreveu a situação como "um pesadelo". Entretanto, em outubro, depois de um mês de "reforço", o hospital já tinha um gerador próprio, um laboratório, um suprimento completo de medicamentos e médicos à disposição o dia inteiro. O lugar vivia cheio de pacientes: 200, às vezes até 300 por dia. A ajuda estrangeira ao Haiti e ao governo haitiano diminuía, assim como o fluxo de pacientes para Cange. Poucos vinham de Lascahobas. O caminhão que fazia transporte de passageiros de lá para a Zanmi Lasante e que vivia apinhado parou de circular por falta de clientela.

O Haiti continuava a ser explorado, assim como o seu solo fértil. A situação geral era "caótica", escreveu Farmer. Em seguida, acrescentou: "Mas ainda há alguns pontos de esperança." Com a ajuda de Ti Fifi, um grupo de habitantes de Cange redigiu uma petição endereçada ao presidente Aristide, pedindo energia elétrica. No final daquele mesmo mês, postes de iluminação foram instalados para abastecer por algumas horas diárias o trecho que liga Péligre a Cange. A Cruz Vermelha comunicou que tem planos de montar um posto de transfusão na Zanmi Lasante. Quase 20 anos depois de Farmer ver uma mulher morrer em Léogâne por falta de transfusão, ele finalmente teria um banco de sangue para atender o planalto central, um banco de sangue que atenderia os pacientes gratuitamente. "Chega de chorar por causa de sangue", escreveu ele.

Alguns de seus e-mails eram entusiásticos: "Estamos avançando a galope." O staff da Zanmi Lasante contava então com mais de 200 agentes de saúde locais, cerca de 12 enfermeiras e 12 médicos, entre eles um cirurgião e um pediatra cubanos. Eles cuidavam de mais de 300 pacientes com HIV, forneciam antirretrovirais para cerca de 350 e dispunham de equipamento e pessoal treinado para diagnosticar aids utilizando sua própria tecnologia de ponta. Paralelamente, Père Lafontant conseguiu que se construísse um segundo centro cirúrgico. Ainda em 2002, Cange teve suas primeiras cirurgias cardiovasculares feitas por equipes do Brigham e da Carolina do Sul. Tive vontade de perguntar a Farmer se aquilo era "tecnologia apropriada" – não exatamente para ouvir a resposta, mas apenas para ouvi-lo responder.

# AGRADECIMENTOS

Sou grato a todas as pessoas citadas neste livro, especialmente a Jaime Bayona, Ophelia Dahl, Howard Hiatt, Jim Yong Kim e Tom White. Sinto uma gratidão incomensurável por Paul Farmer e, preciso dizer, pelo destino que permitiu que meu caminho cruzasse o dele.

Quero agradecer também aos meus editores, Kate Medina e Richard Todd, que apoiaram o meu projeto, incentivaram-me e prestaram incansável assistência editorial. Meus agradecimentos a John Bennet, Ann Goldstein, Marina Harss e David Remnick, do *The New Yorker*; aos escritores Stuart Dybeck, Jonathan Harr, Craig Nova, John O'Brien e Doug Whynott; a Fran, Nat e Alice; e a Georges Borchardt, Evan Camfield, Benjamin Dreyer, Amy Edelman, John Graiff, Jamie Kilbreth, Jessica Kirshner e Michael Siegel.

Quero expressar minha gratidão a Didi e Catherine Farmer, a Jorge Pérez, a Serena Koenig e Carole Smarth, à brilhante e adorável Mercedes Becerra e a todos os outros membros, atuais e antigos, da Parceiros na Saúde, especialmente os seguintes: Ania Barciak, Donna Barry, Heidi Behforouz, Arachu Castro, Chris Douglas, Elizabeth Foley, Ken Fox, Hamish Fraser, Nicole Gastineau, Melissa Gillooly, Raj Gupta, Ann Hyson, Keith Joseph, Kathryn Kempton, Kedar Mate, Ellen Meltzer, Joyce Millen, Carole Mitnick, Mark Moseley, Joia Mukherjee, Kristin Nelson, Denise Payne, Michael Rich, Cynthia Rose, Aaron Shakow, Jenn Singler, Mary Kay Smith-Fawzi, Laura Tarter, Chris Vanderwarker, David Walton e Michelle Welshhans. Gostaria de agradecer a Gene Bukhman, Ed Nardell e Peter Small pelos esclarecimentos sobre tuberculose multirresistente e outros assuntos correlatos. Estou em dívida com outros tantos também: John Ayanian, Ethan Canin,

Jennie LaBalme, Anne McCormack, Todd McCormark, Haun Saussy e Jackie Williams, por terem compartilhado suas lembranças e ideias; Leon Eisenberg, Byron Good e Arthur Kleinman, por terem me falado sobre os tempos de Farmer como estudante de medicina e sua carreira subsequente; Guido Bakker e Richard Laing, pelas valiosas discussões sobre medicamentos e seus preços; Liam Harte e Aaron Shakow, pelas conversas sobre filosofia utilitária e relação custo-benefício; Christine Collins, pelo tour ao Brigham; Elena Osso, por ter ajudado a me mostrar Carabayllo; Aryeh Neier, por analisar os bastidores do trabalho do Open Society Institute sobre tuberculose na Rússia; Arata Kochi e J.W. Lee, da OMS, bem como Mario Raviglione, pelas intermináveis e agradáveis conversas em Genebra; Jamie Maguire e Marshall Wolf, pela troca de ideias sobre a carreira médica de Paul Farmer; Julius Richmond, pelos longos bate-papos sobre a PNS e a saúde internacional; Michael Iseman, pela entrevista sobre o trabalho de Paul Farmer e por corrigir alguns de meus conceitos equivocados sobre tuberculose; a adorável Oksana Ponomarenko, que possibilitou minha viagem à Sibéria, e Tim Healing, Sasha Pasechnikov e Sasha Trusov, que ajudaram a torná-la informativa e agradável; Bill Foege e Mark Rosenberg, pela discussão de uma enorme variedade de assuntos.

Desejo expressar um agradecimento especial a Oaksook Kim e a toda a família Farmer – principalmente Ginny, Katy, Jeff, Jennifer e Peggy – por terem compartilhado suas lembranças e por sua hospitalidade e acolhimento.

Mudei o nome de alguns cidadãos haitianos que descrevi e omiti o sobrenome de outros. A razão é simples: a possibilidade do retorno de uma sistemática e violenta repressão policial no Haiti e, com ela, mais episódios como o de "Chouchou Louis".

Por sua extraordinária amabilidade e gentileza, ofereço meus agradecimentos a todos os funcionários e pacientes que conheci na Zanmi Lasante, incluindo "Ti Fifi", Dr. Fernet Léandre, Dr. Hugo Jérôme, Ti Jean e, claro, Fritz, Mamito e Flore Lafontant.

## CONHEÇA OUTROS TÍTULOS DA EDITORA SEXTANTE

### INVICTUS - CONQUISTANDO O INIMIGO

*John Carlin*

Se você é como a maioria das pessoas, sabe que Nelson Mandela passou 27 anos preso e foi o líder da luta conta o apartheid na África do Sul. Sabe também que ele ganhou o Prêmio Nobel da Paz e chegou à presidência nas primeiras eleições livres de seu país. Mas não deve saber nada sobre a Copa do Mundo de Rúgbi de 1995.

Em *Invictus – Conquistando o inimigo*, o jornalista John Carlin narra aquela que talvez seja a passagem política mais bem-sucedida de nossa geração. Parafraseando Garibaldi após a unificação da Itália, as eleições de 1994 tinham criado uma nova África do Sul, mas restava o desafio de criar os sul-africanos. Em busca de uma causa capaz de unir brancos e negros, Mandela concordou em sediar a Copa do Mundo de Rúgbi.

A escolha desse esporte parecia absurda. Por décadas, o rúgbi fora um símbolo do apartheid. Dessa forma, mais improvável que ganhar a Copa era o Springboks – o time nacional – conquistar o coração dos negros.

Mandela precisava que o povo acreditasse no slogan "um time, um país". O que aconteceu no estádio no dia da final foi uma grande glória: perdão, libertação e celebração. O tipo de coisa que acontece quando pessoas que conheciam apenas o ódio e o medo se libertam do fardo da história e superam suas diferenças. Se ganhou a Copa do Mundo? O que a África do Sul conquistou naquele dia foi muito mais que isso.

## Saí da Microsoft para mudar o mundo
*John Wood*

Insatisfeito com o trabalho de alto executivo na Microsoft, o americano John Wood decidiu fazer um trekking pelo Nepal na esperança de que, ao subir bem alto no Himalaia, deixaria de ouvir o chefe gritando em seu ouvido.

Deu certo. A viagem não apenas funcionou como um antídoto contra a exaustiva rotina de trabalho, como o fez descobrir a paixão e o objetivo maior de sua vida: ajudar crianças carentes a aprender a ler e escrever.

*Saí da Microsoft para mudar o mundo* é ao mesmo tempo uma história de transformação pessoal e o relato de um empreendedor social que colocou sua experiência corporativa a serviço de uma causa nobre – mudar o mundo pela força da educação –, criando a Room to Read, uma ONG com a "eficiência da GE e a compaixão de Madre Teresa".

Em apenas sete anos a Room to Read construiu 287 escolas, 3.600 bibliotecas e 110 oficinas de informática, distribuindo mais de 2,8 milhões de livros e oferecendo 2.336 bolsas de estudo para meninas carentes. No total, mais de 1,2 milhão de crianças de sete países (Nepal, Vietnã, Camboja, Índia, Sri Lanka, Laos e África do Sul) foram beneficiadas. Esses números demonstram a capacidade de Wood de transformar sonhos em realidade.

## CONHEÇA OS 30 CLÁSSICOS DA EDITORA SEXTANTE

*1.000 lugares para conhecer antes de morrer*, de Patricia Schultz
*1001 discos para ouvir antes de morrer*, de Robert Dimery
*1001 filmes para ver antes de morrer*, de Steven Jay Schneider
*A cabana*, de William P. Young
*A última grande lição* e *As cinco pessoas que você encontra no céu*, de Mitch Albom
*A vida é bela*, de Dominique Glocheux
*Conversando com os espíritos*, de James Van Praagh
*Enquanto o amor não vem*, de Iyanla Vanzant
*Faça o que tem de ser feito*, de Bob Nelson
*Jesus, o maior psicólogo que já existiu*, de Mark W. Baker
*Mantenha o seu cérebro vivo*, de Laurence Katz e Manning Rubin
*Muitas vidas, muitos mestres*, de Brian Weiss
*Não leve a vida tão a sério*, de Hugh Prather
*O Código Da Vinci* e *Anjos e Demônios*, de Dan Brown
*O monge e o executivo* e *Como se tornar um líder servidor*, de James C. Hunter
*O ócio criativo*, de Domenico De Masi
*O poder da paciência*, de M. J. Ryan
*O Poder do Agora*, de Eckhart Tolle
*O que toda mulher inteligente deve saber*, de Steven Carter e Julia Sokol
*Os segredos da mente milionária*, de Harv T. Ecker
*Palavras de sabedoria*, de Sua Santidade, o Dalai-Lama
*Por que os homens fazem sexo e as mulheres fazem amor?*, de Allan e Barbara Pease
*Transformando suor em ouro*, de Bernardinho
*Você é insubstituível*, *Dez leis para ser feliz*, *Nunca desista de seus sonhos* e *Pais brilhantes, professores fascinantes*, de Augusto Cury

## Informações sobre os próximos lançamentos

Para receber informações sobre os lançamentos da Editora Sextante, basta cadastrar-se diretamente no site www.sextante.com.br

Para saber mais sobre nossos títulos e autores, e enviar seus comentários sobre este livro, visite o nosso site www.sextante.com.br ou mande um e-mail para atendimento@esextante.com.br

Editora Sextante
Rua Voluntários da Pátria, 45 / 1.404 – Botafogo
Rio de Janeiro – RJ – 22270-000 – Brasil
Telefone (21) 2538-4100 – Fax (21) 2286-9244
E-mail: atendimento@esextante.com.br